Karl August Varnhagen von Ense

Tagebücher

Aus dem Nachlaß Varnhagen's von Ense

Karl August Varnhagen von Ense

Tagebücher

Aus dem Nachlaß Varnhagen's von Ense

ISBN/EAN: 9783741167812

Hergestellt in Europa, USA, Kanada, Australien, Japan

Cover: Foto ©Andreas Hilbeck / pixelio.de

Manufactured and distributed by brebook publishing software (www.brebook.com)

Karl August Varnhagen von Ense

Tagebücher

Tagebücher

von

K. A. Varnhagen von Ense.

Fünfter Band.

Leipzig:
F. A. Brockhaus.
1862.

„Sein Sie doch milder in Ihren Ausdrücken", sagte man mir gelegentlich; darauf erwiederte ich: „Das ist leicht, nur langwierig; anstatt aufzuzählen, wie schlecht und pflichtvergessen zum Beispiel Bassermann sich aufgeführt, in würdigen strengen Worten und Redensarten, sag' ich nur kurzweg Schuft oder Lump, ist das nicht besser?" Freilich ist das nur da schicklich oder gültig, wo man schon festen Boden hat, unter Einverstandenen oder doch Verstehenden; das Schimpfen allein thut's nicht, es muß der Gehalt schon bekannt oder vorausgesetzt sein, so wie auch die höhere Ausgleichung; neben der Sünde steht ihre Entschuldigung, ihre Freisprechung.

Varnhagen von Ense.
(Den 19. Dezember 1848.)

Unsre ganze Hoffnung muß auf das eigentliche Volk gestellt sein, auf das Volk, in dessen Mitte Kraft, Gesinnung und gesunder Verstand sich immerfort und unerschöpflich erneuern.

Varnhagen von Ense.
(Den 2. Juni 1848.)

1848.

Berlin, Montag, den 1. Mai 1848.

Heute der große Wahltag in ganz Preußen! Schon um halb 8 Uhr früh ging ich zur Urwahlenversammlung in die Loge Royal-York. Erst gegen Mitternacht wurde man fertig. Ich ging um die Mittagszeit eine Stunde nach Hause, dann hielt ich wieder aus bis nach 8 Uhr Abends; um diese Zeit kam ich erschöpft nach Hause und ging um 10 Uhr zu Bette. Das Wahlgeschäft war unnütz, peinlich und weitschweifig, zum Sterben langweilig, bloßes Zählen und Namenverlesen den ganzen Tag! Die Gespräche, die man führen konnte, waren auch nicht sonderlich, doch konnte man öfters den Saal verlassen und bisweilen, wenn die Sonne schien, im Logengarten frische Luft genießen. Grolman, Reimer, Magny, Stabelmann erhielten gleich bei dem ersten Abstimmen die Mehrheit, dann aber mußte dreimaliges Abstimmen entscheiden, zuletzt zwischen dem Tischlermeister Schramm und dem General von Peuker, wobei der letzte durch Anstrengung seiner Werbfreunde siegte. Als Wahlmänner für Frankfurt sollten wieder Grolman, Reimer und Peuker, dann Fürst Radziwill und Sethe gewählt werden. Ich wartete diese Wahlen nicht ab, sondern gab nur für die erste noch Reihe'n meine Stimme, Peuker und Radziwill waren den Leuten lieb der Titel wegen, es schmeichelte ihnen, solche Namen zu zeigen! Dagegen fiel der Lieutenant Heiß, eben erst Major bei der Bürgerwehr geworden, gänzlich durch, ebenso Dörl und Dr. Busch, wie auch Dr. Parow, die sich die meiste Mühe gegeben hatten und wirklich auf viele Stimmen rechnen durften. Eine Gesellschaft von hundert und fünfzig Wählern hatte sich noch gestern zusammengethan und jener Herren Leben und Thun geprüft, das Ergebniß war, daß man ihnen die Stimmen entzog, am meisten dem Lieutenant Heiß, auch Hill und Decker wurden in den Hintergrund gestellt, dagegen Peuker und Radziwill nicht angefochten. — Ich sprach während der Wahlhandlung viel mit dem Hof=marschall von Meiering, Oberstlieutenant von Schöler, Georg Reimer, dem Lehrer Schirmeister vom Werder'schen Gymnasium, und mit vielen Bürgersleuten, zum Theil mit diesen in sehr erfreulicher Weise; befragt über einige Kandidaten, sagt' ich maßvoll meine Meinung, enthielt mich aber aller Beeiferung und warb weder für den einen, noch den andern, so willig man auch schien, mir zu folgen.

Dienstag, den 2. Mai 1848.

Besuch von Weiher, Nachricht von den Wahlen. Ge=fecht bei Tirez, 600 Polen gefangen, auf dem Wege nach Küstrin.

Ich ging aus, zu Kranzler, zum General von Willisen. Ich sprach dort den Grafen Cieszkowski, Dr. Kraschewski, Herrn von Koszielski. Dann kam der Oberst von Willisen, mit dem ich nachher eine halbe Stunde allein blieb und den Zustand der Dinge besprach, mit Schmerz und Sorgen. Er theilte mir die neuesten Nachrichten über den Stand der Rüstungen und den Marsch der Truppen in Rußland mit. Allerdings giebt es viele Preußen, die auf die Russen als auf ihre Rettung blicken, allerdings mag dem Könige dies auch bisweilen einfallen; er bereut gewiß tief das Geschehene! Aber die Russen, wenn sie erst hier Meister wären, würden nicht ihn retten, sondern bald würden sie mit einigen preußischen Offizieren vereint ihm seine Abdankung vorlegen, und der Prinz von Preußen als König auftreten!

Herrn Justizrath Crelinger gesprochen, über seine Kämpfe, sein Zurücktreten; er sagt, die neue Zeit gehöre der Jugend, dieser müsse man überlassen das Nöthige zu thun. Auch seines Klubs ist er schon müde und läßt Andre dort walten.

Die „Staatszeitung" (sie hieß zuletzt „Allgemeine Preußische Zeitung") hat mit dem 30. April aufgehört und erscheint nun als „Preußischer Staatsanzeiger" in derselben Gestalt, als Blatt für amtliche Mittheilungen. Ein Redakteur ist nicht genannt.

Das heutige Blatt bringt eine schwungvoll sein wollende aber matte Proklamation des Königs an die Armee, mit neuer Verheißung von Freiheit und Deutschthum, ehrenhafter Nennung der preußischen und Empfehlung der deutschen Farben. Gegengezeichnet vom Grafen von Canitz. — Dann aber bringt sie das Gutachten der siebzehn Vertrauensmänner am Bundestage, den Entwurf einer deutschen Reichsverfassung, ein Werk der größten Kühnheit und Rücksichtslosigkeit! Wenn das durchgeht!! Das wäre etwas! Aber —!

Der General von Canitz hatte mich besuchen wollen,

um Abschied zu nehmen; er reist mit den Seinigen nach Braunschweig.

———

Mittwoch, den 3. Mai 1848.

Ich konnte gestern nicht einschlafen, der Entwurf der Reichsverfassung lag mir im Kopf und drückte mir das Herz. Ich sah darin den Untergang Preußens, mit einem Schmerze, dessen ich mich nicht fähig geglaubt hätte; und die dabei neuzuhoffende Gestalt Deutschlands erschien mir zu ungewiß und fern, als daß ich sie mit voller Freude hätte begrüßen dürfen. Ja wenn das erbliche Kaiserthum uns Preußen zugesprochen wäre, das ließe ich gelten! Doch der Entwurf ist ein Werk von ungeheurer Kühnheit, von fast naivem Gradedurchgehen, und wenn die Sache wirklich zur Ausführung käme, so hätten wir jetzt Allen zwar manches zu beklagen, aber dem jüngern Geschlecht wäre die Aussicht auf eine bis jetzt nicht geahndete Volksgröße aufgeschlossen. —

Leider bringt die „Vossische Zeitung" heute abermals einen bösen Angriff gegen Willisen, diesmal von einem preußischen Lieutenant unterschrieben. Seine Vertheidigung in der „Spener'schen Zeitung" ist aufrichtig, edel und großmüthig, aber für die Lage der Dinge nicht derb genug. —

Der Prinz Karl von Preußen arbeitet mit Eifer daran, sich eine Parthei zu machen; sein Absehen soll entschieden dahin gehen, seinen Bruder, den Prinzen von Preußen und dessen Sohn von der Thronfolge auszuschließen zu lassen, und selber mit seinem Sohn an die Stelle von jenen zu treten. Solche Zwietracht in hohen Häusern pflegt deren Untergang zu bezeichnen! —

Der Polizeipräsident von Minutoli hatte den Versuch

gemacht, die Volksversammlungen im Freien von seiner polizeilichen Erlaubniß abhängig zu machen; man hat ihm bedeutet, daß dies ein Uebergriff sei, den man nicht dulden werde, und man hat sich auch nicht darnach gelehrt. Er hat seinen Irrthum zurückgenommen. — Der Gesandte von Usedom aus Rom hieherberufen, er soll als Bundesgesandter nach Frankfurt gehen. Schlechte Wahl!

———

Donnerstag, den 4. Mai 1848.

Die Königin Isabella von Spanien durch Preußen anerkannt.

Unsre deutschen Verhältnisse verwickeln sich mehr und mehr, bald werden wir den Polen nichts vorzuwerfen haben, wir auch stellen eine polnische Wirthschaft dar! Oesterreich ist in solchem Zustande, daß man nicht weiß was es ist, Preußen nicht viel besser, beide sind in dem, was in Frankfurt am Main geschieht, noch zur Zeit wie nichts, und dabei wirklich bedroht, beide werden sich der deutschen Bewegung entziehen, wenn diese sie nicht an die Spitze führt, beide sind schon zu schwach zur Selbstständigkeit, und noch zu stark, um völlig in Deutschland aufzugehen. Was soll, was kann Preußen jetzt thun? Bei diesem Könige, diesen Ministern, dieser eignen Lage und der der Welt? Eins könnte retten, kriegerisch vorangehen gegen Rußland! Hegemonie und Kaiserkrone gehörten ihm; allein das wird nicht geschehen! Wir werden wohl Krieg gegen Rußland haben, aber ohne das Verdienst des Entschlusses, des Vorangehens. Schwächliches Tasten nach allen Seiten, Zögern!

Unglückliche Nachrichten aus Posen! Der alte un=

fähige Colomb und seine Gefährten setzen das ganze Land in Aufruhr! Früher so zahm, daß er alles geschehen ließ, will er jetzt überall angreifen und niederdrücken. Und hier giebt es weder Leitung noch Befehlführung! Minister von Arnim, Graf von Ranitz, welche Stumpfheit und Untauglichkeit!

Gegen 7 Uhr kam der General von Willisen zu mir und führte bittre Klagen. In Posen geht es gräulich her, die Polen haben sich auf's neue bewaffnet, die Preußen eine Schlappe erlitten, man macht aus unsern Soldaten wilde Thiere!

Herr Agent Bloch ist zum zweiten Direktor der Seehandlung ernannt worden, worüber viele Leute sehr unzufrieden sind.

General Aschoff soll als Anführer der Bürgerwehr sich wenig tüchtig erweisen und seine Stelle nicht behaupten können, eben das gilt von dem Oberbürgermeister Naunyn.

Die Wahlmännerversammlungen sind stürmisch, der Freisinn steht in der Minderheit, alles ist voll Reaktion, voll Eifer für den Hof, die Aristokratie, das Militair. Sogar Willisen sieht es als ein Unglück an, daß so wenig Edelleute und Mitglieder der vorigen Stände herankommen werden — ihrer werden immer noch zu viele sein! — und er fürchtet die demokratische Macht der Frankfurter Versammlung. Ich setze meine beste Hoffnung auf diese!

Armes Preußen, armes Deutschland! wie zerrissen, wie arm, wie unfrei sind wir doch! und dabei wie stolz und eitel! Wir werden es schrecklich büßen! Uns steht noch viel bevor! Und dennoch freut mich die Freiheitsluft, die ich athme. Sie ist doch jetzt vorhanden, wirklich vorhanden!

Freitag, den 5. Mai 1848.

Gestern Abend war ein Auflauf vor der Hausvoglei, eine Volksversammlung hatte beschlossen, der junge Schlöffel solle aus der Haft entlassen werden; die Bürgerwehr trat zusammen, man unterhandelte, es wurde Beschleunigung seiner Sache verheißen, und die Menge ging ruhig auseinander.

Immer lauter und zahlreicher werden die Stimmen für den Prinzen von Preußen, das heißt die Stimmen der Reaktion. Es sieht bei uns für die Freiheit sehr trüb und matt aus; man wird sie nicht uns entreißen können, aber verderben.

Ich ging aus, sprach unter den Linden den Geh. Rath Johannes Schulze. Ein Banquier* stürzte auf Johannes Schulze und mich los, und jammerte, in Pommern und der Neumark, bei Danzig u. s. w. seien keine Edelleute und Gutsbesitzer, überhaupt keine Honoratioren zu Wahlmännern gewählt, lauter Tagelöhner, Kossäthen, Büdner! Das Vieh ahndete nicht, wie sehr es mein Herz erfreute, und ich würdigte den Kerl nicht, es ihm zu sagen!

Im Posen'schen neue Gefechte von ungewissem Ausgang. Man sagt, Colomb habe von Anfang an, seit Willisen's Erscheinen, geheime Befehle gehabt, diesem entgegen zu verfahren; nun sagt, er werde auch jetzt wieder den Anordnungen Pfuel's entgegen handeln. Zum Teufel, wer giebt denn jetzt solche geheime Befehle? wer darf es? „Colomb wird, wenn die Russen kommen, den York spielen!" Ja, spielen! denn es zu sein, dazu gehörte selbstständiger Entschluß und Verantwortung; die würde der alte Mann nicht haben, der nach geheimen Befehlen (oder Wünschen) handelt!

In Frankfurt am Main kommen schon die Abgeordneten zusammen. Was wird man dort machen, wogegen wir keinen Einspruch thun müßten? Wie hat der König diese Zwischenzeit, in der noch alles zu gewinnen war, mit Nichtsthun und kleinen Nebenstrebungen versäumt! Wäre es nicht noch Zeit, das Herz der Deutschen durch frische That zu gewinnen? Kaum! Und vielleicht doch! Aber man denkt nicht daran, man hat Schrullen und Faselcien im Kopf. Die Vorsehung hat ihre eignen Ansichten und Wege, sie kümmert sich viel um Friedrich Wilhelm!

Neue Steuer, von der Stadt Berlin ausgeschrieben, 1 Prozent des reinen Einkommens, nach eigner Schätzung. — Der Staat wird eine Steuer von 4 Prozent des Einkommens verlangen, heißt es. — Wüßte man nur die Staatsverwaltung besser bestellt! Läßt man da 20,000 Mann nach Bamberg marschiren, die vielleicht in sechs Wochen eiligst in [ent]gegengesetzter Richtung marschiren müssen!

Sonnabend, den 6. Mai 1848.

Unglückliche Nachrichten aus Posen, die ganze Provinz im Aufstande, Gefechte überall, die Preußen vielfältig geschlagen; General von Pfuel mit Lebensgefahr angekommen, man hatte unterwegs viele Kugeln auf ihn abgeschossen. Es zeigt sich jetzt auf schreckliche Weise, wie recht Willisen geurtheilt, die friedliche Ausgleichung für wichtig zu halten. Sie sehen jetzt, was sie mit der Gewalt und Unredlichkeit, denn diese ist auch dabei, gewonnen haben!

Eröffnung der französischen Nationalversammlung. „Vive la république!"

Sonntag, den 7. Mai 1848.

Besuch vom Grafen von Kleist, der aus Dresden kommt und mir Grüße vom sächsischen Minister von Langenn bringt. Er spricht mit alter Erbitterung, gegen den König und den Prinzen von Preußen, gegen alle Könige und Prinzen, lobt mit Erbitterung die Republik, und schimpft auf die Russen, die er im Grunde des Herzens herbeiwünscht! Ein wunderlicher Kauz! ἀσπετχὶς μενέαινεν.

Herr Dr. Michael Sachs kam, und dann, als Kleist ging, Fräulein L., die sehr matt geworden, sich in die neuen Dinge gar nicht finden kann, für den Prinzen von Preußen spricht, die trübsten Aussichten hegt, doch sieht sie alle Gefahr nur von Seiten der Arbeiter; ich zeige ihr andre, politische, die Reaktion, die Russen, den Verrath, freilich alles ad majorem libertatis gloriam, denn die Ereignisse sind noch zu klein, sie sollen groß werden, die Vorsehung liebt nicht einfache und kurze Wege, und ihre Ziele stehen weit hinter denen, die wir erblicken.

Nachmittags mit Ludmilla in den Thiergarten gegangen, beim schönsten Wetter. Gleich vor dem Thore begegnete uns Bettina von Arnim, schloß sich uns an und ging mit uns, über die Zelten zum Hofjäger und zurück, unter stetem Gespräch, voll Eifer für die Polen, für Willisen, für die Franzosen, auf deren Hülfe sie rechnet gegen die Russen, für die Polen und uns! In Posen habe man Verrath gespielt, gewiß seien an Colomb geheime Befehle ergangen, die Minister seien falsch und der König! — Auf dem Rückwege sahen wir bei den Zelten den Beginn einer Volksversammlung, ein Redner griff die Minister an, lautes Bravo scholl ihm zu, einige Stimmen aber zeigten

Mißfallen. Der Anblick dieser Menge und das Wogengeräusch der Volksstimmen machte mir den besten Eindruck.

Der General von Pfuel ist auf der Reise nach Posen von Bewaffneten angefallen worden, seine Dragonerbedeckung nahm das Gefecht an und er fuhr unter den Schüssen der Polen weiter. Sein in Posen erlassenes Manifest setzt durchaus das Werk von Willisen fort, er verkündigt die politische Organisation des polnischen Landestheils. Der Bürgerkrieg ist aber im vollen Gange und wird mit grausamer Wuth geführt!

———

Montag, den 8. Mai 1848.

Schlimme Nachrichten aus Posen.

Der englische Gesandte Graf Westmoreland hat mit dem Minister von Arnim einen harten Auftritt gehabt und ihm derbe Dinge gesagt. Wir leben vom Tag auf den Tag, ohne Richtung und Grundsätze! Mit England müßten wir auf's beste stehen! —

Ich ging Nachmittags wieder allein in den Thiergarten, zu den Zelten und weiter. Herr Türrschmidt sagte mir, der Assessor Jung sei gewählt, was mich freute.

Ach wie sehn' ich mich nach Leuten, mit denen ich es politisch halten könne, die ganz auf der Höhe sind, Vergangenheit und Gegenwart kennen und Zukunft wollen! Ich vermisse sie ganz! Ich kann niemanden jetzt vertragen, als wer den Teufel im Leibe hat! „Il faut avoir le diable au corps, pour être bon diplomate", sagte der alte Nesselrode, ich sage „pour être révolutionnaire!"

Dienstag, den 9. Mai 1848.

Ludwig Crelinger giebt in den Zeitungen eine offene, freimüthige Erklärung über das Versehen, das er vor vielen Jahren als Gerichtsmann begangen hat, und das in der That keinen Vorwurf gegen seine Redlichkeit begründet. Seine Erklärung ist recht brav und ehrt ihn.

Ich ging aus, las Zeitungen bei Kranzler, besuchte dann den General von Willisen, mit dem ich über eine Stunde sprach, über seine Angelegenheiten, die polnischen, die hiesigen. Das Ministerium ist erschrocken, und denkt nun endlich daran, die Generale von Colomb und von Steinäcker abzurufen! (Es wird es aber doch nicht thun!) — Beim Nachhausegehen traf ich **, der von mir kam und wieder mit mir zurückging. Ich hatte mit ihm ein überaus wichtiges Gespräch, über die gegenwärtige Lage Preußens, die entsetzlichen Versäumnisse, die Tag für Tag weitergehen, dann über die Zukunft Deutschlands. Wir kamen dahin zu bedauern, daß der Fünfziger-Ausschuß am Erlöschen sei, denn er sei bisher das einzige Thatkräftige gewesen, und man hätte durch ihn können befehlen lassen, daß Preußen gegen Rußland rüsten solle! Er vertraute mir, der König denke sich das Kaiserthum gern an Oesterreich geknüpft, dann große Erzämter dazu u. s. w. Ich schrie auf vor Entsetzen über diese Kinderei! Wie soll man einem solchen Kopfe helfen! — ** ging von mir nach Potsdam zurück.

Ueber die russischen Truppenbewegungen fehlen seit einiger Zeit alle sichern Nachrichten. Der Hof thut so, als könnten wir dabei völlig ruhig sein, er sieht nichts Uebles darin! Das Ministerium und der König sind nicht zu bewegen, ein Stücker tausend Dukaten an zuverlässige Kundschafter zu wenden, Kundschafter militairischen Blicks.

Man lebt in aller Ruhe, während die Gefahr mit jedem Tage näher rückt. Der jämmerliche Minister von Arnim treibt sein diplomatisches Geschäft, wie es der elende Werther trieb, vom Tag auf den Tag, unbekümmert um das Ganze; niemand denkt an Schweden, die Türkei, die Donaufürstenthümer, obschon in diesen der freie Volksgeist sich schon regt!

Extrablatt zur "Nationalzeitung" mit der Nachricht, daß die Polen unter Mieroslawski sich auf Gnade oder Ungnade dem General von Colomb ergeben haben und nun Frieden sei. Die Staatszeitung sagt nichts.

Mittwoch, den 10. Mai 1848.

Die gestrigen Nachrichten aus Posen sind heute durch die Zeitungen noch nicht bestätigt, sie waren jedenfalls voreilig.

Unsere Wahlen der Abgeordneten für Frankfurt sind mittelmäßig hier ausgefallen, sehr nach örtlichen und dann nach künstlich gepflegten Stimmungen, daher zum Beispiel Rönne, Diesterweg, Camphausen doppelt 2c. Aber unsere Aristokraten und unsere hohen Staatsbeamten sind außer sich, daß nicht mehr Abgeordnete aus den Oberklassen gewählt sind, daß die Edelleute und großen Grundbesitzer so wenig Stimmen haben. Das ist die Folge ihrer bisherigen Anmaßung, das Volk zu bevormunden, sich zu seinen Vertretern aufzuwerfen, die Folge des Mißtrauens, das sie sich während dreißigjährigen Waltens verdient haben, die Gegenseite der Provinzialstände und des Vereinigten Landtags, wo das Verhältniß umgekehrt war, wo die Vornehmen und Betitelten herrschten. Sie hofften alles von der mittelbaren Wahlart, nun sie sich getäuscht sehen, schreien sie über diese. Bei der unmittelbaren würde, meines Erachtens, das nämliche Ergebniß diesmal auch eingetreten sein, nur schroffer noch und reiner.

Donnerstag, den 11. Mai 1848.

M. erzählt mir, in mehreren Wahlbezirken sei sehr von mir die Rede gewesen, für Frankfurt, viele Stimmen würden sich für mich erklärt haben, wenn ich persönlich erschienen wäre und den Vorschlag durch meine Erklärungen unterstützt hätte. —

Man läßt nicht nach, voreilig und unklug die Rückkehr des Prinzen von Preußen anzuregen, man will sie benutzen zu den größten Bezeigungen, ihm den triumphirendsten Empfang bereiten, ihn zum Mittelpunkt aller Rückwirkungen machen. Sehr gefährlich! Denn man fordert auch die ganze Stärke der Widersacher heraus, unter denen es sehr Entschlossene giebt, die sich das Wort gegeben haben, ihn hier vor beschworener Konstitution nicht zu dulden, ja niederzuschießen, wenn es sein müßte. Man sammelt aber im ganzen Lande Stimmen für ihn, eine Menge vornehmer Edelleute und Militair machen sich daraus ein eifriges Geschäft. —

Nachdem ich dies hier niedergeschrieben, überrascht mich Abends die Staatszeitung mit dem Antrage des Staatsministeriums beim König auf unmittelbare Herberufung des Prinzen von Preußen, von dem Könige genehmigt mit dem Bemerken, daß der Prinz alles Vergangene gutheißt, und daß seine bisherigen Adjutanten durch andere ersetzt sind. — Major Graf Königsmarck aus dieser Stellung geschieden, Major Oelrichs zu andrer Bestimmung abgegangen. Ob diese Maßregel von dem Ministerium gehörig überlegt worden, ob sie richtig und klug ist? Ich zweifle. Allerdings wird der Prinz dadurch, daß er sich fügen muß, ein anderer, selbst für seine Anhänger, die ihm doch nur anhingen, weil er Trotz zu bieten schien; jetzt wird er zu dem, was in ihren Augen der König ist; aber — es läßt sich noch viel darüber sagen, und mich sollte nicht wundern, wenn durch sein Erscheinen in Berlin wieder Blut flöße.

Gegen zwanzig Generale sind verabschiedet worden, unter ihnen Krausenneck, Eyel :c. —

Ich brauchte dieser Tage ein Gleichniß vom Kegelspiel mit guter Wirkung. Man sagte, der König solle abdanken, der Prinz von Preußen regieren; „O, der kann's auch nicht!" rief Einer; „Konstitutionell", versetzte ich, „kann das jeder; denn, sehen Sie, die Kugel, welche der Kegelspieler die Bahn hinunter nach den Kegeln wirft, die muß gut gerichtet werden und kann abirren, die Kugel aber, welche der Kegeljunge in die Rinne wirft zum Rücklauf, die legt sicher ihren Weg zurück und weicht nicht aus der Richtung."

Freitag, den 12. Mai 1848.

An die „Allgemeine Zeitung" nach Augsburg geschrieben, nach den Bedürfnissen des Tages! Eine Stimme ist wenig in diesem Geschrei, doch darf ich nicht schweigen, auch nutzt es wohl hie und da.

Ich ging aus. Unter den Linden zahlreiche Gruppen und heftige Reden, wegen der Berufung des Prinzen; Maueranschläge, daß die Minister nicht, sondern das Volk jene Rückkehr zu bestimmen haben, und Aufforderung, daß diejenigen Bürgerwehren, die wider die Rückkehr sind,

morgen nicht zur Heerschau kommen sollen, die der König
halten will. Ein Mann, der den Prinzen hochleben ließ,
wurde von allen Seiten angefallen und mit Mühe durch
eine Anzahl gemäßigter Männer fortgebracht. Auch in
andern Straßen standen Volkshaufen gedrängt. —

Besuch beim Assessor Georg Jung. Erzählung von
der gestrigen Gerichtsverhandlung gegen den jungen
Schlöffel, der wegen Anreizung zum Aufruhr zu sechs
Monaten Festungshaft (sehr gelinde Strafe) verurtheilt
worden; seine zweistündige Vertheidigungsrede soll an
Schärfe und Herbheit einzig gewesen sein und im Druck
erscheinen. Jung erklärt das Ministerium für das un-
fähigste und schwächste, das man nur denken kann, besonders soll Camphausen ängstlich und unschlüssig sein, weil
er die meisten Sachen freilich nicht kennt und daher unsicher ist. Aber das Dümmste und Heilloseste zu beschlie-
ßen oder geschehen zu lassen, dazu sind sie kühn genug.
Um den alten nichtsnutzigen Colomb nur nicht anzurühren,
lassen sie die ganze Provinz in Flammen gesetzt werden!
Um ein elendes Hofgelüst zu befriedigen, setzen sie die
Ruhe der Stadt und des Landes auf's Spiel! —

Bei * Morgenbesuch. Ich sagte ihr ernsthaft: „Unsere
Minister wollen kein Königthum, sie gehen auf Republik
aus, das sind verteufelte Kerls, diese Camphausen und
Hansemann, das sind Rheinländer, Katholiken, was ist
denen an der Königlichen Familie gelegen? Die wollen
keine Hohenzollern mehr, und thun alles um den Thron
zu stürzen." Sie ging in die Falle und sagte: „Wirklich?
glauben Sie das? Das ist ja entsetzlich!" Ich sagte
darauf, nach den Handlungen müßte ich es so voraussetzen,
oder annehmen, daß die Leute von der größten Dummheit

ergriffen seien, zu welcher letztern Annahme doch in ihrem früheren Benehmen nichts berechtigte. —

Als ich wieder zu Hause war, kam General von Willisen. Die Lage der Dinge in Posen wurde besprochen; ich behauptete, alles Unglück stamme aus der Feigheit, daß man hier anfangs nicht den Entschluß habe fassen wollen, den alten, untauglichen Colomb zu beseitigen, und Willisen mußte mir Recht geben. Dann sprachen wir über die neue Verwickelung mit Schweden, das uns zu drohen wage, während wir mit diesem Lande innige Verbindung haben sollen; über die Unfähigkeit oder vielmehr den Verrath des Ministers von Arnim=Suckow, der es heimlich mit Rußland halte, an die Dauer der Freiheit nicht glaube und sich dort den Rücken sichere.

Die heutige Volksversammlung bei den Zelten sollte die Sache des Prinzen von Preußen verhandeln. Ich konnte nicht widerstehen und ging nach 7 Uhr hin, sprach Dr. Klein, dann unerwartet den Assessor Jung, und hörte dann diesen eine kräftige, scharfe, wahrheiterfüllte Rede halten, die das Ministerium der elendesten Schwäche zieh. Ich war überaus froh, dergleichen einmal mit angehört zu haben, das Ganze machte mir den erhebendsten, würdigsten, schönsten Eindruck. Viele Tausende riefen ihm Beifall und Zustimmung! — Auf dem Rückwege den Herrn Professor Stahr gesprochen. —

Zu Hause angekommen, hören wir Geschrei vom Wilhelmsplatze her, man sagt, es sei ganz schwarz von Menschen vor dem Hause des Ministers Camphausen! —

Die Heerschau der Bürgerwehr ist schon abgesagt, unter einem Vorwande, den niemand glaubt! — (Wegen der Nachwahlen für die Doppeltgewählten.)

Der Tumult vor Camphausen's Wohnung war von

der Zeltenversammlung, die gleich nach meinem Weggehen dorthin muß aufgebrochen sein. Abgeordnete sprachen den Minister, er antwortete vom Balkon herab, verhieß, daß morgen die Sache in neue Berathung gezogen werden solle, bat dringend um ruhiges Auseinandergehen, was auch erfolgte. Die Bürgerwehr war unterdessen zu den Waffen gerufen worden.

Sonnabend, den 13. Mai 1848.

Mein Erstes war, an die „Allgemeine Zeitung" über die gestrige Tagesfrage zu schreiben, den Mißgriff der Minister in helles Licht zu setzen und unsre Stärke aufzurufen. Ich war sehr bewegt und dachte lebhaft alle Gefahren des Vaterlandes durch.

Professor Adolf Stahr, Herr von Weiher, General von Willisen kamen. Nachrichten über den Lärm in vergangener Nacht. Etwa 600 Mann drangen auf den Palast des Prinzen von Preußen ein, wollten die Inschrift herstellen, Steinmetzen wollten sie in die Quadern sogleich einhauen. Tausende von Zuschauern füllten den Platz, die Bürgerwehr mit ihrem General Aschoff war zur Stelle. Volksredner beruhigten die Menge, erst Eichler, dann Held, welche mit großer Geistesgegenwart und bestem Erfolge sprachen, auch den General zum Reden veranlaßten, und auf ihre gute Mahnung verlief sich das Volk ruhig mit den heitern Rufen: „Gute Nacht! Gute Nacht!" Es war etwa 1⅛ Uhr. —

W. blieb mit mir allein und wir sprachen weiter über die Lage der Dinge. Hofränke und Hofschwächen, Umtriebe der Aristokratie, Einwirkungen von St. Petersburg kamen sehr in Betracht. Keinem unsrer Diplomaten ist zu trauen, am wenigsten dem Minister von Arnim-Strick. Die Schwäche der Minister zeigt sich gegen Willisen als wahre Treulosigkeit; statt ihn zu stützen, möchten sie ihn beseitigen, das Mißwollen der Offiziere gegen ihn wird ihnen zum erwünschten Vorwand, sie besetzen die Posten, die ihm in Aussicht gestellt waren, mit den unfähigsten Leuten, — Kriegsministerium, Generalstab.

Ich las bei Kranzler einen trefflichen Aufsatz in der „Zeitungshalle", eine siegvolle Kritik des Ministerberichts über die Sache des Prinzen; es wird gezeigt, daß jedes Wort eine Schiefheit oder wenigstens Unziemlichkeit enthält. Die Ungebühr, daß der König ohne Noth erklärt, er habe — — entfernt, ist aber ungerügt geblieben. —

Mannigfache Anschläge unter den Linden, alle gegen den Prinzen, seitens der Studenten, der Klubs, eines Theils der Bürgerwehr, Gruppen, in denen er ein Mörder genannt wird ꝛc. —

Die Bürgerwehr auf den Beinen. Abends in der Staatszeitung die unsinnigste Proklamation des Staatsministeriums, daß es seine Berufung des Prinzen nicht zurücknimmt. So was Dummes, Schiefes, Mattes ist noch nicht da gewesen! Die Schächer sind von Gott verlassen, reden albern in den Tag hinein, als wenn sie von nichts wüßten. Thun, als ob sie den Prinzen auf die hohe Schule geschickt hätten, und jetzt käme er mit guten Kenntnissen zurück! Aber sie sind nicht blos dumm, sie sind auch Schelme, Verräther. Der treffliche Artikel in der „Zeitungshalle" (vom 12.) weist es überzeugend nach. Die Volksredner benehmen sich diesen elenden Kerls gegenüber mitleidig und maßvoll, sie mahnen zur Ordnung und Ruhe. Aber die Strafe wird schon kommen! — Es ist unbestreitbar, die Dummheit der Minister bringt es zum Aeu-

herſten, und dieſe Nacht ſtand — in voller Wahrheit —
die Monarchie auf dem Spiel!

———

Sonntag, den 14. Mai 1848.

Schlechte Nacht. Bruſtbeklemmung. — Träumend und
wach hatte ich unſre Zuſtände und Gefahren ſtets in der
Seele, Trauer über Preußen und Freude an der Freiheit,
denn dieſe grünt und blüht denn doch ſiegend empor, was
auch nebenan zu Grunde gehen mag! Nach dem Aufſtehen
ſchrieb ich gleich an die „Allgemeine Zeitung", mir die
Seele in etwas zu befreien.

Beſuch vom Miniſter von Canitz, anderthalb Stunden;
er theilt mir geſprächsweiſe eine Menge wichtiger Sachen
mit, über den Gang der Sachen früher im Kabinet und
im Miniſterium, über den Widerſpruch, den er vom Kö=
nig und von den andern Miniſtern erfahren, über die
Verhandlungen am Bundestag, in der Schweiz; über
Krakau hör' ich zum erſtenmal einige Worte, die den Ent=
ſchluß, die Einverleibung geſchehen zu laſſen, zwar nicht
rechtfertigen, aber doch das Urtheil ſchwebend erhalten
können; der Vorwurf bleibt hiernach mehr einer des Man=
gels an Klugheit und an Rückſicht für die Meinung Eu=
ropa's, Preußen konnte die Sache geſchehen laſſen, aber
nicht mit Zuſtimmung, ſondern mit Mißbilligung und
Einſpruch. Canitz meint, die letzten Schmiereien des
Staatsminiſteriums ſeien aus der Feder des Miniſters
von Arnim=Strick.

Ob dieſer nicht überhaupt die leitende Hand gefähr=
licher Umtriebe ſein ſollte? Argwöhniſche Verknüpfungen
ſind folgende: Arnim iſt ganz vertraut mit dem ruſſiſchen
Geſandten, die Ruſſen marſchiren vorwärts, die Preußen

2*

in Posen schließen sich an, in der Mitte Juni's können
sie hier sein, die Nationalversammlung wird gesprengt,
der König in seine Unbeschränktheit wieder eingesetzt, —
und vielleicht gleich nachher abgesetzt, — zu allem diesen
braucht man den Prinzen von Preußen, nicht zur Nationalversammlung muß er hier sein, aber zu jenen Zwecken!
Das Ganze dürfte wahrscheinlich genug sein, ließe sich nur
so viel entschiedne Absicht, Folgerichtigkeit und Kraft in
diesen Leuten voraussetzen! Indessen konnte dergleichen
auch geschehen ohne ihr wissentliches Theilnehmen, durch
Vortheilziehen aus ihrer Dummheit und Dienstwilligkeit.
Rußland hält sich drohend und räthselhaft.

Neue Anschlagzettel wider und auch für den Prinzen
von Preußen. Zahlreiche Mitglieder der Bürgerwehr erklären sich wider die Rückkehr des Prinzen, für die Behauptung aller errungenen Freiheiten, und daß sie es mit
dem Volke halten. Gegen 6 Uhr die Horntöne zur Versammlung der Bürgerwehr; man fürchtet Volksbewegungen gegen die Minister, es werden scharfe Patronen ausgetheilt. Wehe, wenn sie gebraucht werden! Das würde
schreckliche Folgen haben!

Gegen 8 Uhr kam Professor Stahr, und erzählte was
er mit angesehen. Die Volksversammlung bei den Zelten
war ohne Waffen; man gab zu, daß Waffen ungesetzlich
seien. Nochmalige Abordnung an die Minister; Abgeordnete waren Held, Eichler, Prutz, Ruge ꝛc. Gegen 40,000
Menschen zogen schweigend mit. Camphausen nicht da,
aber Schwerin und Auerswald; es dauerte anderthalb
Stunden, ehe die Abgeordneten mit den Ministern heraus-
kamen, die Menge harrte still. Schwerin sprach stotternd,
versprach nochmalige Berathung, mußte aus tausend Stimmen hören, daß man alles Vertrauen in die Minister ver-

loren habe; dann trat Held auf und verkündete, man solle morgen bis 4 Uhr ruhig abwarten, ob eine genügende Antwort käme, nach dieser Frist hielten die Abgeordneten ihren Auftrag für erloschen, das heißt, dann möge geschehen, was sie nicht hindern wollten. Auerswald sprach nicht öffentlich und machte eine schlechte Figur. Die 40,000 Menschen zogen in geordneten Reihen wieder nach den Zelten.

Zu Hause geblieben. Der Abend blieb ruhig.

Montag, den 15. Mai 1848.

Canitz nahm gestern den König (aber nicht den Prinzen von Preußen) entschieden gegen den Vorwurf der Feigheit in Schutz; er sagte, wenn es dem König eingefallen, ihm als edles Bild vor die Seele getreten wäre, so würde er sich zu Pferde gesetzt haben und unbedenklich in die Mitte des Kampfes gestürzt sein, sei es um die Kämpfenden zu hemmen oder um sie zu befeuern, denn beides sei allerdings in ihm als möglich anzunehmen, es komme auf die Eindrücke an, mit denen er zur That geeilt haben würde. — Canitz versichert mich, die wesentlichen Dinge seiner politischen Laufbahn seien schon aufgeschrieben, und könnten nach seinem Tode gedruckt werden, falls dann noch jemand von Preußen wissen wolle. Ich erwiederte scherzend, so gut wie von Venedig werde wohl auch von Preußen noch eine Geschichte übrig bleiben, sollte auch der Staat schon aufgehört haben. —

Die Minister beharren auf ihrem Sinn; Mauerzettel, daß der Prinz unwiderruflich zum 22. Mai komme, daß die Gegner nicht das Volk, Berlin nicht das Land sei, daß die Bürgerwehr sich bereit halte. Man ist sehr gespannt auf die Entschlüsse der Volksleiter. (Die gedruckte Bekanntmachung klingt doch etwas anders, sie sagt, der Prinz werde nicht vor dem 22. kommen, an welchem Tage die Nationalversammlung unwiderruflich zusammentrete, und er werde vorher seine völlige Zustimmung zu dem neuen Gange der Sachen öffentlich erklären. Die Drohung mit der Bürgerwehr fehlt, aber lächerlich ist der Schluß, die vielen Deputationen störten das Ministerium in seiner wichtigen Verfassungsarbeit!)

Die Minister wenden nun auch ihrerseits alle Mittel an, eine Volksstimme zu ihren Gunsten hervorzubringen, sie vervielfältigen die Anschläge, Zeitungsartikel, Zustimmungsadressen, sie schicken Beauftragte aus um die Volksgruppen zu bearbeiten, was ihnen auch theilweise gelingt. Doch können sie die Thatsache nicht wegbringen, daß sie durch ihre Ungeschicklichkeit die unglücklichste Aufregung verursacht, noch die andre, daß sie eigentlich nachgegeben haben und nun den Prinzen eine klägliche Rolle spielen lassen!

Liste neuer Minister gedruckt in Umlauf, Jung, Rauwerd, Behrend, Hansemann — von dem man weiß, daß er den Beschluß der Andern widerrathen —, Diesterweg und Griesheim! Dieser falsche Bruder ist ein rother Jakobiner und ein weißer, wie er es für nützlich hält!

Der Minister General von Thile war dieser Tage hier. Man sagt, er sei gekommen, weil der König eine Kirche einweihen läßt; da muß er mit dabei sein!

Der General Graf Henckel von Donnersmarck aus Dessau war neulich in Potsdam beim Könige, und dieser beauftragte ihn, den angesehenen Bruder Freimaurer, sich unter der Hand doch in den Maurerlogen umzuthun, wie die Stimmung sei, ob man die Rückkehr des Prinzen von Preußen wünsche? Der General that es, brachte aber die Antwort, die Meinung der Freimaurer sei dawider, die Maßregel sei noch viel zu früh und sogar gefährlich, man müsse dringend abmahnen. Der König hatte eine andre Antwort gehofft und ließ den unerwünschten Rath unbeachtet.

Dienstag, den 16. Mai 1848.

Der König hat heute auf dem Schlosse die Offiziere der Bürgerwehr angesprochen, den General Aschoff umarmt 2c. Es sind Thränen geflossen, Schmeichelreden, die den Offizieren des Heeres äußerst mißfallen müssen.

„Der König", sagt man, „muß seine Garde aufgeben, dafür legen die Minister sich Leibwachen zu." Die Ministerwohnungen sind beim geringsten Anlaß gleich von zahlreicher Bürgerwehr besetzt.

Die Minister sollen gesagt haben, nach dem 22. Mai sollen die Volksversammlungen im Freien aufhören, oder doch strenger Aufsicht unterworfen werden. Wagt es nur, ihr Polignac's und Guizot's, die Freiheit zu schmälern, sie wird sich zu rächen wissen!

Mittwoch, den 17. Mai 1848. Bußtag.

Die Zeitungen wimmeln von Aufsätzen und Adressen zu Gunsten des Prinzen von Preußen, die reaktionäre Parthei wetteifert in Anstrengungen, seine Rückkehr zu bewirken und zu einem Siege zu machen. Vor solcher Thätigkeit weichen die Gegner immer einen Augenblick zurück, aber das Gelingen wird kein Sieg sein! Erfüllt kommt der Prinz nur, insofern er sich zu konstitutioneller Richtung bekennt, und schlägt damit seine Freunde gleichsam auf's Maul; dann wird seine Anwesenheit auch neue Widrigkeiten hervorrufen. Man sucht ihn vor allem rein zu waschen von dem Vorwurf, am 18. März Befehle gegeben zu haben, und beweist, er habe keine Befehlführung gehabt; das steht allerdings fest, aber eben so fest begründet ist die Thatsache, daß er unaufhörlich mitgesprochen, mitbefohlen, angeordnet und besonders seine Gesinnungen ausgesprudelt hat; der Auftritt mit Pfuel ist nicht der einzige dieser Art; den Militairdünkel, den Durst nach der Genugthuung, das Volk durch die Soldaten niederwerfen, zusammenhauen zu lassen, die Verachtung des Bürgerthums, den Wunsch, die Obergewalt durch Blutvergießen bestätigt zu sehen, hat er nicht nur in jenen Sturmtagen, sondern wochen- und monatelang vorher immerfort ausgesprochen, besonders bei Gelegenheit der Februartage in Paris, und noch bei der Nachricht, daß in Wien das Volk mit Kartätschen niedergeschmettert werde. Hundertmal hab' ich durch den Grafen von ** den Widerhall solcher Aeußerungen mit Unwillen gehört, hundertmal dagegen gesprochen! Die Geschichte wird schon die Zeugnisse sammeln; der Tag will nur Partheigeschrei.

Ueber die Pfaffen! So lange haben sie den Namen des Prinzen von Preußen aus ihren Kanzelfürbitten weggelassen, — heute predigte Krummacher in der Dreifaltigkeitskirche zu seinen Gunsten! Aber es heißt auch hier, wie bei so vielen Zeitungsartikeln, man soll ihm verzeihen, er habe sich gebessert! Das steht dem Prinzen schlecht an, das setzt ihn herab. —

Besuch von Weiher, dann vom Grafen Cieszkowski; letzterer liest mir ein Manifest vor, das die Polenausschüsse von Posen, Krakau und Lemberg vereinigt an alle Volksvertretungen freier Völker richten.

Held ist von den Volksversammlungen zurückgetreten, man hat ihn verdächtigt und übel behandelt; er sagt in öffentlichem Anschlag, viele Berliner hätten die Revolution mitgemacht, gleich nachher aber als einen Fehler angesehen, der nicht schnell genug wieder abgestellt werden könne!

Der König hat der Bürgerwehr gesagt, sie sollen nur bestimmen, wenn er sie in Augenschein nehmen solle, er werde jeden Tag bereit sein! Man bringt dieses Schmeicheln mit der nahen Eröffnung der Nationalversammlung in Verbindung. Man möchte der Bürger gegen jene versichert sein. Man hat große Rückschritte im Sinn, hier wie in Frankfurt, man will beide Versammlungen im Zügel gehen lassen, und wenn dies gelingt, rasch einige beschränkende Gesetze gegen das Volk durchbringen; gelingt es nicht, nöthigenfalls durch die Bürger und die Truppen wirken.

Neues Gefecht im Posen'schen, Niedermetzeln und Zusammenschießen der Polen.

Die Schrift von Radowitz zur Vertheidigung des Königs ist unwillkürlich die furchtbarste Anklage gegen den ganzen Zustand, und der schlagendste Beweis, daß ohne die Volksgewalt in noch ferneren dreißig Jahren nichts Gescheides entstanden wäre. Der sogenannte gute Willen mit all den elenden Rücksichten war doch nur eine andre Art Unvermögen!

———

Donnerstag, den 18. Mai 1848.

Die „Allgemeine Zeitung" nimmt meine Zusendungen öfters gar nicht auf, oder nur stückweise. Ob ihr nun ihre bezahlten Berichterstatter lieber sind, oder — was sehr glaublich — hiesige Regierungseinflüsse stattfinden, genug ich war willens, ihr nichts mehr zu senden. Im Dienste der Sache jedoch entschloß ich mich, ihr heute wieder einen Artikel zuzufertigen, der mäßig im Ausdruck doch einen starken Kern hat.

Der Oberpräsident Pinder in Schlesien hat die Breslauer Petition gegen die Rückkehr des Prinzen von Preußen mitunterzeichnet, und will den Abschied, wenn nicht die Minister jenen Antrag zurücknehmen oder selber austreten.

Großer Sturm in Paris am 15., zu dem die Polensache den nächsten Anlaß gab. Eine telegraphische Nachricht vom 16. meldet, daß die Nationalgarde treu geblieben sei und gesiegt habe.

Graf von Keyserling bringt die Nachricht, daß am 15. auch in Wien ein Volkssturm gewesen ist; man wollte anfangs widerstehen, mußte aber alles bewilligen, hauptsächlich, daß die nächste Volksvertretung eine constituirende und nur in Einer Kammer sein soll. Das wird auf unsre Sache hier und auf die deutsche in Frankfurt von größtem Einflusse sein! Der Hof und die Aristokratie sind aufs neue bestürzt! —

Hier sollen in der letzten Woche ungeheure Summen von der Regierung verwendet worden sein, um die politischen Gegner zu bestechen, die Anhänger zu befeuern, und auf dieselbe Weise will man, heißt es, auf die Abgeordneten einwirken, deren viele ja geringen Standes und arme Teufel sind, die sich leicht, meint man, werden gewinnen lassen! — Unser ganzes Regierungswesen ist verderbt, die ganze Schichte der obern Luft verpestet; auch die einzelnen Guten, die hineingerathen, sind unverzüglich angesteckt. Welch ungeheures Aufräumen wird da nöthig, und spät gewiß erfolgen!

Der König soll den Ministern gedroht haben, abzudanken, wenn sie den Prinzen nicht zurückriefen. Davon ließen sie sich schrecken. Sie mußten es darauf ankommen lassen! Den Abgeordneten der Volksversammlung wurde dies zu verstehen gegeben, und das scheint auch sie nachgiebig gestimmt zu haben, ein Zeichen wenigstens ihres guten Willens für das Königthum, denn die Abdankung hätte der Republik den Weg gebahnt.

Der Mantelträger Oberstlieutenant von Griesheim ist seit acht Tagen gichtkrank. Major von Fischer besorgt die Geschäfte.

Freitag, den 19. Mai 1848.

Die Offiziere in Potsdam brüllen bei ihren Mahlen das Lob des Prinzen, der König bleibt unerwähnt! —

Wir Deutschen stehen in diesem Augenblick, man muß es gestehen, zwischen Frankreich und Rußland in sehr trauriger Gestalt! Frankreich als Freistaat, aber beisammen, Rußland als Kaiserstaat in voller Machteinheit, wir Deutsche dagegen im Streben nach Einheit mehr als je zerfallen und geschwächt, in dreifachem Kriege (gegen Italiäner, Polen, Dänen), die beiden Hauptstaaten Oesterreich und Preußen in innern Krisen, deren Ende nicht abzusehen ist! Bisher konnten wir von Seiten Frankreichs Frieden hoffen, vielleicht ein Bündniß, unser Verhalten in Polen macht den Frieden zweifelhaft, das Bündniß unmöglich; werden wir angegriffen, so müssen wir die Hülfe der Russen anrufen oder annehmen, und dabei läßt sich unsre Freiheit nicht wahren. Wie Recht hatten beide

Willisen, jedes Blutvergießen in Polen zu fürchten, wie Recht der ältere, alles zur Beruhigung der Polen aufzubieten! Die Elenden, die Stockpreußen, die kurzsichtigen Minister, die das Werk nicht gelingen ließen, haben uns in die gefahrvollste Lage gebracht. Und doch ist Oesterreich noch viel schlimmer dran! Dort fällt alles auseinander. Deutschland scheint nicht zu retten als durch den Sturmschritt auf dem Wege der Revolution. Wer weiß, ob wir es nicht bald bedauern müssen, daß Struve und Hecker gescheitert sind! Denn sollten wir doch zur Republik gelangen müssen, so wäre es ein Unglück, sie nicht gleich anfangs ergriffen zu haben! —

Besuch von Professor Stahr. Er ist von tüchtiger Gesinnung, und sieht auch sehr dunkle Zukunft. Ich überlege mit ihm, wo und wie man jetzt ein politisches Wort am besten anbringen könne. Wir finden keinen Weg, er muß erst gebahnt werden. Die hiesigen Zeitungen sind erbärmlich, die „Zeitungshalle" nicht allgemein gelesen, die „Bremer Zeitung" auch nicht, mit der „Augsburger" ist es ein elend Ding! —

In Wien hat die Regierung alles nachgegeben, in Paris hat die Regierung durch die Nationalgarden gesiegt. —

Sonnabend, den 20. Mai 1848.

In Wien und wieder in Paris gewinnt der Erhaltungseifer das Uebergewicht. Unser Hof und unsre Minister werden gleich etwas trotziger.

Besuch von Weiher. Nachrichten aus der Stadt. Die Bürger sind jetzt heftige Gemäßigte, sie meinen, es sei des Sieges genug, jetzt dürfe man ausruhen, den Wohlstand herstellen und mehren. Das Volk möge sehen, wie es zurecht komme, es solle arbeiten. Um Polen brauche man sich nicht zu kümmern. Die guten Bürger möchten sich doch irren! Sie werden wohl noch manchesmal gestört werden, das Volk wird hart anklopfen.

Wir leben im Grunde noch sehr im alten Elemente weiter, dreißigjährige Gewohnheit ist zäh, die Mißverhältnisse und Mißbräuche sind tief eingewachsen, unsre Vorstellungen nicht einmal, geschweige denn unsre Handlungen, sind schon gehörig gereinigt. Noch immer wird jeder dumm oder schlecht — oder beides —, wer in die obere Schichte kommt. Der Glanz, das Ansehen, die Einrichtung blendet. Ging es doch früher dem elend gewordenen Eichhorn so, warum nicht dem nur durch die Umstände stark erschienenen Auerswald, Camphausen 2c. Wer von jeher in jener Schichte gelebt, Prinzen und dergleichen, ist von jeher in gewissem Sinne dumm, in vieler Art schlecht. Es ist nicht zu ändern, es gehört mit zu den Bestandtheilen, die zum Machen der Geschichte nöthig sind.

Meine Erwartung, daß nun in Rußland eine Bewegung zur Freiheit eintreten müßte, zögert in Erfüllung zu gehen. Vielleicht gehören stärkere Reize dazu, als die bisherigen waren, vielleicht ist ein ausgebrochener Krieg dazu nöthig. Wer weiß! Indeß wird Rußlands Stellung immer drohender, und die Lage von Deutschland bedenklicher, seitdem wir so thörichterweise die Sympathieen der Polen verscherzt und den eigenen Halt verloren haben, eben so wie Oesterreich, an dessen Völkergemisch unsre deutsche Einheit schmachvoll scheitert!! —

Ich sprach die Frau von C. und Herrn von W., beide aus Potsdam kommend. Was die alles sagten, und als richtig und natürlich voraussetzen, ganz unzweifelhaft als auch meine Meinung annahmen! Der heilloseste Unverstand und die hörnernste Borniertheit herrscht in diesen Adelskreisen! Ein deutscher Abklatsch des französischen Emigrantenwesens! — Und besonders die Weiber, die Offizierweiber, sind ganz toll. Ich bin gegen Guillotine und Galgen, aber für die Ruhe.

Die katholische Parthei hält streng zusammen; sie hat es dahin gebracht, daß General von Radowitz zum Abgeordneten für das deutsche Parlament erwählt worden, auch der Kanzler von Linde.

Für Berlin ist doch heute glücklicherweise der Königsberger Jacoby zum deutschen Parlament gewählt worden.

Sonntag, den 21. Mai 1848.

Die Leute sind doch unverbesserlich! Der König hat das Gelüst zu einer Rede, will die Nationalversammlung dazu auf dem Schloß eröffnen, nachher soll sie in der Singakademie ihre Sitzungen haben! Und die albernen Minister widersprechen nicht! Aber die Abgeordneten widersprechen, und erklären, daß sie auf das Schloß nicht kommen werden! Sie haben schon gestern eine Vorberathung gehalten, und halten auch heute eine. — Der Verfassungsentwurf ist auch ein schönes Machwerk! Anderthalbhundert erbliche Pairs will der König ernennen, fünfzig gewählte sollen hinzukommen. Nichts da! Veralteter Kram! Aber was für Stöße wird es geben, in und außerhalb der Versammlung! Die Truppen, die Provinzen, die Partheien, alles wird seinen Willen haben und durchsetzen wollen! —

Der König hat dem neuen Bundesgesandten Herrn von Usedom solche Vorschriften gegeben, daß dieser selbst sie die allerunsinnigsten nennt. Unter andern will der König keine Würde, keinen Ehrenvorzug, keine Oberleitung annehmen. Nach dem früheren Auftreten und Kundgeben!

Der Minister von Arnim bekennt, daß er auf die Verwicklung der schleswig-holsteinischen Sache nicht gefaßt gewesen, er habe gemeint, die ersten preußischen Soldaten an der Eider würden den Widerstand der Dänen aufhören machen. Ein Schwach- und Querkopf, dieser Minister! —

Ich blieb zu Hause. — Der Abend brachte mir, indem ich in den offenen Mittelstuben auf und ab ging, einen Strom von Erinnerungen aus meinem Leben mit Rahel! Ich mußte mir in tiefster Wehmuth sagen, daß ich vom Schicksal über die Maßen begünstigt worden bin, daß ich kein Leben kenne, mit dem ich das meinige vertauschen möchte. Unendlich viel hab' ich entbehrt, sah ich meinen Wünschen und Ansprüchen versagt, ich habe Leid und Schmerz und Kränkung in Fülle gehabt, aber das Gute, das mir gewährt worden, überragt weit meine Erwartungen, mein Verdienst!

Montag, den 22. Mai 1848.

Ich ging aus, unter die Linden, zum Schloß, das von Bürgerwehr besetzt war, die aber den Durchgang nicht hinderte; zahlreiche Gruppen standen umher, die Eröffnung der Nationalversammlung fand Statt, die Abgeordneten scheinen sich gefügt zu haben. Schelling und seine Frau waren auch als Zuschauer am Schloßportal, sonst kein Bekannter.

Dann kam Graf von Keyserling und berichtete mancherlei. Unter andern sagte er, ihm sei aus zuverlässiger Quelle bekannt, daß eine Anzahl tüchtiger Männer aus

den obern Klassen sich verbündet habe, bei der nächsten
Aufwieglung über die Häupter der Rotte herzufallen und
sie vom Leben zum Tode zu bringen! — (Ein Mordversuch
gegen den Assessor Jung ist schon gemacht worden.) Also
Blut! Noch hat das Volk niemanden getödtet oder verletzt, — fangt ihr nicht an! Uebrigens dacht' ich an
Grangeneuve! —

Nachmittags kam General von Willisen. Das Ministerium hat ihm eine ehrenvolle Anerkennung ertheilt und
verneint, daß irgend ein Grund zu der von ihm begehrten
Untersuchung vorhanden sei; auch ist ihm der Komman-
dantenposten in Köln angetragen.

Es heißt, Colomb sei abgerufen und Brünneck erhalte
die Stelle; auch Olberg soll abgerufen sein.

Die Staatszeitung bringt die heutigen Verhandlungen.
Die Rede des Königs ist farblos; er las sie vom Blatt
mit nicht fester Stimme. Der Verfassungsentwurf ist nicht
ganz so, wie man erzählt hatte. Von den Abgeordneten
haben neun sich geweigert auf das Schloß zu kommen,
darunter Kirchmann, Temme, Jung, gestern hatten sich
über achtzig dazu unterschrieben, aber noch um 11 Uhr
kam ein Schreiben des Ministeriums, das vorstellte, wie
die Sache gar keine weitere Absicht habe, als eine örtliche
Angemessenheit zu beachten, daß man doch keine Erheblich-
keit daraus machen möchte u. s. w. Da gaben die Meisten
denn nach.

Gestern ist ein Kourier an den General von Wrangel
nach Dänemark abgefertigt worden; man glaubt, die von
ihm ausgeschriebene Kriegssteuer von zwei Millionen Spe-
zies werde mißbilligt, auch solle er seine Drohungen, für
jedes von dänischen Schiffen an deutscher Küste zerstörte
Haus ein Dorf in Jütland anzuzünden, zurücknehmen.

Dienstag, den 23. Mai 1848.

Ausgegangen; unter den Linden; die Revue der Bürgerwehr durch den König war schon vorüber; einige Bataillons waren sehr schwach, eines fehlte ganz, das Hurrahrufen war matt, und das Bemühen des Generals Aschoff, es durch Gebärden und Winken hervorzurufen, ganz erbärmlich; auf dem Akademiegebäude und auf der Universität waren von unbekannten Händen schwarze Fahnen aufgesteckt, sie wurden abgenommen; der König war ganz damit beschäftigt, den Eindruck zu beobachten, den er machte. — Hrn. von Kraszewski gesprochen, den polnischen Abgeordneten.

Inzwischen hatte ich den Besuch des Justizrathes Schleiden aus Rendsburg versäumt. — General von Canitz gesprochen. —

Besuch vom Fürsten von **. Er erzählt mir merkwürdige Sachen! Unter andern eine authentische Anekdote vom Könige. Nach den Revolutionstagen im Februar zu Paris schrieb der dortige Gesandtschaftssekretair Graf Max von Hatzfeldt einen Privatbrief über den Hergang der Dinge an seinen Schwager hier, den General Grafen von Nostitz, und sagte darin, alles wäre gewonnen gewesen, wenn Louis Philippe den Muth nicht verloren hätte, wenn er im kritischen Augenblicke den Minister Guizot nicht aufgegeben, sondern behalten hätte, denn Bugeaud habe schon alles fertig gehabt, um die Rebellen von hinten anzugreifen und ihnen den Garaus zu machen, aber Louis Philippe's Schwäche und unzeitiges Nachgeben habe alles verdorben. Nostitz gab dem Könige den Brief zu lesen, und der König las ihn voll Eifer, ja rief aus einem andern Zimmer die Königin herein und zeigte ihr den Brief, indem er sagte: „Da sieh mal, was das für ein Unglück ist, wenn ein

König schwach ist!" — Und vierzehn Tage später, wie schwach war er selbst! —

Ich besuchte Hrn. Justizrath Schleiden; er bleibt fürerst hier, als Agent der schleswig-holsteinischen Regierung. —

In Wirsitz (Posen) ist zur preußischen Nationalversammlung als Abgeordneter der Prinz von Preußen erwählt worden, als Stellvertreter der Legationsrath Küpfer.

Alle Partheien bemühen sich die zu Abgeordneten gewählten Bauern und sonstigen geringen Leute zu gewinnen, man schlägt sich ordentlich um sie, mit Versprechungen, Anreizungen, sogar mit Geld. Der elende Witt-Dörring ist auch aus seinem Schlupfwinkel hervorgekrochen und prahlt hier mit Ränken und Dienstleistungen.

Wen ich noch gesprochen, jeder sagt, daß der Verfassungsentwurf nicht durchgehen werde, nicht genügend sei.

Dem Minister Camphausen ist wie gestern auch heute wieder eine Katzenmusik gebracht worden. — Auch dem General Aschoff. —

Stein's politische Denkschriften, von Pertz herausgegeben, Berlin, bei Reimer, 1848. Ein mäßiger Band. Merkwürdig, weil es von Stein ist, aber für heute brauchbar ganz und gar nicht! —

Ich sagte zu **, als von den Serviern, den Wallachen, den Völkerpartheien in Ungarn die Rede war: „Wir sind nur zu sehr geneigt zu glauben, daß die Erschütterungen der Welt keinen andern Zweck haben, als uns möglichst prompt einige liberale Formen zu liefern, unser persönliches Bedürfniß nach etwas billiger Freiheit zu stillen; — aber nein! Das Schicksal faßt die Dinge größer und weiter, es denkt nicht an unsre kleinen Begehren, sondern wühlt überall die Grundsuppe des Volksthums auf, unternimmt eine neue Gestaltung aller Staaten und aller Staatenglieder."

— — —

Mittwoch, den 24. Mai 1848.

Vor zwei Monaten war in Deutschland alles auf deutsche Einheit gerichtet, es entstand das Vorparlament, der Fünfzigerausschuß, der Bundestag unterwarf sich, die Regierungen ebenfalls, Preußen und Oesterreich voran. Bald aber wird den Einzelländern die Gestalt, in der sich die Einheit herausbilden will, bedenklich, sie sehen Nachtheile, Verluste, die Stimmung zieht sich wieder auf das Sonderthum zurück, die Fürstenmacht ergreift diese Wendung willig, die Aristokraten möchten daran die völlige Rückkehr knüpfen, sie erkennen, daß sie noch stark sind. Hier aber liegt für die Fürsten eine große Gefahr; das Schicksal stellt ihnen eine Falle! Das Sonderthum wird nicht halten, die Vereinigung wieder neuen Anlauf nehmen, ganze Strecken werden ihr huldigen, den Gehorsam gegen die Hauptstädte aufsagen, und dann von selbst gezwungen sein, sich republikanisch einzurichten. So kann es wohl kommen! —

Als gestern die beiden schwarzen Fahnen von der Akademie und Universität abgenommen waren, lösten viele Studenten ihre schwarzen Halstücher und wehten mit diesen, um ihr Mißvergnügen zu bezeigen.

Nachmittags mit Ludmilla in den Thiergarten gegangen, wo es wunderschön war, das frischeste üppige Grün, das goldne Sonnenlicht! Bei den Zelten Volksversammlung, ein Redner sprach heftig gegen den Verfassungsentwurf der Minister, gegen die Erblichkeit in der Oberkammer. Einen Augenblick bei Bettinen von Arnim.

Einige Flugblätter verwerfen geradezu das Königthum. Auch in dem Klub auf dem Dönhofsplatz (in der Reitbahn) wurde mit Lobpreis von Republik gesprochen, mit dem Beifall von mehr als dreitausend Menschen. Ein Redner gebrauchte den Ausdruck: „Das süße Wort Republik."

Ich blieb den Abend zu Hause, zum Minister von Canitz zu gehen konnt' ich mich nicht entschließen, ich hatte nicht Lust zu den schwierigen Silbenmaßen, in denen ich dort das Gespräch hätte führen müssen.

Um 9 Uhr brachte eine Schaar Landwehrmänner dem Minister Camphausen ein Hoch und sang ihm ein Lied. Um 10 Uhr wurde ihm eine fürchterliche Katzenmusik gebracht. Ich hörte alles über die Gärten her sehr laut. Die Wilhelmsstraße war voll Menschen.

Gestern Abend haben Studenten und Arbeiter den Verfassungsentwurf an der Stelle, wo Friedrich's des Großen Denkmal zu stehen kommen soll, feierlich verbrannt; man glaubte anfangs, es sei auf das Palais des Prinzen von Preußen abgesehen.

Eine kleine Kneipe, so dunkel, daß auch bei Tag immer eine Lampe dort brennt, dient als Versammlungsplatz einiger jungen Leute, die auf den Einfall kamen, ihren eignen und eingesammelten Witz drucken zu lassen. So erschienen mehrere Nummern der „Ewigen Lampe" in kleinen Bogen, mit zum Theil vortrefflichen Einfällen. Die ersten Nummern haben schon die dritte Auflage erlebt. Einige Bisse gegen Ranke, Förster, Savigny, Mebing ꝛc. sind von bester Art.

Mittwoch, den 24. Mai 1848.

Der Grundsatz der Volksthümlichkeit allerdings soll gelten, aber nicht unbedingt, nicht einseitig und allein, wie überhaupt auf der Welt nichts außer dem Zusammenhange des allgemeinen Lebens bestehen und gelten kann. Völker und Staaten, ja Länder selbst, welche auf jenem fußen, sind nur Erscheinungen, die stets der Veränderung und dem Wechsel unterworfen sind. Hätte Gott gewollt, daß jedes Volk für sich bleiben, jedes Land seine unverrückbaren Grenzen haben sollte, so würde die Erde aus lauter Inseln bestehen, von nicht allzu ungleicher Größe, und müßte die Entwickelung so gleichmäßig vorgehen, daß nirgends ein Uebergewicht des Geistes, der Tüchtigkeit und des Muthes entstünde, denn dann wäre Eroberung nach außen die sichere Folge. Weit anders, wissen wir, ist die Welt eingerichtet. Völker entstehen und vergehen, mischen sich untereinander, herrschen abwechselnd und dienen, erobern weite Strecken, werden in's Enge gedrängt, die Länder haben keine unwandelbaren Grenzen, selbst Gebirge dienen nicht immer als solche, Flüsse werden überschritten, Meere durchschifft. Der Grundsatz der Volksthümlichkeit läßt sich daher nicht streng einhalten und durchführen. Allein es giebt auch einen wirklich höheren Grundsatz für das Leben der Menschengesellschaft. Das ist der der Staatsbildung. Mehr als durch gleiche Abstammung und Sprache gehören die Menschen zusammen durch gleiche Staatsformen, Gesetze, Sitten und Einrichtungen, der Religion und höheren Geistesbildung zu geschweigen. Daher können sehr wohl Theile des einen Volkes in den Umkreis des andern aufgenommen werden, in diesem begnügt und glücklich sein, und dies um so mehr, je größere Vortheile die Einbürgerung gewährt, je freier die Verfassung, je trefflicher die

Gesetze, je reicher die Lebensquellen sind. Mögen immerhin Deutsche in Frankreich mitleben, Slaven in Deutschland, Italiäner und Franzosen der Schweiz angehören, dies wird kein Unglück sein, und überall eine haarscharfe Scheidung vorzunehmen, wird zur Unmöglichkeit. Daher dürfen die Ansprüche, welche die Staaten als solche machen, nicht unbedingt hintangesetzt werden dem Anspruche der Volksthümlichkeit. Einige Tausende von Polen werden es sich immer gefallen lassen müssen, die Ausrundung Preußens zu bilden, die Deutschen in Liefland und Siebenbürgen werden den Zusammenhang mit dem großen Vaterlande, das sie verlassen haben, schwer wieder anknüpfen, die Tschechen können aus der Einschließung durch Deutsche nicht mehr heraus. Möchte man diese einfachen Wahrheiten bei den jetzt überall schwebenden Völkerbewegungen nicht aus den Augen verlieren! — Der Grundsatz der Volksthümlichkeit ist hoch zu achten, besonders wo diese zu eigner Staatsbildung schon gediehen ist, aber als einzige Unterlage der letzteren nicht anzunehmen.

Unsre besten Völker sind Mischvölker, die Franzosen und Engländer vor allen, die Deutschen sind es großentheils; ein noch sehr urstämmiges Volk — einige Tatarenmischung abgerechnet — sind die Russen, aber wie tief stehen sie noch! Die Polen, auch ein in seinem Kern ursprünglicher Volksstamm, leben nur noch als Unterdrückte, und die Juden, das reinste, unvermischteste Volk auf der Erde, haben sogar den Boden verloren, auf dem sie heimisch waren. — Zeichen genug, daß es Höheres giebt, als die Naturverwandtschaft!

Donnerstag, den 25. Mai 1848.

An den bremischen Bundestagsgesandten Dr. Smidt geschrieben nach Frankfurt am Main, Aussichten und Befürchtungen ihm mitgetheilt, vielleicht zu guter Wirkung! vielleicht! —

In der „Zeitungshalle" steht wahrheitsgetreu der Auftritt zwischen dem Prinzen von Preußen und Pfuel.

— Abends als ich nach Hause gekommen war, wurde die Straße plötzlich ganz schwarz von Menschen, und zwei Häuser von uns erhob sich eine furchtbare Katzenmusik für den dort wohnenden Landwehr-Kommandanten, der für den Prinzen von Preußen große Beeiferung gezeigt hat. Wenn man so bei Nacht die gewaltigen Haufen sieht, die schreiend und pfeifend sich aufreizen und das fürchterlichste Gebrüll ausstoßen, so wundert man sich, daß sie nicht weiter gehen und thätlich eingreifen, aber kein Mensch wird verletzt, nicht einmal eine Scheibe eingeworfen. Der wüthende Haufen zog bald die Mauerstraße nach dem Wilhelmsplatze zu, um vielleicht noch andere Personen zu beglücken!

Man fürchtet bei der jetzt schon ganz nahen Ankunft des Prinzen von Preußen blutige Schlägereien.

Die Erbitterung über den Verfassungsentwurf wächst mit jedem Tage, auch die klügeren Ultras meinen, die Minister hätten den Verstand verloren, um mit solchem unhaltbaren Machwerk hervorzutreten; sie mußten wissen, daß dies nicht durchgehen könne, daß sie eine Niederlage für sich damit gleichsam herausforderten. Alle Zeitungen fallen darüber her. Auf den Straßen sieht man in der Mitte von Volksgruppen heftig reden. Bei der Singakademie stehen Schaaren von drohendem Ansehn, die ungeduldig fragen, ob die Nationalversammlung sich noch nicht erklärt hat?

Der Schauspieler Louis Schneider spielt eine Rolle bei den Bezeigungen für den Prinzen von Preußen. Ihm werden Hochs und Katzenmusiken gebracht, wie den Ministern.

In Burmeister gelesen, im Horatius.

— —

Freitag, den 26. Mai 1848.

Gestern bekam auch Wit-Dörring, im Hotel du Nord, eine Katzenmusik, der Lump macht sich mausig. Eben so der Oberbürgermeister Krausnick, der anfangs feig abgetreten ist, nun aber wieder Muth bekommen hat und den Bürgern sagt: „Ihr müßt euch ferner von mir bürgermeistern lassen, oder jährlich so und so viel Geld geben."

Der Landrath Bauer (aus der Provinz Posen), dessen Wahl mit schweren Inzichten beanstandet war, ist aus Partheigeist wider die Polen dennoch wider Fug und Recht als Abgeordneter zur preußischen Nationalversammlung zugelassen worden. —

Abends noch eine Stunde spaziren gegangen, unter den Linden, zum Lustgarten, auf die Schloßterrasse, wo die letzten Strahlen der Sonne angenehm wärmten. Unter den Linden war es lebhaft, sonst aber die Stadt überaus still und die Straßen öde, wie ich mich kaum sie gesehen zu haben erinnere. —

Für den Prinzen von Preußen wird geschrieben, geschrieen, geworben, Geld über Geld ausgestreut. Wer sich ein Landwehrkreuz holt zum Empfange des Prinzen, bekommt 5 Silbergroschen dazugeschenkt, viele Nichtlandwehrmänner haben dies schon benutzt, um die kleine Gabe zu erhalten, und man sieht absichtlich nicht allzu genau hin. Dabei scheint auf die entschlossene Gesinnung der Landwehr und besonders der Bürgerwehr noch nicht so entschieden zu rechnen, ein Theil beider Körper ist ziemlich günstig für die Revolution gestimmt. Die Erscheinung des Prinzen kann die Partheien leicht entflammen, und es ist nicht unmöglich, daß es zum offnen Kampfe kommt, daß Blut fließt.

Wieder eine Katzenmusik neben mir an, diesmal schon um 9 Uhr, wieder dem Landwehroffizier von gestern geltend. Die Schaaren zogen bald weiter und schienen noch viel zu thun zu haben. Das Horn der Bürgerwehr schallt dazwischen, bisher kümmerte sie sich um Katzenmusiken nicht, heute will man sie nicht dulden.

Der „Staatsanzeiger" bringt einen Artikel, der den Vorwurf, das Ministerium sei unthätig, widerlegen will, und ernstlich versichert, daßelbe habe eine neue Medizinalordnung schon weit vorgearbeitet! Das klingt doch wahrlich wie Hohn! Daran, daß das Ministerium dies als ein Verdienst anrühmt, kann man seine Erbärmlichkeit recht sehen! In einer Zeit, wo die ungeheuersten politischen Fragen ihrer Lösung harren, wo die That diese Lösung herbeiführen soll, sprechen die Tröpfe von Medizinalordnung! Und freilich auch etwas von Universitäten und Kirche.

Um 2 Uhr in der Nacht Generalmarsch getrommelt; die Bürgerwehr trat zusammen, aber es dauerte sehr lange, die Trommel und das Horn riefen lange vergebens. Es hieß, dem General Aschoff seien die Fenster eingeworfen worden.

Sonnabend, den 27. Mai 1848.

Der Alarm in der vergangenen Nacht war ganz unnütz, es ist gar nichts vorgefallen, dem General Aschoff war nur gesagt worden, diese Nacht solle das Schloß angegriffen werden — was gegenwärtig gar keinen Zweck haben könnte, da dort weder der König noch die Regierung ist — und der dumme Kerl hat auf solches Gerede hin, womit man ihn zum Narren gehabt, die ganze Bürgerwehr aufgestört.

Ausgegangen. Gruppen bei der Singakademie, unter den Linden, der Verfassungsentwurf schlecht, die Landwehrmänner durch Geld gewonnen, die Minister schlecht ꝛc. Der Magistrat hat eine Sitzung über den Straßenunfug gehalten und erklärt, die Bürgerwehr sei zu schwach, sie müsse Truppen im Hintergrunde haben! Also Militair! In Schöneberg ist dessen schon einquartirt, und diese Nacht sollen Dragoner bis vor die Thore gerückt sein — „Mit solcher Unruhe und Störung ist nicht möglich zu regieren." Dann tretet ab. Jetzt muß mit solchen Störungen regiert werden. Sie können aber nicht in Ordnung kommen, thun Falsches und Schlechtes oder nichts, und unten soll Ruhe und Vertrauen sein! Wir sind im Kriege, und ihr seid der Feind; daß ihr's wißt! — Einige Volksmänner sprachen in den Gruppen sehr gut, ein Handwerker so über Rußland und Frankreich, daß die Minister alle von ihm lernen könnten!

Man fürchtet, in unsrer Nationalversammlung werde ein altpreußischer, mit Halbem und Verkümmertem zufriedener Geist vorherrschen. Mit Furcht vor der Republik machen die Minister die trefflichsten Geschäfte!

Herr Oberlandesgerichtsrath Crelinger kam und gab mir über die Wiener Anfragen die vollständigste Auskunft.

Wir besprechen aber auch den ganzen Zustand, den preußischen und deutschen, die Reaktion und die Republik und daß uns die erstere in letztere schleudern wird. Geringe Hoffnungen für die nächste Zeit, desto größere für die ferne. Bedenkliche Krisis für Berlin; ob wieder Blut fließen soll?

General Aschoff will abdanken, da es fast allseitig verlangt wird. Aber Kommandant möchte er bleiben, nur von der Bürgerwehr los.

Die Stadt ist ganz ruhig. — In Gibbon und Walpole gelesen.

———

Sonntag, den 28. Mai 1848.

Verordnungen gegen die Katzenmusiken, vom Magistrat, von Minutoli, von Aschoff. Großer Kraftaufwand zu solchem Heldenstück! Aber wo Kraft nöthig ist, im Kriege, da geben wir nach: die Preußen haben Befehl, Jütland zu räumen! Erbärmlich, nun schwillt den Dänen und Schweden erst recht der Kamm! Dem Feinde braucht man nur zu zeigen, daß man nichts wagt, und er stößt nur schärfer darauf los.

Ausgegangen. Bei Kranzler waren alle Zeitungen in Leserhand. Bei der Universität und unter den Linden Gruppen. Wenig Aufregung zu sehen. Das Volk ist nur allzuzahm, es wäre ihm etwas mehr Lebendigkeit zu wünschen!

Besuch beim schleswig-holsteinschen Justizrath Schleiden. Er beklagt, daß man aus Jütland weggeht, hält es für eine schlimme Maßregel. Er hofft von Frankfurt viel und von Berlin. Ich erschrecke ihn etwas durch mein Verwerfen des Wortes „Vereinbarung", durch mein Lob Jung's und durch meinen Geschmack an harmlosen und — versteht sich — wohlangebrachten Katzenmusiken!

Bei mir zu Hause mit Weiher zusammengetroffen. Erzählung von Bürgerwehr, Landwehr ꝛc., Erklärung vieler Abgeordneten, daß die Erblichkeit im Oberhause durchaus nicht zu gestatten sei; sonst aber große Gefälligkeit für das für die Leute aus der Provinz noch immer blendende Ministeransehn. Diese traurigen Minister haben mehr Glück als Verstand! —

Nachrichten aus Neapel, daß die Revolution dort besiegt worden; noch unsicher, aber wie es scheint, nicht grundloses Gerücht.

Streit in Mainz zwischen Bürgern und preußischen Soldaten! Sehr schlimm für uns!

Deutsche Nationalversammlung in Frankfurt! Schwerer Stand! Die „Gemäßigten" thun's nicht mehr, es ist zu weit gekommen.

———

Montag, den 29. Mai 1848.

Unter den Linden und im Wäldchen vor der Singakademie sind Volksgruppen, in ihrer Mitte Redner von zum Theil heftiger Art, theils wird gegen den Verfassungsentwurf gesprochen, theils gegen das Zusammenziehen so vieler Truppen um Berlin; man warnt das Volk gegen Ueberfall, gegen die Maßregeln der Minister, die das Volk mit der Bürgerwehr in Kampf sehen möchten, man warnt gegen die Russen und nimmt sich der Polen wieder an, was vor einigen Tagen nicht ohne Gefahr geschehen konnte. „Aus dem Hause wird uns auch nicht viel Gutes kommen!" sagte ein Mann aus dem Volk, auf die Singakademie deutend.

Zum Fürsten von Pückler gegangen; er ist nach Hamburg verreist. Ich wurde bei der Fürstin angemeldet; Humboldt war bei ihr und machte die traurigste Schilderung von dem Hof in Potsdam, von dem Blödsinn, der Eitelkeit, dem Aerger, die dort herrschen; er sieht von keiner Seite eine Rettung, nicht vom König her, nicht von den Ministern, nicht von der Nationalversammlung.

Man sagt, aber gewiß irrig, heute werde die Prinzessin von Preußen dem Prinzen entgegenfahren. Sie trug seit dem 19. März immer Schwarz, seit einigen Tagen aber schon wieder farbige Kleider. Ihre Lage, meint man, sei eine der peinlichsten.

Schlimme Nachrichten aus Neapel, aus Wien, Gerüchte von Unruhen in Leipzig. Die Hoffnungen der Reaktion steigen. Man bereut schon, daß man versprochen, der Prinz von Preußen werde sich zu konstitutionellen Grundsätzen bekennen. (Schmeichlerischer Aufsatz in der „Allgemeinen Zeitung" aus London, kann sehr wohl von Bunsen sein.)

Landkarten durchgesehen. In Burmeister gelesen. Im Ovidius.

Die Angaben von Vermehrung und Annäherung der Truppen erweisen sich als falsch. Der Minister Camphausen giebt darüber bündige Erklärungen.

Dienstag, den 30. Mai 1848.

Ich schrieb an Carriere, in sehr gedrückter Stimmung, ich sehe alles um mich her matt werden, fehlgehen, die schlechten Richtungen und Absichten überall im Vortheil. Ich weiß wohl, es wird nicht dabei bleiben, die matte Schwüle trägt Blitz und Donner in sich, aber das Ge-

wittet darf man eben fürchten, und dem Wanderer ist ein
heiterer frischer Tag lieber. — Ich ging aus, allein; bei
Kranzler war mir die nachhaltige Derbheit der „Zeitungshalle" angenehm; im Kastanienwäldchen war es still, durch
die Friedrichsstraße zogen ein tausend Arbeiter, in Reihen
zu vier und vier unter den Arm gefaßt, nach der Weiden-
dammer Brücke zu, es hieß, sie hätten sich zur Fortsetzung
der Erdarbeiten bei den Rehbergen verstanden, nachdem
der Magistrat sie ihnen hatte entziehen wollen wegen ihrer
Faulheit. Sonst kamen die Soldaten um diese Zeit desselben Weges vom Exerziren zurück; guter Gegensatz! —
Unter den Linden ging Dr. Zinkeisen eine Weile mit mir
und sprach konservativ.

Zu Hause Besuch von Graf von Keyserling; er kam
aus der Priegnitz; die Edelleute wollen von dort nach
Berlin marschiren, sobald die Nationalversammlung dem
König zu nahe tritt, zum Beispiel etwa die Domainen in
Anspruch nimmt.

Die Posener Stadtverordneten wollen die Ehrenerklä-
rung des Staatsministeriums für Willisen nicht gelten
lassen, sondern widersprechen ihr in der „Vossischen Zeitung"! Der Haß ist unversöhnlich; er hat die fanatische
Eigensucht zum Kern, die ekelhafte Deutschhümelei zur
Maske, den alten Militairdünkel und Beamtentrotz und
zuletzt den ganzen russischen Groll zum Hinterhalt. Auch
regen sich wieder einige Offiziere gegen Willisen. Er ist
das Opfer der Schwäche, Zweideutigkeit und Feigheit
unsrer Minister! Und helfen kann ihm niemand, er müßte
selbst mit Keulen dreinschlagen! Und während ein solcher
Mann wie geächtet ist, kommen die Leute, welche dem
Volksunwillen gegenüber ihre Entlassung nahmen, wieder
in Wirksamkeit und Ehren. — Radowitz und Bunsen sind

Mitglieder des Parlaments in Frankfurt, Graf von Arnim ist ebenfalls dort, — das hätte man vor zwei Monaten nicht für möglich gehalten! Und Arnim-Strick, und Kautz noch Minister! Und Mebing nicht verabschiedet, und Mathis wieder eingetreten!

Die Studenten hier — sehr ungleich gesinnt — haben selbst veranlaßt, daß neun von ihnen, die am Tage der Bürgerwehrschau schwarze Fahnen aufgesteckt und mit schwarzen Halstüchern geweht hatten, relegirt worden sind. —

Auf dem Wilhelmsplatz war heute Abend Lärm von arbeitlosen Arbeitern, sie drangen bei dem Minister von Patow gewaltsam ein, bedrohten ihn, thaten ihm aber nichts. Leichenblaß, bot er ihnen Geld, sie aber riefen unwillig, sie wollten nicht Almosen, sondern Arbeit! Es endete damit, daß ihnen zu übermorgen Arbeit versprochen und darauf ein Vorschuß von 10 Silbergroschen für jeden ausbezahlt wurde.

Nachrichten aus Wien, wo die Studenten gesiegt, aus Neapel, wo die Reaktion wüthet, aus Mainz, wo der Preußenhaß sich heftig äußert. Unsre Truppen sind überall die verhaßtesten, die rohsten, überall betragen sie sich zuchtlos, in Polen, in Berlin, in Mainz, Trier, Aachen, Köln; selbst in Schleswig haben sie durch Hohn und Dünkel sich die Gemüther entfremdet. Das ist der Soldatengeist, dem man so eifrig hier gehuldigt, den man mit aller Anstrengung geschaffen, wie der Prinz von Preußen sich unwillig gegen den General von Pfuel äußerte, dem er vorwarf, dies Werk zu verderben!

Assessor Jung hat tapfre Anträge und Fragen heute in der Nationalversammlung gestellt.

Mittwoch, den 31. Mai 1848.

Jeder Fehler bestraft sich, das kann man sich in allen Verhältnissen als unverbrüchliche Wahrheit vor Augen halten, im einzelnen Leben wie in Staatssachen; das Wie und Wann läßt sich nicht voraussagen, und wir können darüber lange in Täuschung sein, die Sache bleibt jedoch nicht aus. Wie vieles kommt uns jetzt aus den letzten dreißig Jahren heim, wie vieles wird aus diesen gegenwärtigen Tagen uns einst heimkommen, uns oder unsern Nachkommen! Wir ärnten Unkraut, und wir säen es auch!

Ich ging allein aus, las bei Kranzler Zeitungen. Unsre politische Presse ist schlecht bestellt, die meisten Blätter sind ohne Richtung, ohne Urtheil, sie haben fast alle eine auflösende Wirkung, kein großer Strom öffentlicher Meinung sammelt sich, unsre großen Volksvertretungen in Frankfurt und Berlin finden keine Stützen in den öffentlichen Blättern, nur kleinliche Kritik, verwirrenden Einspruch, urtheillosen Tadel, am meisten stehen die freisinnigen Kämpfer anhanglos; viele Blätter sind auch den Regierungen verkauft oder leiden von daher Einfluß.

Ich ging bis zum Zeughause, wo großer Lärm war. Kisten mit Gewehren — man sagte, es sei Kommißbrot — und mit Granaten und Shrapnells, wollte man heimlich in Kähne laden und fortschaffen, es wurde entdeckt. Volk und Bürgerwehr vereint hielten die Kisten an, alles mußte wieder ausgeladen werden, zwei schon in der Nacht abgefahrene Kähne mußten in Charlottenburg sein, eine Schaar Studenten machte sich auf, sie zurückzuholen. Alles ist empört über die Heimlichkeit und List, die eine böse Absicht voraussetzen, mehr als je mißtraut man der Regierung, Volk und Bürgerwehr, die man entzweien wollte, befreunden sich wieder, man tobt gegen Aschoff und macht ihm bittre Vorwürfe. Ich treffe Ludmilla, später den Mahler Gurlitt. Wir hören sehr harte Reden. Man rügt auch, daß die Fenster im Zeughause gegen die Gewohnheit verhangen sind, daß man zahlreiche Soldaten unerwartet im Innern entdeckt. Auch sagt man bestimmt, daß Camphausen, wenn er versichre, um Berlin ständen nicht mehr Truppen oder näher als schon seit längerer Zeit, entweder selbst lüge, oder sich habe belügen lassen; die Thatsache sei unbestreitbar, selbst Sternberg versichert das, aus seinen Offizierbekanntschaften her. Die Regierung ist dumm, das ist klar, und tückisch, das ist nicht minder klar!

Die Zeitungen bringen immer mehr Schändlichkeiten an den Tag, welche von den preußischen Truppen in Polen begangen worden; alles mit Unterschriften, auch deutschen, oft gerichtlich beglaubigt. Die Posener Fanatiker, deutsches Krämervolk und übermüthiges Militair, erscheinen als eine scheusliche Race!

Abends mit Ludmilla am Zeughause vorbei, wo große Volksmassen, aber ruhig, einherwogten. Eine Kanone war vom Kahne weggenommen und nach dem Schützenhause gebracht worden. Mancherlei Gerüchte. — Um 10 Uhr nach Hause. Tiefste Ruhe in der Stadt.

Brief von Isaak Moses Hersch an den Minister Camphausen. (Soll auch von Kalisch sein; nicht ohne Witz.)

— — —

Himmelfahrtstag. Donnerstag, den 1. Juni 1848.

Graf von Keyserling kam und erzählte die verkehrtesten Sachen, die unsinnigsten Gerüchte, die von der hohen Gesellschaft unverbrüchlich geglaubt werden. Französische und polnische Sendlinge haben gestern auf dem Dönhofsplatz (!) ihre Berathung gehalten; ein Hiesiger schlich sich nahe heran, und hörte soviel, daß sie übereinkamen, die Republik in den nächsten Tagen auszurufen!

Das Volk will sich bei den Erklärungen des Kriegsministeriums in Betreff der Waffensendung nicht beruhigen, sondern hält sich für belogen; man begehrt die Waffen ausgeliefert, das Volk will selber sie gebrauchen, zum Schutz der Freiheit und seiner selbst. Maueranschlag von Urban, der zugleich das Ministerium Camphausen zur Rechenschaft gezogen sehen will.

Beim Zeughause starke Bürgerwehr und große Volkshaufen.

Sie haben eine neue Kommission für Sicherheit und Ruhe gebildet, Puttkammer, Minutoli, Aschoff, Naunyn, Fournier, Stadtverordnete und Bürgeroffiziere, die sich täglich versammeln will. Dummes Zeug! Sie sollen oben das Richtige thun, mit ernstem Willen vorwärts gehen, dann wird es unten ruhig werden. Aber wenn der Hof lau, das Ministerium zweideutig, das Militair drohend, der Adel und die Beamten trotzig und rückwirkend sind, was soll dann das Volk thun? Es muß mißtrauisch sein! Noch gestern wurde in einer vornehmen — eigentlich nur halbvornehmen, weil die Wirthe geringen Herkommens sind — Gesellschaft gesagt, man müsse die unverschämten Arbeiter mit Gewalt abweisen, ihnen Kugeln zu fressen geben, das sei die Kost, die ihnen gebühre! Solch gräßliche Unmenschen, geschieht ihnen wohl Unrecht, wenn man ihnen zu schlucken giebt, was sie ihren Mitbrüdern zudenken? Herzloses, prahlendes Gethier, diese Leute! — Es war beim reichen ***.

Ich habe mir überlegt, ob ich nicht meine Gedanken und Vorschläge in Betreff unsrer Zustände durch eine besondre Schrift veröffentlichen sollte? Das Ergebniß der

Ueberlegung ist leider verneinend. Meine Forderungen und Wünsche sind äußerst mäßig, aber ich weiß besser als tausend Andre, daß auch diese mäßigen Forderungen und Wünsche nimmer zu erlangen sind, außer durch härtere und schärfere, die mit Ungestüm anbringen. Ich würde daher, spräche ich in letzterer Weise, meinen wahren Sinn nicht sagen; sagte ich aber diesen, so würde ich meiner eigenen Sache nur schaden. Denn es ist Krieg, und ich kenne wahrlich den Feind, den ich, indem ich ihn Andern überlasse, schärfer bekämpfe, als wenn ich es selber und mit meinen Waffen thäte. Aber ich unterstütze die Streiter, wo ich nur kann, schriftlich und mündlich. Ja, wenn ich Abgeordneter sein könnte, auf diesem Boden würde ich gewiß meine Schuldigkeit thun.

— ···· —

Freitag, den 2. Juni 1848.

Wenig Aussicht, daß unsre deutschen Zustände und am wenigsten unsre preußischen sich sobald ordnen werden, im Gegentheil, immer mehr Verwirrung, Reaktion der Aristokraten, Einlenken der Freisinnigen, die letztern sind uneinig, als ob sie nicht mehr dem gemeinsamen Feinde gegenüberständen, sondern ihn überwunden hätten! Die Mehrheit unsrer hiesigen Volksvertreter hält es mit den elenden Ministern. In Frankfurt machen sich die Bederath, Radowitz, Graf von Arnim, Vincke breit; letzterer ist heute nichts mehr wie ein schwatzhafter, westphälischer Edelmann und preußischer Beamter, er, der vor dem Jahre ein Held war!

Unsre ganze Hoffnung muß auf das eigentliche Volk gestellt sein, auf das Volk, in dessen Mitte Kraft, Gesinnung und gesunder Verstand sich immerfort und unerschöpflich erneuern!

Hrn. G. zurechtgewiesen wegen seiner dummen Nachrichten, besonders in Betreff des Assessors Jung, über den die albernsten Sagen umhergehen, z. B. er habe den größten Theil seines Vermögens schon zugesetzt für revolutionaire Zwecke, er habe auf alle Bahnhöfe Leute geschickt, um sich der ankommenden Abgeordneten zu bemächtigen, ihnen Dienstgefälligkeiten, sogar Geld anzubieten!! Das vornehme Pack und seine Knechte haben den wüthendsten Haß und Groll gegen Jung aus richtigem Gefühl; sie merken, daß er einer ihrer gefährlichsten, unerbittlichsten Feinde ist, den in seinem Muthe nichts einschüchtert, der keinen Kampf scheut, der die mißlichsten Aufgaben rücksichtslos behandelt. Keinem andern möchten sie so gern zu Leibe, als eben ihm!

Unsre Militairleute sind sehr bestürzt über den Rückzug unsrer Truppen aus Jütland und selbst aus einem Theil von Schleswig, und ein für die Dänen vortheilhaftes Gefecht erbittert noch besonders. Die Minister werden nun erkennen müssen, wie schlecht sie diese Sache behandelt. Der elende Arnim-Strick, und die kläglichen Rohr und Heyher.

Der Schwächling und Hofschmeichler Aschoff hat nun sein Amt als Haupt der Bürgerwehr niedergelegt. Major Blesson versieht einstweilen die Stelle.

Ein Theil der Borsig'schen Arbeiter hat Gewehre ausgeliefert erhalten. Die andern Arbeiter verlangen deren auch.

Scharfe Ausstellungen gegen den Verfassungsentwurf in allen unsern Blättern, „Zeitungshalle", „Lokomotive" ꝛc.

Die Studentenschaft will zum Sonntag Nachmittag einen Zug nach dem Friedrichshain veranstalten. Die Behörden scheinen nicht entgegen; will man etwa dort einen günstigen Eindruck für den Prinzen von Preußen bewirken, die Stimmung der Gemüther benutzen, um seine in diesen Tagen wahrscheinliche Rückkehr günstig aufnehmen zu machen?

In Burmeister gelesen, in Voltaire's und b'Alembert's Briefwechsel (herrliche Sachen!), in den Memoiren der Montpensier ꝛc.

—

Sonnabend, den 3. Juni 1848.

Besuch von Dr. Franck. Die Erwartungen besprochen, die wir von den Nationalversammlungen haben können; den Finanzzustand; wo der Schatz geblieben? wie groß und aus welchen Quellen das Privatvermögen des vorigen Königs? wie es mit den Domainen stehe? Ob eine geheime Finanzverwaltung je eine ganz redliche gewesen? Wie weit die Volksvertretung das Vergangene mit zur Rechenschaft ziehen dürfe?

Besuch von Professor Stahr und Hrn. — aus Oldenburg; letzterer reist in Verfassungsangelegenheiten nach Frankfurt am Main. Wir besprechen die Lage der Sachen mit für den Augenblick sehr trüben Aussichten!

Eben heute bringt das „Militairwochenblatt" die Anzeige, daß der Major Graf von Königsmarck, nachdem er aufgehört, Adjutant des Prinzen von Preußen zu sein, wieder den Garde du Korps als Major zugetheilt worden.

—

Sonntag, den 4. Juni 1848.

Die „Zeitungshalle" bringt den Bericht des Berliner Klubsendlings Louis Levinson über seinen Aufenthalt in Posen, das Benehmen des Generals von Colomb, Steinäcker's, und besonders auch des Majors von Olberg. Sprechende Thatsachen! — Schändlich!

Nachmittags um 4 Uhr der große Zug nach dem Friedrichshain, vom Gendarmenmarkt aus, ich sehe Menschen und Fahnen in der Ferne von meinen Fenstern aus. Die Nationalversammlung hat den Antrag mitzugehen durch die Tagesordnung beseitigt. Der Zug scheint seinen Verlauf in bester Ordnung zu haben.

Der heutige „Staatsanzeiger" bringt ein Schreiben des Prinzen von Preußen vom 30. Mai aus Brüssel an den König, das dieser dem Staatsministerium zur Veröffentlichung übermacht. Steif, auf ungeschicktem Fuß, matt und schief, und dabei — —, als wäre das, was entstehen soll, eine Fortsetzung dessen, was wir schon hatten; zur festeren Begründung der freien Institutionen hat der König die Vertreter des Volks berufen? mehr und mehr sollen sie sich entwickeln, diese Institutionen? Ich dächte gar! Was sollen diese — —, diese handgreiflichen — —? Welchen Verstand hofft man damit zu berücken, welchen Willen zu fangen? Es ist albern und dumm, und thut unermeßlichen Schaden! Den Verfassungsentwurf noch an das Patent anhefteln zu wollen, ist ganz erbärmlich, wie Ludwig's des Achtzehnten neunzehntes Regierungsjahr im Jahre 1814, als er eben nach Frankreich zurückgekommen war. Können denn diese Schächer von Ministern kein vernünftiges, natürliches Wort mehr finden, müssen sie alles verfumfeien? Das Ministerium Camphausen verdient wahrlich die Ruthe! Prügelstrafe ist bei uns abgeschafft, aber die Züchtigung für Knaben noch nicht. Diese verdient schon Camphausen wegen des Sprachschnitzers in den drei Zeilen seiner Mittheilung:

„Se. Majestät der König haben dem Staatsministerium

das nachstehende Schreiben Sr. K. H. des Prinzen von Preußen mitzutheilen und daßelbe zur Veröffentlichung dieses Schreibens zu ermächtigen geruht." Dasselbe geht hier auf Schreiben; warum nicht lieber den Akusativ voran und den Dativ folgen lassen? — Ach, wollte Gott, diese Unglücksvögel machten keine andere Fehler, nur Sprachschnitzer! Wir wollten ihnen die allergröbsten gern verzeihen! —

Montag, den 5. Juni 1848.

Ich ging aus, unter die Linden, saß eine Weile auf einer Bank, ging dann weiter in das Universitätswäldchen, horchte bei einigen Gruppen an, konnte aber nicht erfahren, weßhalb die Singakademie heute weit mehr als gewöhnlich von Bürgerwehr besetzt ist.

Der gestrige Zug, der in größter Ordnung vor sich ging und nirgends eine Störung der Ruhe veranlaßte, hatte unsre Behörden und obern Klassen in größten Schrecken gesetzt. Die Truppen waren in den Kasernen marschfertig, die Polizei in Bewegung, die Bürgerwehr sollte — auf Blesson's Anmahnen — in ihren Bezirken bereit sein, war aber größtentheils in oder bei dem Zuge, einige Minister packten ein und hielten sich zur Flucht fertig, furchtsame Damen und Herren waren nach Brandenburg, Potsdam u. s. w. geflüchtet, Offiziere hatten ihre Pferde aus der Stadt gesandt, um vor den Thoren aufsitzen zu können; man erwartete, es würde die Republik ausgerufen und dann die Stadt geplündert werden!! Die Truppen sollten sich in diesem Falle schleunigst aus der Stadt ziehen und mit andern herbeikommenden dann Berlin umstellen und aushungern, oder auch durch Beschießung in Brand stecken!

Die dummen Wichte und armseligen Burschen, die solcherlei Anstalten treffen und solche Furcht zeigen! Sie bringen die Vollsleute erst recht auf die Gedanken, was alles sie versuchen könnten! Und Minister und Generale sind so dumm! (Man sagt Arnim=Strick und Camphausen seien am meisten erschreckt gewesen und hätten die Flucht durch ihre Gärten nehmen wollen.)

Die Nationalversammlung ist trübselig; wegen des verhafteten Valdenaire ein elender Beschluß. Die Minister trotzen auf die Mehrheit, die ihnen aus Feigheit gehört! —

Schimpflicher Rückzug aus Schleswig! Frankfurt giebt eine Erklärung deshalb, die uns Preußen bloßstellt!

Dienstag, den 6. Juni 1848.

Unsre Revolution war schon längst im Gange vor dem 18. März, sie war die stete Begleiterin — lauter oder stiller — aller Regierungshandlungen seit dreißig Jahren, ich sah sie wohl mitgehen! Aber nicht minder ist mir die Thatsache klar, daß mit dem 18. März das alte Regierungswesen nicht aufgehört hat, sondern noch mächtig andauert — auch wieder lauter oder stiller — und unsre Zustände bestimmen hilft. Mit dem 18. März ist nichts Neues angefangen, nichts Altes abgeschlossen, es war nur ein gewaltiger Ruck, der die Wechselverhältnisse des Vorhandenen anders gestellt, der das im Schatten Gestandene in's Licht gestellt, und umgekehrt.

Ausgegangen. Unter den Linden scharfe Anschlagzettel gegen Blesson; mit Recht wird er verworfen. — Assessor Jung hat gestern eine Ehrenmusik bekommen. Held ebenfalls.

Man sagt mir, der Minister von Arnim habe an

Hrn. von Cotta geschrieben, er möchte doch die den Ministern feindlichen Artikel aus Berlin — meine! — nicht mehr in die „Allgemeine Zeitung" aufnehmen lassen. Mit was für Gründen er dies Gesuch unterstützt haben mag, weiß ich nicht; aber ich sehe schon seit einiger Zeit meine Aufsätze immer seltner aufgenommen, und schreibe seit dem 24. Mai keine mehr dorthin.

Besuch vom General von Willisen. Er ist aus Aschersleben zurückgekommen, mit seinem Bruder, den der König auf's neue zu sich gefordert hat, und der nun auf unbestimmte Zeit in diesem Verhältniß ausdauern muß; er soll Rath geben, vermitteln, gerade in militairischen Dingen aber wird er am wenigsten gefragt. Der König ist nicht nur verworren, sondern unwahr, zweizüngig, voll geistigen Hochmuthes, aber dabei verzagt, unentschlossen, spricht unendlich viel ohne bestimmte Richtung, ist eigensinnig und hemmt alles, mißhandelt alles. Die Minister ringen mit ihm seit drei Wochen um die Abberufung Colomb's, sie können nichts erlangen; sie grollten acht Tage und waren gar nicht beim Könige, dann mußten sie doch wieder kommen, und der König blieb im Vortheil! — Unsre Sache verludert, das ist auch eine Geschichtsart, eine uns leider sehr bekannte! —

Der Oberstlieutenant von Griesheim hat gestern in der Nationalversammlung eine arge Dummheit begangen, einen Ungehorsam von Landwehrmännern durch einen Sophismus gerechtfertigt. Das Beispiel wird wirken! Die Minister sind unwillig darüber.

Abends zu Hause geblieben. Zeitungen gelesen, mit vielem Gram über den Mangel an Einheit und Kraft unter den Freiheitsfreunden!

Mittwoch, den 7. Juni 1848.

Der Prinz von Preußen wollte heute in die Nationalversammlung kommen, niemand wußte es als der Präsident Milde, der über eine Stunde unten bei der Thüre war und wartete, endlich aber doch die Sitzung beginnen mußte; man rechnete, daß sie bis 4 Uhr dauern würde, aber durch rasches Abfertigen der Sachen war sie schon um 2 Uhr zu Ende, der Prinz kam später und fand alles geschlossen! Solche Unglücksfälle hat er immer!

———

Donnerstag, den 8. Juni 1848.

Große Neuigkeit! Frau von H. in Schöneberg erzählt, Varnhagen sei nun ein entschiedner Republikaner geworden, habe Geld ausgetheilt, um für die Republik zu werben 2c. Sie soll nächstens ausgerufen werden, das sei aber der Untergang Berlins, man werde die Stadt einschließen, aushungern, von Grund aus zerstören, man warte mit Ungeduld auf diesen Augenblick des beschlossenen Strafgerichts! —

Der Prinz von Preußen erschien heute in der Nationalversammlung, die „Zeitungshalle" bringt schon kurzen Bericht darüber. Der „Abgeordnete von Wirsitz" erhielt das Wort zu einer persönlichen Erklärung. Dann entfernte er sich wieder. Als er kam, wollten viele Abgeordnete aufstehen, man rief ihnen zu: „Niedersetzen!" — Als er ging, wollten ihm viele Abgeordneten Bravo nachrufen, aber Zischen von der Linken dämpfte es. Der ganze Vorgang war nur bedeutend durch seine Unbedeutenheit. —

Freitag, den 9. Juni 1848.

Seit einigen Tagen ist die Stadt überaus ruhig und still, nur sind die Linden und der Thiergarten fleißig besucht. Ein Theil der brotlosen Arbeiter ist nach dem Oberbruch abgegangen. Die öffentlichen Versammlungen sind lauer geworden. Die Bürgerwehr ist mit der Wahl eines neuen Hauptes beschäftigt. Nur gegen oder für Held ist der Partheigeist in Mauleranschlägen und Zeitungsartikeln lebhaft thätig. —

Ich ging allein aus, unter die Linden, aber mir war schlecht und schwach zu Muth. Ich ging eine Weile mit Dr. Klein, dann mit Graf von Keyserling, wir sprachen über die heutige Sitzung der Nationalversammlung; es wird eine große Schlacht geschlagen, es handelt sich darum, die Revolution anzuerkennen oder nicht; das Ministerium macht eine Hauptfrage daraus und will die Anerkennung nicht ausdrücklich, sondern sehr bedingt, wo nicht gar verneint. Ich weiß, die Minister werden die Mehrheit für sich haben, aber desto schlimmer, der Bruch zwischen Volk und Nationalversammlung wird dadurch immer größer, und das Volk weiß sich im Recht und in der Macht. Viele Abgeordnete haben erklärt, wenn die Minister unterlägen, nach Hause gehen zu wollen. Aber die Abgeordneten lassen sich wohl einschüchtern, nicht das Volk, es nimmt jede Drohung an und fürchtet nichts. Ich ging mit großer Mühe nach Hause und war erschöpft. —

Nachmittags kam Botschaft von der Singakademie; die Anerkennung der Revolution ist mit kleiner Mehrheit verweigert worden, jedoch in solcher Weise, daß die Anerkennung dennoch dabei geschehen ist. Halbes, laues Verfahren, das auf's neue die Unsicherheit, ja die Unredlichkeit des Ministeriums zeigt! Das Volk war sehr aufgeregt, der Prediger Sydow mußte sich in die Universität flüchten, desgleichen der Minister von Arnim-Strick, der beim Herauskommen aus der Nationalversammlung sich naseweis benehmen wollte, und aus den Püffen und Stößen der derben Volksfäuste mit Mühe durch Studenten gerettet wurde. Der Abgeordnete Jung und Andere mischten sich unter die Menge, mahnten zum Frieden, baten dringend um Unterlassung jeder Gewalt gegen Personen. Gleich Maueranschläge, Gruppen bis zum späten Abend. Schimpfen gegen die schlechten Abgeordneten ꝛc. —

Die Vorgänge werden besprochen. Die Halbheit der Minister liegt am Tage, sie erklären sich gegen die Ereignisse, aus denen sie Minister geworden sind! Wie nach der Juli-Revolution in Paris! Die Guizot's gedeihen auch bei uns. Aber ihre und ihres Louis Philippe's Klugheit wird auch ihr Schicksal finden! —

„Ich bin ein rechter Narr, daß ich mich noch ärgere, wenn der König, die Prinzen, die Minister, die Aristokraten, die Beamten fortwährend Ungenügendes und Thörichtes thun; aber das kommt daher, daß ich es wirklich noch gut mit allen jenen meine, sie vor Schaden bewahrt sehen möchte; wär' ich ihr Feind, so hätte ich wahrlich alle Tage den reichsten Grund, über und über fröhlich zu sein! Bald wird nichts anders übrig sein!"

———

Sonnabend, den 10. Juni 1848.

Dem französischen Gesandten Arago (nah der Stadt Rom wohnend) ist gestern Abend ein Lebehoch gebracht worden, man hat die Marseillaise gesungen und die französische Republik hochleben lassen. Er dankte mit einigen französischen Worten und bedauerte, nicht Deutsch zu können. — Ein Vorgang von Wichtigkeit! —

Besuch vom Grafen Cieszkowski. Ueber die gestrige Sitzung; Drohungen von Seiten der Minister abzudanken, von Seiten der Mehrheil der Nationalversammlung, ihre Verlegung an einen andern Ort zu beantragen; man sieht auch Anträgen entgegen, die Presse zu beschränken, und das Zusammenstehen von Volkshaufen zu verbieten, besonders da letzteres Verbot auch in Paris beantragt worden! Immer besser! Das Volk wird sich zu helfen wissen! Frage nach möglichen neuen Ministern, wo sie finden? Das ist unsre Sorge nicht, mögen die zusehen, die neue zu ernennen haben; unsre Sorge ist, die jetzigen untauglichen abzustoßen! —

Brief von Hrn. G. Julius, Redakteur der „Zeitungshalle", der mir seinen Besuch ankündigt. Er kommt Nachmittags nach 5 Uhr, und wir haben eine lange Unterredung über sein Blatt, über den Gang der Dinge, über die Ereignisse, die uns bevorstehen. Die Thorheit der Regierung, darüber sind wir einig, treibt alles zum Aeußersten! Eine Verlegung der Nationalversammlung würde deren Spaltung sein, die gehorsamen Mitglieder würden folgen, die freigesinnten nicht, diese würden hier zu einem selbstständigen Parlament erwachsen, der Bürgerkrieg wäre da. Die Volkspartei hat hier in den letzten Wochen ungeheuer gewonnen, sie kann auf dreißigtausend entschlossene Kämpfer rechnen, Breslau würde sogleich die seinigen herbeischicken. Die Monarchie könnte im Nu zerbrechen! —

Ueber die Linden gegangen. Volksgruppen, Maueranschläge, von Held, gegen Held; er hat großen Anhang. Ein Arbeiter sagte zum andern, daß ich's hörte, die von der Nationalversammlung seien Schweinhunde; „Viele davon, aber nicht Alle", sagte der Andre. —

Hrn. Josephy gesprochen und ihn angefeuert. Bei * war Grenler und erzählte lebhaft den gestrigen Hergang. Er hatte den Gesandten Arago aus dem Thiergarten von Bettinen abgeholt, die Leute hatten fast drei Stunden auf ihn gewartet. Arago war sehr in Verlegenheit, sprach aber geschickt und angemessen nur das Nöthigste. Einziges Ereigniß! —

Namentliche Zeugen treten auf und bekräftigen, daß Hr. von Arnim-Suckow gestern das Volk flegelhaft und frech angeredet und dadurch gereizt hat, auf ihn einzudringen. Kein Mensch kannte ihn, denn wer kennt bei uns einen Minister der auswärtigen Angelegenheiten? aber als man gehört hatte, es sei ein Minister, konnte das natürlich den Drang nur steigern.

Pfingstsonntag, den 11. Juni 1848.

Nachmittags Besuch vom Fürsten von T. Vor ein paar Tagen war er in Potsdam, wurde zum König eingeladen, und hatte große merkwürdige Gespräche mit ihm. Er fand den König wohlgenährt und munter, ganz in alter Weise, mitunter lustig, in ganz gemeine Späße übergehend und sich unglaublicher Ausdrücke bedienend, dann wieder etwas verdrießlich durch die Zeitumstände. Im Allgemeinen war der Hof von einer Haltung, als ob nichts vorgegangen sei, wie durch eine Kluft getrennt von dem neuen Wesen. Und doch ist dieses ihnen nah genug vor Augen, denn selbst in der Hofstadt Potsdam waren am Abend der Rückkehr des Prinzen von Preußen, sagt T., nur sehr wenige Häuser beleuchtet, und allen diesen wurden von Potsdamern zum Hohn Katzenmusiken gebracht, ohne daß es jemand zu hindern wagte. Der König sprach unter andern davon, daß es jetzt eine böse Zeit sei, daß es früher doch für alle Welt besser gewesen, worüber man eigentlich zu klagen gehabt? I. solle es ihm doch mal sagen! Dieser, um doch etwas zu sagen, nannte den Druck in Glaubens- und Kirchensachen, da fuhr der König heftig los: „Und das sagen Sie mir, der ich, wie Friedrich der Zweite jeden nach seiner Façon selig werden lasse, der ich ganz tolerant bin? Wie wenig streng ich bin, das können Sie gleich sehen, ich habe ja Humboldt bei mir! Freilich, wenn ich die Wahl habe, ist mir ein guter Christ lieber als wer keinen rechten Glauben hat. Ueberdies werden jetzt viele Leute, die früher Atheisten waren, gläubige Christen, wie Florencourt, von dem Radowitz mir es schon vorausgesagt hatte, daß in dessen Atheismus der Keim des vollen Glaubens stecke." — I. wußte gar nichts von dem Manne, den der König so rühmte. Der König fuhr fort und sagte, solche Verwandlungen würden häufig werden, in Folge von Gottes Strafgerichten, denn es sei offenbar, daß Gott seine Hand eine Zeitlang abziehen wolle von der Welt, und diese ihrem eignen Bösen überlasse, es werde jetzt ein paar Jahrhunderte geben der Verwilderung, wie nach der Völkerwanderung. Dann kam er auf den ihm gemachten Vorwurf zurück und wollte bestimmte Beispiele hören; der Fürst entschuldigte sich, daß er die einzelnen Fälle nicht so genau wisse, nannte aber doch Uhlich in Magdeburg. „Nun gerade dem", rief der König voll Aerger, „hab' ich ja volle Freiheit gelassen, aus der Kirche auszutreten, und seine Sektirerei zu treiben", — I. wollte einwenden, daß dies Ausscheiden grade ein Unrecht geschienen, aber der König fuhr zornig los: „Aber freilich, das werd' ich nicht dulden, daß man auf dem Altar ein Mädchen beschläft" (der König gebrauchte den niedrigsten Ausdruck), — X. fragte ganz erschrocken: „Ist wirklich so was vorgekommen?" Aergerlich erwiederte der König auf diese Frage: „Nun, ich rede nur figürlich!" — X. erwähnte der gemäßigten Opposition auf dem Vereinigten Landtage: „Was?" fuhr der König auf, „das war grade die allertreuloseste und niederträchtigste, die hat am meisten verschuldet!". — Ich dachte das um so weniger, versetzte X., als grade die jetzigen Minister aus der Mitte jener Opposition genommen sind. — „Nun, das ist schlimm genug!" antwortete der König mit verächtlichem Grinsen. — Von „seinen lieben Berlinern" sprach der König mit Grimm und Verachtung als von einer Racaille!

Pfingstmontag, den 12. Juni 1848.

Der Fürst von X. erzählte mir noch folgenden Vorgang in Potsdam. Einige hundert Arbeiter wandten sich in ihrer Noth an die dortige Regierung mit der dringenden Bitte um Arbeit, die Regierung wies sie ab und dem Magistrate zu, dessen Pflicht es sei, ihnen Arbeit zu verschaffen; der Magistrat aber wies sie ebenfalls ab und ließ einige der Leute, die sich heftig geäußert hatten, in Haft nehmen. Die trostlose Schaar wandte sich nun mit ihrem Anliegen an den König; dieser sprach mit ihren Abgeordneten, las ihre Vorstellung und sagte: „Lieben Leute, ihr habt ganz Recht und euch muß geholfen werden; geht nur wieder zur Regierung und sagt, daß ich euch schicke und der Regierung befehle, euch Arbeit zu schaffen!" Froh gehen die Leute hin, allein die Regierung weist sie wieder ab, sagt ihnen, sie sollen das Wort des Königs dem Magiftrat bringen, und als sie von diesem wieder zurückgewiesen werden und endlich ihr Unwillen ausbricht, werden wieder einige verhaftet. Der Hofgärtner Sello legt sich endlich in's Mittel und nimmt die ganze Schaar in Arbeit, da es in den Königlichen Gärten grade viel zu thun giebt. Aber welch ein Hergang ist dieser! — Der Fürst sagte mir noch: „Den großen Herren ist gar nicht zu helfen noch zu dienen, sie leben in einer andern Welt wie abgeschlossen, man muß zusehen, wie sie ihr Schicksal machen und leiden." —

General von Wrangel hat nun wieder Befehl zum Vorrücken empfangen. Welch trauriger Feldzug! Welch unberechenbarer Schaden für die deutsche Sache! Unsre Minister verdienen die größte Strafe dafür. Und welche niederträchtige Instruktionen hat man dem Hrn. von Wildenbruch ertheilt! Die Preußen, läßt der König durch ihn den Dänen im Vertrauen sagen, hätten vor allem den Zweck, durch ihr Einrücken die republikanischen und radikalen Bestrebungen in den Herzogthümern niederzuhalten! Eine wahre Infamie! Wer hat das angegeben, wer es unterzeichnet? Also gegen das Volk, nicht für das Volk! — Und nun stehen die Betrüger und Gleißner am Pranger der Oeffentlichkeit! Was können sie noch für Vertrauen hoffen? —

Besuch vom Grafen von Keyserling. Der belgische Gesandte Hr. Nothomb hat ihm gesagt, binnen kurzem würde der Graf von Paris mit einer Regentschaft wieder an der Spitze von Frankreich stehen. Ob Nothomb das wohl selber glaubt? —

Besuch vom Justizrath Schleiden. Ueber die schleswig-holsteinische Sache. Hoffnung besserer Wendung. Die holsteinischen Truppen betragen gegen 11,000 Mann, sind aber fast gar nicht gebraucht und beschweren sich bitter bei Wrangel deßhalb, der sich mit Scheingründen entschuldigt; der anfängliche Grund war wohl, daß die Preußen die Ehre des Kampfes für sich haben wollten. —

Der Fürst von Wittgenstein hat einen Brief vom Fürsten von Metternich erhalten; dieser schreibt sehr gefaßt, ohne Klage. —

Dienstag, den 13. Juni 1848.

Besuch vom Obersten von W., in der größten Hitze. Er sprach seine Unzufriedenheit mit der Kriegsführung in Schleswig aus, meinte, unsre Lorbeeren dort seien gering, wir hätten wohl einige Tapferkeit, aber wenig Einsicht gezeigt, die Truppen sind mißmuthig und murren, Wrangel ist ein Friedensgeneral, auch schon viel zu alt. Wir haben noch keine Kanone oder Fahne erobert, und lassen den Dänen einen Brückenkopf! —

Das Ministerium hat eine Verordnung durchgesetzt, nach der künftig das Maximum einer Zivilpension 4000 Thaler sein soll. Auch in den Reisegebühren der Beamten bei Dienstreisen sind Ersparnisse angeordnet. —

Der Polizeipräsident von Minutoli verbietet die Ansammlungen von Menschen in der Nähe der Singakademie und überhaupt; die Bürgerwehr soll einschreiten. Ob man folgen wird? —

Die „Zeitungshalle" bringt Zeugen über die Insolenz des Ministers von Arnim, und daß er sich die Höflichkeitslehre unbesonnen zugezogen hat. Schande hat er zum Schaden obenein! Aber Held's „Lokomotive" tadelt sehr das Bedrohen und Bedrängen der Abgeordneten, mahnt dringend zur Ordnung und Ruhe, die „Zeitungshalle" ebenso. In diesen Mahnungen ist eine Art Ehrbarkeit, die jedoch so wenig ausrichtet, als das Zureden zum Frieden und zur Versöhnung, wenn sich zwei Leute schlagen wollen. Der Grad der Erbitterung entscheidet hier; wer sich betrogen und verrathen glaubt, der schreitet zur Gewalt. Das Volk gehorcht hierin einem unvertilgbaren Naturtriebe, und in gewissen Fällen ist jedermann so wie das Volk, der Gebildetste und Feinste. Dann ist es eben ein Kriegszustand, in dem man sich befindet; in diesen aber wirft uns wider unsern Willen das elende Ministerium immer zurück. —

Der Minister Camphausen soll sich dem Könige überaus zugethan erweisen, von ihm mit Vorliebe sprechen und ihm daher auch angenehm sein. Das wird aber nicht hindern daß der König ihm recht gern die Entlassung giebt, wenn es erst so weit ist! —

Ich habe mir unsre politische Lage überdacht; sie ist schauderhaft! Sollte der Krieg wider die Russen, der auf's neue sehr droht, bald unvermeidlich werden, so haben wir tausendfache Nachtheile, die wir früher nicht hatten. Alle Polen, statt für uns, gegen uns! Ein unermeßlicher Unterschied! Unsre größte Hoffnung müssen die Franzosen sein. Vor drei Monaten hätten wir ihnen zugleich und den Russen die Spitze bieten können. —

———

Mittwoch, den 14. Juni 1848.

Im Kastanienwäldchen und um die Hauptwache her größere Volksmengen als je! Natürliche Folge des Minutoli'schen Verbotes! Es sind dort ein paar Bataillone Bürgerwehr aufgestellt, aber vom Major Blesson in so dummer Weise, daß sie weder den Zusammenlauf der

Menschen hindern, noch die Singakademie sichern. Die Bürger stehen aufmarschirt, Gewehr beim Fuß, und sprechen untereinander, oder mit Bekannten, die herantreten, Tausende gehen und stehen umher, es ist ein Gebrause munterer Stimmen, das selbst in seiner Absichtslosigkeit drohend klingt, man ruft der Bürgerwehr lachend zu, sie solle doch lieber nach Hause gehen! Die Gruppen sind sehr gemischt, feine Herren und rohe Arbeiter, Studenten, Lehrburschen, Damen mit Sonnenschirmen, Handwerker. In einer Gruppe wagte ein großer, entschlossen aussehender Mann dem Volke strenge Lehren zu geben, was aus dem Mißbrauche der Freiheit entstehen werde ꝛc.

Der Hofmarschall Graf von Keller macht in den Zeitungen bekannt, die ehmaligen Minister Eichhorn, Thile und Stolberg seien seit dem 18. März vom Könige nicht zur Tafel geladen worden. Unanständig und in dieser Art gar nicht nöthig. —

Derselbe Hofmarschall hatte unglücklichst den heutigen Tag gewählt, um an die Schloßportale die Eisengitter befestigen zu lassen, an die man seit hundertundvierzig Jahren nach dem 18. März zuerst gedacht. Große Aufregung des Volkes; die Bürgerwehr konnte nicht hindern, daß ein großes Gitter durch Arbeiter ausgerissen und bei der Kurfürstenbrücke in die Spree geworfen wurde, ein andres, kleineres schleppten die Studenten auf die Universität. Das Volk rief, das Schloß sei hundert Jahr offen gewesen, könne auch ferner offen bleiben.

Nachmittags großer Zusammenlauf rings um das Zeughaus, das Volk wollte, die Soldaten sollten heraus. Generalmarsch geschlagen, die Bürgerwehr ausgerückt. Blesson hatte schon im voraus die aufregendsten, dümmsten Vorschriften drucken lassen. Es kam zu Thätlichkeiten am

Brandenburger Thor, am Zeughaus, in der Münzstraße, einige Bürger schossen auf das Volk, es wurden einige Leute getroffen, gleich erscholl das Geschrei nach Waffen. Ich war mit Ludmilla ausgegangen, wir sahen die Leute vom Zeughaus her laufend und Tücher schwenkend zu den Waffen rufen, allein bald auch starke Abtheilungen Bürgerwehr vorbeiziehen, die erklärten, nicht gegen das Volk fechten zu wollen; sie zogen zum Theil mit vielem Volke vor das Kriegsministerium, um das Wegnehmen der Truppen aus dem Zeughause zu verlangen. Das erstickte den Kampf. In der mondhellen Nacht kam es aber noch dazu, daß das Zeughaus vom Volk erdrungen und die Soldaten daraus fortgeschickt wurden, Tausende von Gewehren und viele Kugeln und Blei wurden herausgenommen, Blesson mit seinen dummen Anstalten richtete nichts aus! Erst der Handwerkerverein und die Studentenschaft brachten die Leute gegen Morgen dahin, das Zeughaus zu verlassen, worauf sogleich wieder Soldaten hingesandt wurden. —

Die Stadt war sehr unruhig, und es war vieles möglich! —

In der Nationalversammlung waren die Minister diesmal wenigstens so klug, gegen die Verlegung derselben sich zu erklären! Großes Geschrei wegen der Sicherheit der Personen. Jung sprach das Rechte und Tüchtige.

Donnerstag, den 15. Juni 1848.

Endlich, endlich steht Colomb's Abberufung von Posen in der Zeitung! Er ist zum Gouverneur von Königsberg ernannt. General von Brünneck ersetzt ihn in Posen. Ueber vier Wochen hat dies zu bewerkstelligen gekostet! — Der General von Pfuel hat nun endlich den Belagerungszustand von Posen aufgehoben, da die Ruhe hergestellt ist! —

Man wird nun nach und nach inne, daß Wrangel kein Feldherr ist. Aus den kleinen Gefechten, die sehr ungeschickt geführt worden, machte man großes Wesen, das preußische Prahlen war wieder im vollen Gange (im Jahre 1813, wo die größten Thaten geschahen, war es ganz abgelegt!) und noch jetzt erläßt der alte Mann Belobungen an die Truppen, als hätten sie eine Leipziger Schlacht gewonnen. Der neue Blücher „Drauf" ist bis jetzt noch nicht recht gelungen! — Und der Krieg der Oesterreicher in Italien! Radetzky, der angebliche Sieger, geht auf Vicenza zurück. Daß man diesen Unterdrückungskrieg noch fortsetzt, ist ein Gräuel! Und Deutsche schreien ihn für eine deutsche Sache aus! Wer die edlen Italiäner geknechtet wünschen kann, ist selber der Knechtschaft werth, ist schon ein Knecht. —

Ich ging aus; der Platz vor der Singakademie und die Hauptzugänge zum Zeughause waren heute zweckmäßig abgesperrt, aber noch immer viel Volk angehäuft. Der russische Gesandte von Meyendorff kam aus der Gegend, ich mußte lachen, denn mir fiel ein, daß die Leute gesagt, er werde immer gesehen, wenn Unruhen eintreten, er mache sie mit russischem Geld!

Der Minister von Canitz ist mit Tochter und Schwägerin heute nach Freienwalde abgereist. Die Leute sehen dies als Flucht an. —

Gegen Abend ging ich eine Strecke in den Thiergarten; es waren Soldatenposten dort ausgestellt, Uhlanen und Fußvolk, um zu verhindern, daß die aus dem Zeughause geraubten Waffen nicht fortgeschafft würden. Aber die Leute denken nicht daran, die Waffen aus der Stadt zu bringen, sie wollen im Gegentheil sie in der Stadt gebrauchen. — Bleßon hat den Befehl niederlegen müssen, er hat sich als durchaus unfähig gezeigt. — Der Kultusminister Graf von Schwerin hat abgedankt.

Die zwei Bataillone des 20. Landwehrregiments und das Gardelandwehrregiment sind auf heute einberufen, um mit der Bürgerwehr gemeinsam den Dienst zu versehen; die Bürger haben es gewünscht.

In der Nationalversammlung ist heute mit einer Mehrheit von 46 Stimmen der Antrag beschlossen worden, einen neuen Verfassungsentwurf auszuarbeiten. Jung, Uhlich und Andre haben das Geschrei wegen Unsicherheit der Versammlung zum Schweigen gebracht. Die Minister schwach, halb, ängstlich!

Radetzky geht nach Vicenza zurück!

In den Memoiren der Mlle. de Montpensier die Geschichten von Lauzun gelesen.

Prag in Aufstand und Kampf! Es wird gebüßt werden, daß der Fürst von Windischgrätz dort den Befehl führt!

Freitag, den 16. Juni 1848.

Man wird endlich besorgt wegen der Russen; Posen und Thorn werden schleunigst in Stand gesetzt. Aber welch ein Kriegsminister ist da, ein Graf von Kanitz, der sich selbst für unfähig hält, und sein Macher Griesheim, der ein falscher Bruder ist und die Russen zu Bundesgenossen wünscht! —

Wenn der König noch jetzt zu zwei Verordnungen sich entschlösse! 1) Er sei falsch berathen worden, der Nationalversammlung einen Verfassungsentwurf vorlegen zu lassen, sie solle selbst einen ausarbeiten, und 2) Volksbewaffnung nicht in Berlin allein, sondern durch das ganze Land. Damit wäre mehr zu retten, als mit dem kleinlichen, dummen Widerstande, der nur erbittert. —

Heute wird es wieder recht klar, wie herrschend noch die verkehrtesten Staatsansichten sind; tausend nothleidende Arbeiter zu verpflegen, für sie auf einige Zeit zu sorgen, bis sie wieder selbst etwas verdienen, das erklärt man für Unsinn, für lächerlich, für unmöglich; aber Tausende vom Pflug und vom Handwerk abzurufen, um sie als Landwehr zu besolden und zu verpflegen und zum Schildwachtstehen zu verwenden, das ist ganz leicht und im Nu verfügt, dazu fehlt es nicht an Geld, das ist richtig, vernünftig! Und so geht das Falsche durch alle unsre Zustände und Verhältnisse! —

Die gestrige Abstimmung in der Nationalversammlung wurde durch Hansemann's erbärmliches Feilschen doch wieder abgeschwächt und zu einer Halbheit. Er wollte die Vereinbarung retten, auf welche die Versammlung berufen sei, die Nation habe diese durch die geschehenen Wahlen angenommen, dadurch gebühre dem Könige die Initiative! Der schändliche Sophismus, die verrätherische Insinuation, gingen nicht durch, aber man verstand sich doch, die Ausarbeitung eines neuen Verfassungsentwurfs nicht an die Spitze zu stellen, sondern in den Hintergrund. Ein elender Gewinn für die Minister, aber doch eine Beschmutzung der Sache! Hol der Teufel diese Textdreher! Schwerin ist schon fort, Arnim-Strich steht auch am Abschied, Kanitz desgleichen, aber auch der feige Camphausen muß abtreten und Hansemann dazu! —

Abends mit Ludmilla ausgegangen. Im Kastanienwäldchen waren starke Gruppen, heftige Stimmen klagten, man halte nicht Wort, man betrüge sie seit drei Monaten mit Nichtsthun und Vorenthalten, das Volk müsse Waffen haben und werde sie bekommen ꝛc. Mittlerweile fordert das Gericht die geraubten streng ein, fordert alle Bürger auf, die verborgenen anzugeben, droht mit schweren Strafen ꝛc. —

————

Sonnabend, den 17. Juni 1848.

Ich habe mir bisher die möglichste, redlichste Mühe gegeben, alles Gute und Glänzende, was ich im Könige weiß oder voraussetze, zu praktischem politischen Zweck zusammenzufassen und geltend zu machen; aber vergebens! Er leidet es nicht, er zerrt und wirft das Gebilde gleich wieder auseinander, thut alles, jene Absicht zu vereiteln, bloßzustellen, Lügen zu strafen. Auch den guten Willen, an den ich bisher noch gern habe glauben wollen, muß ich fahren lassen, wenigstens ist er nicht in der Gestalt vorhanden, in der allein er nützen könnte! Jeden Tag wird es klarer, daß der König nur dem Zwange nachgegeben hat, daß er beschämt und ergrimmt darüber ist, daß er die Richtung, die er zu halten versprochen hat, verwünscht und haßt, in ihr nicht fortschreiten will, von ihr ablenken möchte. Seine Minister, die er doch ebenfalls haßt, dienen ihm dabei trefflich. Das Volk hat gute Merke, ist mißtrauisch und wachsam. Die Revolution ist daher nicht zu Ende, der Krieg dauert fort, man darf sich nicht wundern, daß es noch Schlachten giebt und der eine Theil ganz besiegt wird.

Sonntag, den 18. Juni 1848.

Nicht unmittelbar in Preußen, aber in Kopenhagen und London hat Rußland in Betreff unsrer Verhältnisse zu Dänemark jetzt eine drohende Sprache geführt. Es scheint unvermeidlich zum Kriege kommen zu müssen, vor drei Monaten für Deutschland das größte Heil, jetzt ein unabsehbares Unglück! Unsre Regierung hat den Russen trefflich in die Hände gearbeitet, die Polen, unsre Vorkämpfer gegen Rußland, haben wir jetzt zu Feinden, und alle Slawen; unsre Kriegsmacht ist zersplittert, unsicher, verwildert, das Zutrauen verloren. Im besten Falle können wir erst an der Elbe den Russen Halt bieten. Aber ein Schrei des Entsetzens wird ganz Deutschland durchzucken, furchtbare Anklagen werden gegen uns aufstehen, man wird die Regierungen des Verraths bezüchtigen, sie für unfähig erklären, — vielleicht gewinnt die Volkssache eine Diktatur, einen Heilsausschuß, der sie rettet, vielleicht! Indeß können wir ein schreckliches Jahr erleben, die gräßlichsten Zerrüttungen und Verluste erleiden! — Oesterreich hat uns wenig Beistand zu bieten, es erschöpft seine Truppenmacht im unsinnigen Kriege gegen Italien und zerfällt mehr und mehr. Schrecklicher Kampf in Prag! —

Es kann aber auch ganz anders kommen, als es sich jetzt anläßt. Es kann jeden Augenblick in Rußland selbst eine Veränderung eintreten, und mich wundert nur, daß sie nicht schon geschehen ist. Es kann auch sein, daß die Russen bestimmt sind, die Revolution und Freiheit sich bei uns zu holen, — freilich mit unsrer Beschwerde, aber doch schließlich auch unsrer Sache zum Heil! —

Die Prinzessin von Preußen bemüht sich, ihren Liebling Schleinitz an Arnim=Sirck's Posten zu bringen. Sie wendet sich deßwegen an Camphausen, der den meisten Einfluß

beim Könige hat. Aber Camphausen hat selber Lust, die
auswärtigen Angelegenheiten zu führen, er gefällt sich im
Kreise der Höfe und der Diplomatie, und traut sich alle
erforderliche Klugheit und Feinheit zu. —

Die Volksfreunde Dr. Löwinsohn und Korn so wie
Urban sind in Verhaft. Held soll gesucht werden. Man
will sie als Anstifter der Unruhen beim Zeughause vor
Gericht stellen. In der Volksversammlung bei den Zelten
wurde kräftig für sie gesprochen und die Behörde beschuldigt, daß schon mehr als die gesetzliche Frist verstrichen
wäre, ohne daß ihnen gesagt worden, wessen sie angeklagt
seien. Auch das Volk wurde vertheidigt wegen des Waffenraubes; es habe ein Recht auf Waffen aus dem Versprechen
des Königs, es sei natürlich, daß die Leute am Ende auch
dies Recht mit Gewalt ausübten, wie alle andern, die
ihnen im Guten nicht gewährt werden. Mehrere Bürgersleute sprachen kräftig und gut. —

In Voltaire gelesen und in Kant.

———

Montag, den 19. Juni 1848.

Besuch vom Minister von Canitz, der auf einige Stunden von Freienwalde hierher gekommen ist. Er erzählte
mir merkwürdige Dinge von dem eben abgegangenen Minister von Arnim-Strick, den er für stellenweise toll erklärt;
derselbe war früher ganz freundschaftlich mit Canitz, aber
auch ein Mucker, und äußerst hoffährtig; aus Paris schrieb
er oft die unsinnigsten Dinge. „Jetzt hat er die Karre
in den Dreck geschoben, mag nun ein Andrer sie wieder
herausbringen!" Unsre politischen Verhältnisse hat er
ganz verdorben. —

Nachher kam Hr. von Weiher; er arbeitet im Stillen

mit Erfolg an Bewaffnung der Gesellen und Arbeiter unter dem Namen der Hülfswehr; auch ist ein Ausschuß thätig, um die Befestigung und Vertheidigung von Berlin zu berathen. —

Hr. von Schleinitz ist zum Minister der auswärtigen Angelegenheiten ernannt. Die Prinzessin von Preußen hat durch Camphausen gesiegt! — Auerswald, furchtsam und zu schwach für das Ministerium des Innern, will es mit dem Kultus versuchen! —

Bakunin, von den Russen gefordert, wird ausgeliefert, wenn er in's Preußische kommt; der Polizeipräsident hat Herrn Dr. Müller aufgefordert, seinen Freund zu warnen. Wenn es nur nicht zu spät ist! —

Abends mit Ludmilla zu * *. Es kam vielerlei zur Sprache. Die neuesten Nachrichten aus Prag, wo Windischgrätz besiegt und abgesetzt worden, der Protest Frankreichs gegen die in Posen beabsichtigte Theilung.

Blesson erscheint den Leuten als ein Verräther, der absichtlich die Bürgerwehr als unzuverlässig angegeben, dann sie ohne Befehle gelassen, um die Nothwendigkeit der Herbeiziehung von Truppen darzuthun, was denn auch geschehen ist. —

Der abgegangene Minister von Arnim-Strid nannte öffentlich Lamartine'n seinen edlen Freund, und insgeheim hielt er sich an den russischen Gesandten von Meyendorff, mit dem und Circourt er die Polensache so zurechtlegte, wie sie in Paris vorgetragen werden sollte. In derselben Zeit aber hielt er auch Reden wie diese: „Nun soviel haben wir einstweilen gewonnen, daß wir Louis Philippe los sind, Metternich los sind, — den Kaiser Nikolaus werden wir auch wohl los werden!" Er deutete dabei an, der Kaiser sei sterblich, was um so mehr auffallen mußte, als Circourt eben dem Kaiser die Anzeige hatte zukommen lassen, er habe sich polnischer Meuchelmörder zu gewärtigen! Welche Mischung von Zweizüngigkeit, Lüge, Berrath, Augendienerei, Dummheit! Arnim hatte, um sich zu heben, trotz seiner Vertraulichkeit mit Meyendorff, in seinen Noten eine grobe und plumpe Sprache gegen Rußland angenommen, was großen Aerger verursachte. Meyendorff selbst mochte einsehen, daß mit dem Hasenfuß nichts Rechtes mehr anzufangen sei; am Ende ist er zumeist durch russischen Betrieb gefallen! —

Schöne Briefe von Frau von Dudevant über die Revolution. Brief der Gräfin d'Agoult an Fanny Lewald im „Courrier français".

Entwurf der Adresse in unsrer Nationalversammlung.

Dienstag, den 20. Juni 1848.

Ich ging aus, traf unter den Linden Hrn. von Weiher, der eben von einem Abgeordneten gehört hatte, das Ministerium Camphausen habe abgedankt, weil es nicht Mittel wußte, sich zu ergänzen, und auch wegen des Adreßentwurfes; der Abgeordnete Küpfer, der mit dem ehmaligen Minister Grafen von Alvensleben aus der Sitzung kam, bestätigte die Nachricht. Man vermuthet, Hansemann werde ein neues Ministerium bilden.

In der „Zeitungshalle" wird der Oberstlieutenant von Griesheim tüchtig angegriffen, sein Bericht über den Zeughaussturm wird einer ganz falschen Auffassung, vieler Entstellungen und Verschweigungen beschuldigt, mit Anführung einzelner Thatsachen, die von Zeugen mitgetheilt werden.

Mittwoch, den 21. Juni 1848.

Mir wird die Genugthuung, jetzt täglich an vielen Orten meinen Sinn und meine Ansichten ausgesprochen, meine Urtheile wiederholt, meine Winke benutzt zu sehen. Oft kann ich den Ursprung solcher Aeußerungen gradezu auf mich zurückleiten. Da ich keine Reden zu halten vermag, an keiner öffentlichen Berathung Theil nehmen kann, sogar für meine politischen Aufsätze keine sichere Stätte habe, so ist es mir ein großer Trost, aus jener Wahrnehmung das Bewußtsein zu erhalten, in unsrer großen Entwickelungszeit doch kein unnützer Knecht zu sein. Wie ernst es mir mit der Sache ist, erkenne ich recht daran, daß mir der Name so gleichgültig wird. Mir ist zu Muthe wie einem Soldaten in Reih und Glied, ich schieße meine Kugeln in den Feind hinein, sie haben weder Auf= noch Unterschrift. —

Besuch von Weiher; über die Hülfswehr als Zweig der Bürgerwehr, die Befestigung von Berlin. ** kam von Potsdam; über den Ministerwechsel; was ich von Schleinitz halte? Nicht viel! Ein Schönling und Schwächling, ein Frauenknecht. — Ich erfahre, daß Camphausen dem Prinzen von Preußen eine zweckmäßige Rede ausgearbeitet hatte, die auch angenommen war, dann aber ohne Rücksprache mit jenen matten geringen Worten vertauscht wurde, die der Prinz wirklich sprach, zur größten Ueberraschung und Entrüstung aller Minister; wer diese Vertauschung gemacht und gewollt, ist nicht zu ermitteln. ** schwieg bei der Frage.

*** ist auch nicht ohne Flecken der Hofluft; die tägliche Gewöhnung bringt allmählig dahin, daß man Schwarz, wenn auch nicht gradezu Weiß, doch etwa Grau nennt; die Volkssache schwindet ihm unter dem Schimmer des

Hofwesens, er sieht zu leicht anstatt des Volkes nur Pöbel. Die Stürmung des Zeughauses ist auch ihm nur Raubsucht und Dieberei. Ich sehe das Ehrgefühl und das Mißtrauen des untern Volkes darin. Die geringste Klasse hat jetzt mehr Gefühl von Ehre, als die oberen, die von jeher damit feilschen und markten. —

Das Zeughaus und die Pulverthürme werden jetzt nach Spandau entleert; man hat es diesmal öffentlich angezeigt. Die Maßregel ist nothwendig in Aussicht eines Russenbesuches. —

General von — schickte mir die Schrift des Majors von Voigts-Rhetz über die polnischen Sachen. Sie ist in Auftrag Colomb's geschrieben, und schwitzt aus allen Blättern die Gleißnerei der Mäßigung wie die Zurechtmachung der Angaben! Ein treuloses Partheistück! —

Camphausen soll vom Könige beauftragt worden sein, eine Verfügung in Folge eines Schreibens vom russischen Kaiser zu treffen, welches in seiner Gesammtheit mitzutheilen der König verweigerte. Darüber soll es zum Bruch gekommen sein. —

Donnerstag, den 22. Juni 1848.

Es ist ein großes Mißverhältniß für mich, daß ich in meinen Gesinnungen zu jüngern mir größtentheils unbekannten Leuten stehe, meinen Altersgenossen und überhaupt meinem näheren Umgang eigentlich fremd bin. Es ist traurig, wie sehr ich allein stehe! *, auf den ich früher bis zu einem gewissen Grad rechnete, ist mir ganz abgefallen und ** neigen sich mehr und mehr abwärts. Sie ließen sich eine Wendung der Dinge gefallen, die manches Erwünschte gewährte, aber damit sollte es nun genug sein, der Anfang sollte zugleich das Ende sein; da dies nun sich anders zeigt, so trüben sich die Blicke oder zeigen gar Abscheu. Wär' ich nur rüstig, nicht durch tägliche Kränklichkeit gehindert, ich ginge noch frisch mit den Jüngeren voran! —

Besuch von Weiher. Angaben über die vermuthlichen neuen Minister, die Vorschläge sind erbärmlich, die Verbindung unhaltbar, man quält sich im Schwachen, Verkehrten, Untauglichen ab und will das Rechte, das einzig Heilsame nicht thun. Es geht nicht mit dieser Potsdam'schen Halbheit und Dummheit, es geht nicht! Das Königthum richtet sich unrettbar zu Grunde, darin ist es folgerecht in allen seinen Handlungen. —

Es soll jetzt beschlossen sein, daß kein Gehalt über 4000 Thaler, keine Pension über 3000 betragen soll. Der ehmalige Minister von Werther ist von 18,000 Thalern dadurch auf 3000 herabgesetzt; er hatte sich erklärt, mit 12,000 zufrieden sein zu wollen! — Auch meine Pension sieht einer Kürzung entgegen, wiewohl sie nach früherer Schätzung nur niedrig ist. Immerhin! Ich nehme jede mich persönlich treffende Bedingung der Revolution willig an. Die Freude, diesen Umschwung der Dinge noch erlebt zu haben, kann mir nur dadurch getrübt werden, daß ich die Gestaltungen der Volkssache und Freiheit so heillos verschleppt, die nichtswürdigsten und verderblichsten Rathschläge noch immer herrschen sehe! —

Demokratische Vereine am Rhein und hier in Zusammenhang. —

Der Minister Camphausen hat nach seiner Abdankung noch dem Magistrat vorzuhalten sich erdreistet, wie der Zustand der Stadt eine Schande und Schmach für sie und das ganze Land sei, die Unruhe müsse aufhören, und dergleichen gemeine Redensarten mehr. Ich hätte ihm dienen wollen, ich hätte ihm seinen Vorwitz gebührend verwiesen und ihm gesagt: „Sie sollten doch nur das Maul halten! Sie und Ihre Gesellen allein, ja Sie Minister allein, sind an der Unruhe schuld, denn wie kann das Volk ruhig sein, wenn es oben nichts geordnet, nichts in Thätigkeit, sondern alles in den Händen unfähiger, zaghafter Minister täglich schwanken und lahmen sieht?" Und noch jetzt wird es so fortgehen! Camphausen wird als Geöffter noch ferner dem Hofe dienen, anstatt in der Opposition jetzt die Ränke aufzudecken, lieber sie vertuschen und neuen dienen!

———

Freitag, den 23. Juni 1848.

Es wird immer klarer, daß der Minister Camphausen sich vor dem Uebergreifen der Hofeinflüsse zurückgezogen hat, denen er anfangs geschmeichelt zu sehr nachgab, nachher aber erschreckt sich zu widersetzen begann. Dies dreimonatliche Ministerium hat unsre ganze Sachlage zum Schlechten verändert und der neuen Entwickelung überaus geschadet, noch mehr aber dem Königthume, dem es gefällig war, dessen geheime Neigung und alte Gewöhnung es offenbar werden ließ, und für das im Volke jede Großmuth, die ihm vieles zurückzugeben bereit war, jetzt erstickt ist.

In Spandau wurden am 14. die Eisenbahnzüge durch Soldaten aufgehalten und die Schienen aufgenommen. Der Kriegsminister hatte keinen Befehl gegeben, er war aus Potsdam gekommen, also vom Hofe, der sowohl die Flucht aus Berlin als den Zuzug von Hamburg hemmen wollte. Die Narren dort fürchten und erwarten mit jedem Tage die Verkündigung der Republik, woran hier nicht gedacht wird; aber dadurch, daß man es immer erwartet, bald den einen Tag, bald den andern dazu mit Gewißheit annimmt, dadurch bringt man die Leute auf den Gedanken, daß die Sache eigentlich ganz natürlich, räthlich und ausführbar sei. Viele Aristokraten scheinen den Ausbruch herbeizuwünschen, damit er ihnen das volle Recht gebe, das unbedingte Königthum wiederherzustellen.

Es ist ganz entschieden, daß Rußland uns mit Krieg droht, wenn Wrangel wieder in Jütland einbringt! Und es ist ganz entschieden, daß die Minister uns so wehrlos gemacht haben, nun gar keinen Krieg bestehen zu können! Fortwährend ziehen preußische Truppen westwärts, anstatt ostwärts! Wir würden hoffentlich späterhin die Russen schlagen und strafen, das glaub' ich fest, aber nicht ohne Hülfe der Franzosen, und für den Anfang wäre ein Drittheil von Deutschland dem Feinde preisgegeben. —

Der schreckliche Kampf in Prag ist weniger ein Kampf gegen die Tschechen als einer gegen das Volk gewesen, und nicht die deutsche Sache, sondern die brutale Militairgewalt hat dort gesiegt. Daß aber das Volk in sich gespalten war, Tschechen und Deutsche, und letztere weniger eifrig als jene, hat diesen Sieg möglich gemacht. Gegen die Tschechen sind die meisten deutschen Stimmen ungerecht.

Sonnabend, den 24. Juni 1848.

Kein neues Ministerium! Pfuel ist ohne Minister-Instruktionen abgereist, bloß mit denen des Hofes, denn das alte Ministerium bestand nicht mehr, ein neues ist noch nicht fertig.

Alle Tage kommen neue Berichte über das grausame, räuberische Wüthen der preußischen Soldaten und Beamten so wie der andern Deutschen im Posen'schen gegen die Polen. Diese Nachrichten treten bezeugt und beglaubigt durch Namen hervor, die sich allem Haß der Sieger dadurch bloßstellen. Außer einem Hrn. von Treslow, Grafen von Lüttichau und besonders dem Landrath (und leider Abgeordneten) Bauer, wird auch der bekannte Paul Ebers vieler Schändlichkeiten bezüchtigt; er antwortet heute in der „Vossischen Zeitung" einem seiner Ankläger, dem Grafen Bninski, sehr quatsch, wie der Berliner sagt. —

Der demokratische Klub in Frankfurt am Main will seine Hauptthätigkeit in Berlin gründen. Dieser Schreckschuß wirkt Entsetzen am Hof und in den Behörden, man sieht den Untergang vor Augen! Man will die neuen Ankömmlinge sogleich ausweisen. Auch im Königreich Sachsen will man sie nicht dulden. Als wenn das so ginge! —

Brief aus London von einem Herrn Le Dhuy, Aufforderung an einem neuen Wochenblatt „Le spectateur de Londres" Theil zu nehmen. Ist das das Metternich-Guizot'sche Blatt? Wie schlecht kennen mich die Leute, wenn sie meinen, ich soll daran mitarbeiten! —

Es ist jetzt Mode, von gewissen Seiten mit biederem kläglichen Ernst die Ueberzeugung auszusprechen, daß in Potsdam an Reaktion gar nicht gedacht werde, ebenso, daß auch nicht die geringste Aussicht zum Russenkriege vorhanden sei! —

Am 7. Juni waren die vormaligen Minister von Thile, Stolberg und Eichhorn zur Grabfeier in Charlottenburg beim Könige; diese Thatsache bezeugt der Präsident von Kleist, dem ich übrigens darin beistimme, daß ein solches

Zusammentreffen durchaus kein Grund zur Verdächtigung ist. Aber es sind andre Gründe genug vorhanden! Man athmet in Potsdam die Reaktion, sie steckt in allen Gewohnheiten, Neigungen, Wünschen, offenbart sich in tausend Handlungen und Zügen immerfort. Zu einem Plan haben sie es freilich nicht gebracht, das geht über ihre Geisteskräfte! —

Gesetz wegen Unverletzbarkeit der Volksvertreter. Aus Anlaß der Begebnisse des Predigers Sydow. Das Gesetz ist gut, verräth aber seinen Anlaß nicht, indem es gegen solche Begegnisse grade gar nicht schützt, sondern nur gegen die Behörden.

Anschlagzettel aller Art, „Tod den Russen" ist einer überschrieben, andre sprechen von den Vorschlägen zum neuen Ministerium ꝛc.

In Kant gelesen und in Rosenkranz.

Sonntag, den 25. Juni 1848.

Hr. Dr. Friedrich Kapp, Direktor des Gymnasiums zu Hamm, war bei mir, ein Freund des Hofgerichtsraths Schrüger zu Greifswald, und ließ mir seine Schrift: „Aufruf zur Umgestaltung der deutschen National-Erziehung", worin viel Kühnes und Scharfes, — auffallend ist es, daß er aus der Kinderzeit die Mährchen, aus der höheren Schule „die verstand- und maßlosen Epiker" verbannen will.

Die „Neue Berliner Zeitung" sucht durch weitere Probenummern sich bestens zu empfehlen. Büt-Arnim lobt sie nach Kräften, aber diese Kräfte können nicht viel. Das Blatt ist mittelmäßig im schlechtesten Sinn, erscheint in der Geheimen Oberhofbuchdruckerei und ist unter der

Maßle wohl nur die schon mehrmals in der Geburt erstickte Geheime-Raths-Zeitung.

———

Montag, den 26. Juni 1848.

Was ich in diesen Blättern aufschreibe, pflegt mir meistentheils nach einiger Zeit gedruckt vorzukommen. Einiges rührt wohl auch von mir her, indem Andre das Gehörte wiederholen und gellend machen; aber auch ohne diesen Zusammenhang erfolgt die Sache aus ihrer eignen Natur. Ich stehe durch Zufall auf einer Anhöhe der Erfahrung und Mittheilung, wo mir vieles früher zur Kenntniß und Einsicht kommt als Andern, die entweder tiefer stehen, oder, wenn eben so hoch oder höher, doch den Blick nicht dahin wenden, wo das Rechte zu sehen ist.

Ein Extrablatt zum „Staatsanzeiger" bringt uns das neue Ministerium. Ein Zwitterding ohne Saft und Kraft. Wir gehen von Halbheit zu Halbheit, und erschöpfen alle falschen Wege, ehe wir uns zu dem rechten entschließen. Schreckenstein ist beibehalten, aber Schleinitz hat weichen müssen; wie wird die Prinzessin von Preußen klagen! — Unsre Sachen gehen schlecht.

Ich ging aus, den Zwischenraum zweier Regengüsse benutzend. Die Sitzung der Nationalversammlung war völlig unbewacht, keine Bürgerwehr, keine Studenten, und alles war ordentlich und ruhig, die Volkshaufen drängten nicht einmal gegen den Eingang, sondern hielten sich tiefer im Wäldchen. Ein Unteroffizier in Uniform suchte die Leute aufzuregen, man bedeutete ihm, man wolle keine Aufwiegler und er solle sich eilig entfernen, er versuchte noch zu trotzen, war aber schnell so hart umgeben und bedroht, daß er entwich; ein Volkshaufen wollte ihm folgen, aber einige junge Leute baten bringend, ihn allein weggehen zu lassen, damit es keine Geschichte gäbe, und die Leute ließen ihn gehen. Der fürwitzige Bursche, hörte ich dann, hatte sich unter andern angemaßt, nicht leiden zu wollen, daß jemand eine Einlaßkarte zur Singakademie verkaufte. —

Ich machte dem Hrn. Direktor Friedrich Kapp meinen Besuch, Jägerstraße Nr. 1. Ein ernster, tüchtiger Mann, der seinem Stand Ehre macht; er ist hieher berufen durch den Grafen von Schwerin zu einer Lehrerkommission. Sehr freigesinnt. —

In Paris war am 23. neuer großer Kampf, Arbeiter gegen Nationalgarde und Linientruppen. —

Unser neues Ministerium hat durch Hansemann's Mund in der heutigen Sitzung der Nationalversammlung endlich die Revolution anerkannt, eben so die fehlerhafte Zusammensetzung einer ersten Kammer im bisherigen Verfassungsentwurf, verspricht viele gute Gesetze, das Beste des Volks wahrzunehmen ꝛc. — Camphausen hat matt gesprochen, wie gehandelt.

In der „Zeitungshalle" guter Bericht von der gestrigen Volksversammlung, wo die Frage der Republik besprochen worden ist. Der Denunzianten-Verein hatte durch öffentlichen Anschlag den Staatsanwalt gegen diesen „Hochverrath" angerufen! Diese Alfanzen, diese Lumpen!

Ich mochte nicht mehr ausgehen.

In Kant gelesen, mit gutem Ertrag und bester Anregung.

—

Dienstag, den 27. Juni 1848.

Das neue Ministerium hat gestern seine Laufbahn doch nur kläglich angetreten, besteht auf der Adresse, will Vertrauensbeweis, droht mit Abtreten. Wäre es nur schon fort! Wir können vielleicht noch ein Dutzend solcher Ministerien rasch verbrauchen und wegwerfen, ehe wir ein taugliches bekommen, das wirklich steht und schafft. Wie Schwefelhölzer, die nicht Feuer fassen. Der gestrige Bericht über die Verhandlungen klang für die Minister vortheilhafter, als die heutige ausführliche Mittheilung. —

Ausgegangen. Bei der Nationalversammlung wieder keine Wache, und nur kleine Gruppen, alles still und ruhig.

Besuch von Grenier, der mir Nachrichten aus Paris bringt; der Kampf scheint noch nicht ganz vorüber, doch siegt die Regierung. Grenier ist sehr bestürzt und besorgt wegen der Folgen, ich ermuntre ihn und zeige ihm, wie groß und unverletzbar Frankreich in seiner Freiheit dasteht; doch ist er sehr betroffen über meine Aeußerung, daß ich das Volk, die Arbeiter, wo nicht rechtfertige, doch entschuldige, daß wir in gleicher Lage eben so thun würden, daß ich in diesem Bewußtsein nicht fähig wäre, gegen sie ein Gewehr abzudrücken. —

Die „Zeitungshalle" berichtet von willkürlichen Gewaltmaßregeln, die auf Eisenbahnhöfen von preußischer Mannschaft ausgeübt worden, die Befehle von Potsdam hatten. Ganz wider alles Recht, aller Polizeigewöhnung folgend! Kann nicht streng genug gerügt werden!

Hr. von Minutoli war bei Mundt's Schwager, Hrn. Dr. Müller, und sagte demselben, er wolle ganz mit der Regierung brechen, man habe ihn zu schändlich behandelt; er will alles, was er in den Revolutionstagen gehört und gesehen, wahrheitgemäß aufschreiben und drucken lassen.

Ich aber glaube, er will bloß damit drohen, und das Vorhaben bekannt werden laſſen, damit die Regierung ihn gut bedenke. Ein zweideutiger Menſch!

———

Mittwoch, den 28. Juni 1848.

In Potsdam iſt jetzt der Fürſt von Windiſchgrätz der Held des Tages, er iſt ein großer Mann! Warum haben wir am 18. März keinen ſolchen gehabt? fragt man ſeufzend! In Potsdam ſieht man der ruſſiſchen Vermittlung der ſchleswig-holſteinſchen Sache mit Vertrauen entgegen, der Friedensſchluß wird die Schleswig-Holſteiner wieder unter den König von Dänemark ſtellen, und wenn ſie das nicht wollen, wird man ſie zwingen. Ich wende ein, daß ſchon der alte Bundestag gelitten und bekräftigt hat, daß die Braunſchweiger ihren Herzog verjagt! Wenn die Schleswig-Holſteiner nun den verrückten König, der ſie bekriegt hat, durchaus nicht wollen, thatſächlich einſtweilen als Republik daſtehen, was kann ſich da nicht anknüpfen? Beſchleunigte Entwicklung! Jetzt heißt auch in Potsdam der Krieg gegen Dänemark ein ſchon im Beginn ungerechter! — Uebrigens hofft man in Potsdam auf eine Bewegung zur Republik, ſie würde das Zeichen ſein zum Gebrauche der Militairmacht, zum Einmarſche der Ruſſen, die ebenfalls auf dieſen Augenblick harren. Das würde dann den Zwieſpalt in Deutſchland vollenden!

Beſuch von Frau von — —. Mittheilungen aus der Geſellſchaft. Im Volke hört man keine Zoten und Schimpfreden, ſie ſind dafür in den höheren Klaſſen gang und gäbe; auch das Ehrgefühl iſt jetzt am lebendigſten bei den geringen Leuten, im Adel- und Beamtenſtande herrſchen Gemeinheit und Schmutz!

Der Ministerpräsident von Auerswald ist einstweiliger Minister der auswärtigen Angelegenheiten, Hr. von Schleinitz unter ihm Ausführer der Geschäfte, beide sind unbedingt dem Hof ergeben, die auswärtigen Sachen also ganz in der Hand des Königs. Das meinen sie wunderbar ausgeklügelt zu haben! Aber wie bei Louis Philippe, wird diese listige Einrichtung schlechte Frucht bringen!

B. tief ergriffen von den Nachrichten aus Paris, Freunde von ihm sind verwundet ꝛc. Er ist ganz erbittert gegen die Aufständischen, die doch viel Recht auf ihrer Seite haben und im Kampfe den größten Heldenmuth beweisen.

Donnerstag, den 29. Juni 1848.

Besuch vom Staatsminister von Schön. Er beruft sich auf früher schon gemachte Bekanntschaft, bei Stägemann. Er ist der Schwager der Brüder von Auerswald, spricht aber ganz unbefangen über sie, er hält mehr von dem jetzigen Ministerpräsidenten (Rudolph) als von dem gewesenen Minister des Innern; ersterer sei freisinniger und charakterfester; ich hatte gehört (und glaube noch), daß er dem Hofe zugeneigter sei. Doch glaubt Schön das jetzige Ministerium schlecht zusammengesetzt, er denkt von Hansemann sehr gering; Milde wollte durchaus Minister werden, aber die landwirthschaftlichen Sachen nicht mit übernehmen; um seinetwillen machte daher Hansemann für diese einen eignen Minister, der wohl auch nicht viel davon versteht! Ein erbärmliches Verfahren, ganz unwürdig dieser Zeit! Ich erfuhr auch, daß Hansemann zum Erstaunen der andern Minister und ohne Camphausen's Zustimmung manche Fragen aus alleinigem Selbstbeschlusse zu Kabinetsfragen gemacht und dies der Versammlung erklärt habe; warum aber hat Hr. Camphausen nicht auf der Stelle widersprochen? Schwerin hat sein Ministerium nur in Verwirrung gebracht und nichts gethan, er konnte nicht bleiben. Schön denkt sehr freisinnig, will jetzt keine erbliche Oberkammer, will alle Freiheiten, die versprochen worden, ist aber sehr unwillig über die Leute, die am Ruder sind, die größtentheils jeder wissenschaftlichen Bildung entbehren; er zitirt den Spruch des Mephistopheles: „Verachte nur Vernunft und Wissenschaft" 2c. Höchst reichhaltige Erörterungen über England, genaue Kenntniß der dortigen Verhältnisse; merkwürdige Mittheilungen über seine Unterredungen und seinen Briefwechsel mit dem Könige, der ihm sehr vertraut habe und 1840 zu allem Freisinnigen willens gewesen sei, aber die Pietisten haben alles verdorben, den König umgarnt, jeden andern Einfluß abgelenkt, vernichtet. Wichtige Mittheilungen über Stein, die Königin Luise und deren Betreibungen, den General von Vorck, auf den er wenig hält und der ein geborner Kassube gewesen, über den König Friedrich Wilhelm den Dritten 2c. Schön hat sein volles Gedächtniß; er hat viel aufgeschrieben, gesteht er auf meine Frage, doch nicht in chronologischer Folge. Der Besuch erfreute mich und gab mir Anregung für den ganzen Tag. Ich lag dabei auf dem Sopha zugedeckt, mit rheumatischen Schmerzen, überhaupt sehr leidend und körperlich verstimmt. Ich blieb so den ganzen Tag.'

Besuch vom Grafen von Keyserling. Neuigkeiten. — Abends spät noch ein Besuch von einem Lehrer, der mich von den Urwahlen her kennt, dessen Namen ich aber nicht weiß.

Hr. von Schön erzählte mir, der vorige König scheine

doch in seinem Gewissen beunruhigt gewesen wegen seines nicht gehaltenen Versprechens einer reichsständischen Verfassung. Er habe sechs oder sieben verschiedene Pläne dazu schriftlich angedeutet, meist nur kurz, auf einzelnen Blättern. Einmal auch den Plan, alle Provinzialstände zu Einer Versammlung zu vereinigen. Unseliges Schwanken des jetzigen Königs, der bald wollte bald nicht wollte, bald sich unverpflichtet erklärte durch seines Vaters Wort, bald verpflichtet.

1848.

Als Minutoli seine Befehlshaberschaft der Bürgerwehr niedergelegt hatte und seine Polizeipräsidentschaft ein wirkungsloses Amt war, wünschte er eine andre Anstellung und eine außerhalb von Berlin. Der König aber wollte ihn durchaus nicht weglassen, sondern verlangte, er solle fortfahren mit den vertraulichen, täglichen Berichten, die er bisher hatte erstatten müssen. Minutoli that's, und der König antwortete fleißig. Minutoli soll über hundert eigenhändige Blätter vom Könige haben, von oft besonderem Inhalt; im Allgemeinen soll daraus hervorgehen, daß der König bis zum Juli an keine Reaktion dachte, sondern ganz zufrieden war, wenn nur alles in dem eingeschlagenen Gange blieb und für ihn keine neue Gefahr entstand. Bis zum Juli hatte er noch immer die größte Furcht. Minutoli, der immer schwarz sah, und dessen Einbildungskraft sehr thätig war, nährte unabsichtlich durch seine Berichte diese Furcht und Besorgniß. Als diese nachließen, gewann die Reaktion Boden.

(Berlin, den 21. Nov. 1852.)

1848.

Hansemann sagte von der Berliner Nationalversammlung: „Wir wollen sie mit Gesetzentwürfen erdrücken!"

Camphausen verlangte in Frankfurt am Main, man müsse die deutschen Fürsten auffordern, nur recht viele einzelne Ständeversammlungen zu berufen, um dadurch die Nationalversammlung in Frankfurt zu schwächen!

Freitag, den 30. Juni 1848.

Kalt und regnigt wie gestern. Ich leidend wie gestern, zu jeder Arbeit unfähig.

Die Art, wie das neue Ministerium zusammengekommen ist, enthüllt sich mehr und mehr, persönlicher Ehrgeiz und persönliche Feigheit haben die unwürdigsten Ränke gemacht. Hansemann wollte in Robbertus und Milde einen Theil der Nationalversammlung gewinnen; Milde strebte nach einer Ministerstelle, fürchtete aber Blößen zu geben, daher wurde bloß um seiner Schwäche willen ihm ein Minister der Landwirthschaft zur Seite gesetzt! Auerswald wollte die auswärtigen Angelegenheiten, kann aber nicht Französisch, deßhalb mußte Schleinitz unter ihm bleiben, dieser wollte nicht Minister sein, um nicht in der Versammlung reden zu müssen, was er nicht kann! Schreckenstein's Verbleiben war die Bedingung des Königs. In gewöhnlichen Zeiten möchte dergleichen hingehen, aber jetzt, in diesem Drange, wo nur die Sache gelten darf und offner Gang! —

Nachrichten aus der heutigen Sitzung. Der Ministerpräsident von Auerswald hat auf die politischen Fragen erbärmlich geantwortet, zum Theil gelogen, zum Beispiel Wrangel's Rückzug aus Jütland sei nur aus strategischen Gründen geschehen! und doch albern hinzugesetzt, noch aus dem Grunde, den Dänen Versöhnlichkeit zu zeigen! Die drohende russische Note läugnet er ab, auf den schändlichen Sinn des Wildenbruch'schen Schreibens geht er nicht ein. Eben so erbärmlich antwortet Griesheim auf die Fragen wegen der Entwaffnung und Mißhandlung, die den aus Holstein rückkehrenden Freischärlern in Spandau durch Militair widerfahren ist; der Gesandte von Hänlein in Hamburg hatte ihnen eine Verläumdung vorangeschickt! Die Versammlung bezeigte ihren Unwillen, war aber nicht scharf genug. —

Die Stadtbehörden bringen uns neue Polizeiwacht unter dem Namen Konstabler, auch rufen sie noch mehr Truppen hieher und wollen die Bürgerwehr fester binden und beschränken. Das wird schlimm werden! —

In Paris sind eine Menge Tagesblätter verboten. Das fängt gut an und wird Nachahmung finden! Ohnehin hat hier eben ein Preßprozeß Statt gefunden, der eine mehrjährige Festungsstrafe zur Folge haben soll. —

In Frankfurt am Main sind einige große Schritte geschehen. Die deutsche Nationalversammlung wählt einen Reichsverweser und schafft den Bundestag ab. —

Gegen Abend rafft' ich mich auf und ging zu **, war aber sehr leidend. Ich kann auch die Gespräche nicht mehr anhören. Ein Major von * that viel in dummen und nichtswürdigen Redensarten. Eine Heerde Rinder oder Schafe hat diesen Elenden mehr Werth als eine Schaar Arbeiter; sie sprechen mit Wonne davon, diese zusammenzuschießen, alle Grausamkeiten sind ihnen ein Scherz.

Sonnabend, den 1. Juli 1848.

Ich lebe in so widriger Berührung, höre so gehäſſige Dinge, vernehme so unmenschliche, verstockte Gesinnungen, daß es mich heute früh ganz erfrische und erhob, von unsrem Milchmann, einem Bauer aus Machnow, zu hören, wie brav sein Sohn für ihn besorgt und bemüht ist, morgens in aller Frühe aufsteht und alles bereitet, damit der Vater eine Stunde länger schlafen könne. Schlicht und derb, aber soviel Gutes im Herzen, wie nicht in den feinsten Kreisen der hohen Gesellschaft! —

Unruhen der Arbeiter. Einige hundert zogen zum Minister Milde, zur Nationalversammlung, Bürgerwehr in Bewegung, Truppen. —

Als ich wieder zu Hause war, kam Bettina von Arnim, gab mir ihr Buch — den zweiten Theil von „Ilius Pamphilius und die Ambrosia" —, setzte sich zu meinem Mittagessen und erzählte viel.

Gleich nachher kam der Graf von * *, sehr niedergeschlagen, sorgenvoll. Er war bei Meyendorff, ich höre den Wiederhall dortiger Redensarten. Alle Hoffnungen sind auf den Fortschritt der Zerrüttung, auf blutigen Kampf gegen die Arbeiter, auf das Kommen der Russen gestellt. Nach und nach wird aus den verworrenen Erbitterungen eine Art Plan. Vor allen Dingen soll die Bürgerwehr mit dem Volke zusammenstoßen, es niederschießen, man hetzt daher beide gegen einander, man gewöhnt die Bürgerwehr, die Truppen als ihren Rückhalt anzusehen. Man verstärkt diese letztern, man stellt Polizeiwachten her, man wird das Volk in seinen Freiheiten beschränken, durch alle Mittel niederhalten; bäumt es sich, vergreift es sich an den Behörden oder der Nationalversammlung, ruft es gar die Republik aus, so stürmt plötlich von Potsdam und der Umgegend alle Truppenmacht herbei, Berlin wird besetzt, nöthigenfalls bombardirt und in Brand gesteckt, das Kriegsrecht verkündigt, alles konstitutionelle Wesen eingestellt, die Häupter der Freiheits- und Volkspartei als Verbrecher gerichtet und hingerichtet, und — die Russen kommen. Man lechzt nach Blut! Die Geschichte von Prag, die von Paris, hat den Leuten die größte Lust erweckt. —

Erzherzog Johann von Oesterreich in Frankfurt zum Reichsverweser gewählt. Doppelter Schlag für Preußen, ein Oesterreicher, ein Katholik! Der letztere Umstand war für die Stimmenden besonders erheblich, die mächtige katholische Parthei wollte keinen Protestanten. -

General Cavaignac an Lamartine's Stelle Präsident.

Sonntag, den 2. Juli 1848.

Besuch beim Staatsminister von Schön, bei ihm treff ich den Abgeordneten Hrn. Geh. Rath Abegg. Lebhafte Verhandlung über den heutigen Zustand, ich vertheidige das Mißtrauen und die Regsamkeit des Volkes, bespreche die Schändlichkeit des Betrugs und Verraths in der Wildenbruch'schen Note, in dem Benehmen gegen die Polen, vertheidige die linke Seite der Nationalversammlung, namentlich den Assessor Jung. Schön, außer im letztern Falle — denn Jung ist ihm zuwider — giebt mir in allem Recht, Abegg ist schwieriger, will jeden Bürger in strenger Gesetzlichkeit, während doch die Regierung ganz außerhalb derselben ist, die Reaktion auf allen Seiten thätig ist — letzteres giebt er zu. Ich sage, wir sind im Kriege, und müssen ihn weiter führen, Mißtrauen ist uns geboten, jede Schwäche bestraft sich, wir bedürfen der Muthigen und

Kühnen, die Volksmänner Jung und Held sind unsre besten Vorkämpfer, unter ihrem Schutze nur kommt die konstitutionelle Monarchie zu Stand, denn die bloßen Verfassungsfreunde möchten sie zwar bauen, aber schwerlich behaupten. —

Ich ging zum Fürsten von — —, der grade zu mir kommen wollte. Wir sprachen sehr einverstanden über den Erzherzog Johann, dessen Freisinnigkeit wie die welken Reize einer vormaligen Schönen sei, der uns nichts helfe und übrigens aus Preußenhaß und katholischem Eifer gewählt sei, zwei unglücklichen Trieben, die in Frankfurt leider sehr vorwalten. —

Das Bild des Grafen Bresson führte uns zu traurigen Betrachtungen; der Fürst sagte, Bresson habe ihn immer freundschaftlich getadelt, daß er nicht praktisch sei, sein Leben nicht besser einrichte, er mache sich noch zu viel aus der Welt, habe noch zu viel Ehrgeiz ꝛc. Und derselbe Bresson schnitt sich bald nachher den Hals ab, weil ein erbärmlicher Louis Philippe ihn fühlen ließ, daß die Fürstengnade wandelbar ist. —

Grenier hatte über die Pariser Ereignisse viel mitzutheilen, beklagte sehr den Bürgerkrieg, aber war mit dem Siege sehr zufrieden, den die Regierung erfochten. Beschämend ist doch die Unterbrechung der Preßfreiheit, das Verbieten der Maueranschläge, die Maßregeln gegen Klubs und Vereine, die beschlossene Deportation der Gefangenen. Ohne Zweifel wird das Beispiel auch auf uns wirken, und es wird nicht an Wiederholung des Versuches fehlen, auch unsre Freiheit zu beschränken. Ich sage aber, jede Regierung, die wieder zu den alten Hülfsmitteln greift, ist wieder die alte Regierung, die sich für unfähig erklärt, sich nicht halten kann und fallen muß! Dies liegt im Wesen der Dinge, denn was nicht öffentlich werden kann, wirkt geheim, um so verstärkter, sicherer, gefährlicher.

Wenn hier etwa solche Maßregeln nicht beliebt werden, so dürfte es daher kommen, weil die Reaktion sie nicht will. Denn bei solchen Maßregeln kann allerdings ein gemäßigtes Konstitutionswesen bestehen und sich befestigen, das ist aber der Hof-, Militair- und Beamtenaristokratie ein Gräuel, das möchte sie verhindern; sie wünscht Ausschweifungen und Unfug im äußersten Maß, sie hofft daraus den Anlaß zu nehmen, das alte Gewaltherrschen herzustellen. —

In Hervey's Memoiren gelesen. Im dreizehnten Kapitel ist eine schreckliche Schilderung Georg II. und des Lebens seiner Gemahlin! — Im Horatius gelesen.

Montag, den 3. Juli 1848.

Besuch vom Geh. Rath Abegg, der in dem Ausschusse der Nationalversammlung zum Entwurf einer Gemeindeverfassung thätig arbeitet, Neffe des Stadtraths Abegg, den ich 1817 in Mannheim gekannt; als Polizeivorstand der Stadt Königsberg mit den Ministern und dem Oberpräsidenten in Kampf, abgesetzt u. s. w. Er erzählt mir die ganze abscheuliche Verfolgung. In Breslau war man in den Märztagen ganz nahe daran, die Republik auszurufen, er hat nach Kräften abgerathen, kam dann mit andern Abgeordneten hieher und erlangte Urwahlen; Milde hielt sich damals in Breslau während der Gefahr vorsichtig zurück, jetzt als Minister meint er, Abegg sei in seinen Forderungen damals doch zu weit gegangen, Urwahlen hätte man nicht nöthig gehabt! Abegg leiht von mir Vincke's Büchlein über die innere Verwaltung von England; Hansemann will zu sehr den französischen Vorbildern folgen. Abegg war beim Vorparlament und Fünfziger-ausschuß in Frankfurt. —

Die Militairpersonen sind jetzt in Gesellschaft unangenehm, sie selber fühlen sich nicht frei, und wer will und kann immer Rücksicht auf sie nehmen! —

Ehrgeiz Minutoli's, der Oberst der Bürgerwehr werden will, um sich dann allen Partheien wichtig machen zu können. Er lobt jetzt das Volk, er klagt über das Treiben der Reaktion, die ihm auch seinen Posten als Polizeipräsident verleidet habe; er gewinnt viele Stimmen. —

Unruhen in Ulm. Gährung in Frankfurt am Main. In Köln hat man dem zurückgekehrten Camphausen die Fenster eingeworfen.

Dienstag, den 4. Juli 1848.

Ausgegangen, unter den Linden, durch den Universitätsgarten nach Monbijou, wo ich eine Zeitlang unter den hohen Schattenbäumen spaziren ging, indem die Bilder vergangner Zeiten mir durch die Seele strömten. Hier war Chamisso bei der Wittwe Friedrich Wilhelm's des Zweiten als Page, hier besuchte Voltaire die Gemahlin Friedrich's des Großen und dieser selbst fand sich an bestimmten Tagen hier ein; Formey, der Akademiker, war ein oft gerufener Gast, d'Argens, Pöllnitz, Maupertuis ꝛc. Frühere Erinnerungen des eigenen Lebens, an Kiesewetter, Fichte, Rahel, Bettina von Arnim und Andre, schlossen sich hier an.

Nachmittags um 4 Uhr ging ich zu Crelinger; ich fand ihn, * und **. Wir hatten gleich guten Boden des Gesprächs, das sich ungemein belebte, als Dr. Johann Jacoby kam, der

Abgeordnete, der eben die Nationalversammlung in großer Verwirrung verlassen hatte; der Präsident Grabow hatte sich in sie hineinziehen lassen. Ich sah hier Jacoby'n zum erstenmal; er gefiel mir sehr, Einfachheit, Klarheit, Muth sprechen aus seinen Zügen. Es wurde sehr viel verhandelt, erörtert, der Mangel an Kenntniß der allgemeinen politischen Welt fiel mir auf; die hohen Gesichtspunkte fehlten nicht, aber sie blieben immer nur im Gebiete des Gedankens, nicht der Thatsachen. —

Der Minister des Kultus, Hr. Robbertus, hat bereits wieder seine Entlassung genommen, er will die Halbheit des Ministeriums in der deutschen Sache nicht mitmachen. Unsre nach Wien abgegangene Zustimmung ist mit elenden, dummen Einschränkungen geschmückt, die nichts thun als zeigen, daß wir in Halbheit, Zögerung und Bedenken eine jämmerliche Rolle spielen! —

Tapfrer Artikel von Held in der „Lokomotive" gegen den Magistrat und die Stadtverordneten, die allerlei Schlechtes gegen die Bürgerwehr im Sinn haben. —

Ich fange an mit Camphausen zu glauben, daß wir keine Revolution gehabt haben, noch keine, sie wird noch kommen, und sie wird kommen! —

In Kant gelesen, in Hervey ꝛc.

Mittwoch, den 5. Juli 1848.

In der „Spener'schen Zeitung" will heute jemand die Wildenbruch'sche Note vertheidigen, stellt aber nur elendes, sophistisches Gewäsch auf; unser durch jene Note aufgedecktes politisches Benehmen ist die schamloseste Betrügerei, verrätherische Lüge, und ein Brandmal derer, die sich eben erst ihres Deutschseifers prahlend rühmten, während sie schon die Niederträchtigkeit im Herzen hegten!

Wunderbar überraschte mich ein Büchlein, das eben in Dresden erschienen ist: „Aus Karl's von Nostiz Leben und Briefwechsel." Dieses Andenken auch dankt mir seine Rettung, diesen Todten hab' ich noch dem Leben erhalten, durch meine „Denkwürdigkeiten", durch das Buch „Rahel"! Unfehlbar wäre er der großen Schaar Vergessener heimgefallen. Der Herausgeber, mir unbekannt, ist durch mich angeregt worden. Eine kurze Selbstbiographie von Nostiz, einige seiner Tagebücher, und Briefe von ihm und Merian, setzten mich in die frühere Zeit zurück, gaben mir Licht und Wärme der Jugendtage.

Abends bei *. Ich hatte Mühe, den Offiziersgereden Stand zu halten; es kommt immer armselig heraus, wenn einer nur die Gesichtspunkte seines Faches hat, nur in diesem steht, und das Offiziersfach ist ohnehin eines der leersten und dünkelhaftesten.

Zerrbilder und Spottgedichte auf den Justizkommissarius Ahlemann in Samter, der mit aufgebotener Volksmacht nach Berlin marschiren wollte, die Stadt für die Revolution zu bestrafen!

Dekan Lachmann hier mit Professor Franz wegen der Festrede in Streit, — oder wegen des Programms zu den Vorlesungen, es ist einerlei Zeugs.

Donnerstag, den 6. Juli 1848.

In Potsdam ist Aerger und Wuth über Preußens Niederlage in Frankfurt am Main. Die Prinzen sind außer sich, schimpfen auf das Gesindel in der Paulskirche, das sich so erfrecht. Hätte es den Prinzen von Preußen gewählt, so würde es gepriesen. Mir gefällt auch der Erzherzog Johann nicht besonders, aber wer von allen deutschen Prinzen hat auch nur das bischen Namen wie er?

Der Prinz von Preußen will Stettin besuchen und einige Wochen dort bleiben. Da er nichts thun kann, was ihm jetzt wahrhaft fruchtet, so sollte er sich still halten.

Die Russen sind in die Moldau und Wallachei eingerückt; dies ist eine Ablenkung — weniger ihrer Macht als ihrer Aufmerksamkeit — von unsern Sachen, allein wir werden es einst bitter bereuen, daß ihnen selbst dort in solcher Ferne so freie Hand gelassen wird. England wird sprechen müssen. —

Kaum ist es etwas ruhiger hier, so regen sich die Behörden gleich im alten Stil. Viele Verhaftungen kommen vor, Preßprozesse, Polizeiquälereien, man will auf's neue die Maueranschläge hindern, den Kleinhandel mit Flugblättern verbieten, die Post versagt mir die Leipziger Zeitung „Reform" 2c. —

Die Minister sind heute in Potsdam. Es ist auch mit ihnen schon wackelig! Sie bringen vielleicht ihre Portefeuilles nicht nach Berlin zurück, das wäre recht gut!

Freitag, den 7. Juli 1848.

Unruhe in der Stadt, es hieß, die Schloßgitter sollten wieder eingesetzt werden, und zwei Bataillone des 12. Infanterieregiments kamen aus Frankfurt an der Oder wirklich an. Die Bürgerwehr wollte sich widersetzen, ein Bataillon derselben war besonders aufgebracht, eine Schaar versperrte den Soldaten den Eingang zur Kaserne; doch ging alles noch friedlich ab. Indeß ist der Unwillen sehr groß, sowohl gegen den Magistrat, der diese Vermehrung der Truppen veranlaßt hat, als gegen den Kriegsminister, der zu dem Ränkespiel die Hand geboten. Der König hatte erklärt, es sollten nicht wieder Truppen nach Berlin kommen, als bis und insofern die Bürger selbst es verlangten. Nun haben die Bürger kein Verlangen der Art geäußert, der Magistrat aber den Kriegsminister gefragt, ob er nicht zur Sicherung der Umgegend einige Truppen auf die nächsten Dörfer quartieren könne? Der Minister antwortet, das ginge nicht gut, aber er werde zwei Bataillons und etwas Reiterei in die leeren Kasernen Berlins einrücken lassen. Und das läßt der Magistrat gut sein, und die Truppen sind da. Der Kriegsminister bildet sich auf seinen gelungenen Streich was ein; der Mensch fühlt nicht, daß er sich und die Regierung herabwürdigt durch solche verächtliche Pfiffe, daß der vermeinte Gewinn, etwas mehr Truppen hier zu haben, gar nicht in Rechnung kommt gegen die Schmach, zu niedriger Arglist und verrätherischer Tücke seine Zuflucht genommen zu haben! —

Stürmische Sitzung in der Nationalversammlung. Hansemann und Schreckenstein im Gedränge, beide bestehen schlecht und gehen in beschämter Bitterkeit aus der Sitzung. —

Besuch beim General von Canitz, der gestern mit den Seinigen wieder hier eingetroffen ist. Er fängt doch endlich an besorgt zu werden, die gute Laune schwindet oder wird gallicht. Er hat Pferde und Wagen und überflüssige Dienerschaft aufgegeben. Er sieht, daß er schwerlich eine neue Anstellung zu hoffen hat, daß auch nur eine verhältnißmäßig geringe Pension ihm zufallen wird. Er spricht ohne Hehl gegen die jetzigen Minister: Hr. Hansemann versorge seine Ladendiener im Staatsdienst 2c., spottet über Schleinitz 2c. Unaufgefordert macht er seine Apologie wegen der Einziehung des Freistaats Krakau, mit schwachen, unhaltbaren Gründen; es scheint, daß diese Sache ihm besonders wurmt, und daß er sie gewissermaßen bereut; er sagt mir, daß er in seinen Denkschriften, die nach seinem Tod erscheinen sollen, besonders diesen Gegenstand ausführlich dargelegt habe. —

General von Willisen soll eine erledigte Division in Königsberg endlich bekommen haben. Man glaubte und hoffte von gewissen Seiten, er werde übergangen werden. —

Abends große Volksgruppen unter den Linden. Doch keine weiteren Vorfälle. —

In Paris wird die Presse beschränkt, man will die Klubs verbieten ꝛc. Canitz lobte mir die Pariser Nationalgarde, das ist ein böses Zeichen! —

„Sie werden doch nicht meinen, daß der König seine Minister aus der äußersten Linken wählen soll?" Grade das mein' ich, nur mit der kann er weiter kommen, mit der sich retten. Die Andern alle richten ihn zu Grunde.

— —

Sonnabend, den 8. Juli 1848.

Fleißig gearbeitet. Denkschrift über die Lage des preußischen Staates, dessen Gefahren und mögliche Rettung: 1) durch Anschließen an Deutschland, was aber eine Aufgabe der größten Klugheit und geschicktesten Sorgfalt ist, 2) durch wahren Freisinn im Innern, wozu nur kraftvolle Ehrlichkeit gehört. Doch wer hört auf meine Stimme, wer kümmert sich um meinen Eifer? Jeder, den ich spreche, will nur, daß ich ihm helfe, beistimme, schmeichle; wie soll' es beim Könige oder den Ministern anders sein? Hier in Berlin zeigt sich leider die dürftigste Trockenheit, nirgends ein frischer Trieb und kräftiger Schwung, wir sind noch nie so arm erschienen!

Billet und Sendung vom Staatsminister von Schön, „Text zu unsrem nächsten Gespräche", über einen Staatsrath als ausübende Behörde, durch Volkswahlen.

Der neue Polizeipräsident von Barbeleben hat von den Ministern den bestimmten Befehl, den litterarischen Kram von der Straße fortzuschaffen, der einzige kleine Reiz, der hier im Sommer noch einen Gang unter den Linden belebt, soll also wegfallen!

Das alte Regierungswesen greift immer breister um sich, die Behörden wissen nichts von der neuen Freiheit, die Klagen der öffentlichen Blätter verhallen fruchtlos, die Anfragen in der Nationalversammlung haben keine Folge, die Truppen sind da, man kann jede Gewalt üben, sobald man will. Die Freigesinnten im Volke scheinen dem argen Spiel geflissentlich Raum zu lassen, damit die Thatsache der herrschenden Rückwirkung recht sichtbar und dann ein allgemeines, kräftiges Schütteln wieder möglich werde. Für die einzelnen Plänkeleien bei jedem Uebergriffe sind die Massen nicht rege genug.

Der demokratische Klub hat einen kräftigen Anschlag gegen den Magistrat erlassen und dessen Anmaßung dem Volke bloßgestellt. Der Mickmack mit dem Kriegsminister ist eine unwürdige Schwäche, ein wahrer Verrath. —

Besuch von Direktor Kapp, der mir seine Rathschläge für das Volksschulwesen mittheilt, die er auch schon vor den Mitgliedern der Verfassungskommission erläutert und zur Annahme gebracht hat; es sollen die Hauptsätze, daß der Unterricht Staatssache, also frei von kirchlichem Einfluß, und für das Volk unentgeltlich sein soll, in den Verfassungsentwurf aufgenommen werden. Man hofft es gegen die katholische Parthei durchzusetzen. — Merkwürdige Ansicht über Kindermährchen, Aberglauben, Virgilius ꝛc. Angenehme Auskunft über westphälische Personen. Die Lehrerberathungen sind bis zum Herbst ausgesetzt. —

Es heißt, Robbertus werde ein Ministerium bilden mit Kirchmann, Waldeck ꝛc., er selbst als Präsident. Der Antrag Dr. Johann Jacoby's soll das jetzige Ministerium zum Bruche gebracht haben. Noch ungewiß! —

Abermaliges Aufgebot der Bürgerwehr; es hieß, man wolle die Kaserne in der Münzstraße in Brand stecken! —

Hr. Nothomb, der belgische Gesandte, soll Augenmerk auf unsre Rheinlande haben und in vielfacher Verbindung mit den rheinischen Abgeordneten stehen; ein Abfall von Preußen könnte für Belgien reicher Gewinn werden! —

Der Erzherzog Johann hat die Reichsverweserschaft angenommen, aber mit Erwähnung des Bundestages und der Zustimmung der deutschen Regierungen, was den Tüchtigen und Entschlossenen unter den Deutschen wenig gefallen kann. —

Chateaubriand am 4. in Paris gestorben, beinah achtzig Jahr alt.

Sonntag, den 9. Juli 1848.

„Daran denkt doch niemand, den alten Zustand wiederherzustellen!" Das hört man überall zum Ueberdruß, die falschen Listigen bringen es aus, und die seichten Flachköpfe wiederholen es. Aber wohl denkt man daran, der Hof, die Beamten, die Adlichen, die Militairs, und auch ohne ihr Denken liegt der Wunsch und seine Erfüllung in unsren Zuständen ganz nah, denn in fast allen Zweigen des Staatswesens herrscht noch in Personen und Verhältnissen das angeblich Gestürzte. Nach und nach ist in die Gelüste zur Reaktion auch mehr Bewußtsein und Plan gekommen, sie hat sich umgesehen und ihre Kräfte erkannt, die Ereignisse von Prag und Wien haben ihr Muth gegeben. Hier bieten ihr Stadtverordnete und Magistrat aus Dummheit die Hände. Die Behörden verfahren wieder eifriger nach alten Vorschriften, alten Gesetzen, die nicht mehr gelten dürfen seit den neuen Verkündigungen. Was aber am meisten schadet und die Regierung vollends untergräbt, ist ihre Unredlichkeit, ihre Zweizüngigkeit, ihr Benehmen mit kleinlichen Kniffen und elenden Listen. Der König schickt für die deutsche Sache seine Truppen gegen Dänemark, und heimlich sagt man dem Feind, es sei nicht gegen ihn gemeint, sondern gegen das deutsche Volk! Dieser gemeine und dumme Betrug brandmarkt uns auf viele Jahre hinaus!

Ausgegangen; den Staatsminister von Schön besucht, der eben zu mir kommen wollte; Gespräch über den Staatsrath, wie ihn der neue französische Verfassungsentwurf hat, eine Behörde, die mitregiert und aus der Wahl hervorgeht; Vergleichung mit den Formen der Vereinigten Staaten von Nordamerika, der spanischen Cortez ꝛc. Klagen über unsern alten Staatsrath, das jämmerlichste Wesen, nichts als Beamtendünkel und Hofweisheit, elende Pedanterei und Klauberei! — Das Ministerium Auerswald scheint sich doch zu halten, Hansemann ist heftig mit Schreckenstein zusammengestoßen, dieser hat nachgegeben; Schleinitz ist auch wieder entfernt, und der Graf von Bülow besorgt unter Auerswald die laufenden Geschäfte des auswärtigen Ministeriums.

Die Frau von W. besucht, die zu mir hatte kommen wollen; sie sieht ganz böse aus von politischem Grimm;

sie spricht mit Wuth und Verachtung vom König, sie hat „den Menschen" nie leiden können, er soll abdanken, er ist unfähig zu regieren, er soll einem Bessern Platz machen, er ist feig, treulos, hat Preußen erniedrigt. Sie will in Potsdam bleiben, sie muß „blaue Röcke" sehen! Sie verachtet alle Deutschen, will keine Deutsche sein, sie sei eine Slawin, alle ihre Angehörigen sind polnischen Ursprungs, doch sind die Polen ihr auch verhaßt; aber der Kaiser von Rußland, der ist ihr Abgott, und der vortreffliche Prinz von Preußen, der nur selber ein zu guter Unterthan ist!

Abends unter den Linden. Hrn. Geh. Rath Abegg über den Jacoby'schen Antrag gesprochen.

Entwurf zu einem Bürgerwehr-Statut für den ganzen Staat, der Nationalversammlung endlich vorgelegt. Sehr weitläufig. Wird noch manche Aenderung erleiden!

General von Below hat den Auftrag, dem Erzherzog Johann in Wien beizubringen, daß der König erwarte und ihn ersuche, nicht in die preußischen Verhältnisse einzugreifen ꝛc. Das wird er von selbst nicht thun!

Der König ist ganz mißmuthig darüber, daß die deutschen Gesandten hier eingehen werden. Das hätte er sich denken können, als er sagte, Preußen gehe in Deutschland auf!

———

Montag, den 10. Juli 1848.

Die Bestürzung, daß ein Erzherzog von Oesterreich als Haupt von Deutschland auch über Preußen soll zu sagen haben, ist allgemein und äußert sich immer heftiger. Der Hof und die Minister wissen nicht, wie sie sich dabei benehmen sollen, und benehmen sich sehr ungeschickt. Sie sollen ruhig sein und abwarten, diese Verhältnisse sind sehr zart und können nicht viele Berührung ertragen. Alle Besorgniß und Abwehr ist für jetzt unnöthig und voreilig. Warte man doch ab, bis der Fall eintritt, wo man nicht anders kann und Nein sagen muß, bis dahin lasse man es beim Ja. Der Erzherzog wird nur allzu bescheiden sein, die Regierungen nicht vor den Kopf stoßen; es ist zu wetten, daß er weit eher mit der Frankfurter Versammlung, als mit den Regierungen in Widrigkeiten kommt, er wird jener sehr bald nicht genügen, sich abnutzen, einstweilig ist er ohnehin, wie schnell kann die Person wechseln, das Verhältniß sich ändern! Und ist es denn unmöglich, daß nach einigen Monaten Preußen dennoch an die Spitze von Deutschland gerufen werde? Soll man den Posten, den man vielleicht noch selber einnimmt — wenn man recht will und recht dazu thut, gewiß noch einnimmt —, im voraus schwächen und heruntersetzen, weil zufällig der Erste, der ihn gleichsam zur Probe bekommt, ein Nichtpreuße ist? Wird er einst preußisch, dann werden wir ihn so mächtig und angesehen als möglich wünschen, daß die Andern sich uns fügen, sehr richtig finden!! —

Das Ministerium solle den Antrag Jacoby's am Dienstage zu beseitigen suchen, man könnte sich gewiß mit Jacoby und überhaupt mit der linken Seite verständigen, aber freilich gehört dazu guter Willen und gehörige Beachtung, nicht, daß man die linke Seite links liegen lasse, wie man durchaus thut.

Der General von Below soll die bestimmte Forderung nach Wien mitgenommen haben, daß der Erzherzog Johann den Prinzen von Preußen zum Oberbefehlshaber der deutschen Truppen ernenne. Radowitz ist zum Kriegsminister anempfohlen. — In Wien hat die Erklärung des Ministers Auerswald schon den größten Unwillen erregt. —

Der König von Hannover will auch dem Reichsverweser nicht allzu freie Hand laſſen. Oeffentliche Erklärung darüber. Die Sachen gehen einen ſchlimmen Weg. Die Einheit der Deutſchen wird nicht mit und bei den Fürſten zu Stande kommen. Nur das Volk allein kann ſie bewirken und genießen. Ob das aber ohne die Fürſten zu handeln verſteht, reif dazu iſt? Sehr die Frage! —

Geſtern war Volksverſammlung bei den Zelten, heute wieder. Doch hat ſchon geſtern der Polizeipräſident von Bardeleben einen Anſchlag gemacht, daß Verſammlungen im Freien ſeiner Erlaubniß bedürften, und beſtimmt Strafſätze für die Dawiderhandelnden. Zu letzterm hat er gewiß gar kein Recht. Ob er glücklicher ſein wird als ſein Vorgänger Minutoli? — Es war hier vierzehn Tage ſehr ruhig — ſie können's nicht aushalten, die Behörden, ſie verſuchen gleich wieder ihre Streiche, ſetzen die Gemüther in Wallung. — Sehr natürlich iſt es, daß viele Mißtrauiſche behaupten, die Regierung wolle es zu einem Ausbruche bringen, wobei ſie das Volk arg zuzurichten hoffe, ſie glaube ihre Anſtalten vortrefflich und wolle ſie nicht umſonſt gemacht haben. Deßhalb ſind die vielen Truppen hier, ſeit geſtern ſind deren auch in Charlottenburg bereit gehalten! —

Hrn. Dr. Jacoby geſprochen; er wird morgen ſeinen Antrag wegen des deutſchen Verhältniſſes ſo ſtellen, daß die Sache der Gegenſeite nicht zu ſchwer fällt, ſondern noch Luft läßt. —

Neuer jüdiſcher Brief von Herſch an den halbabgegangenen Magiſtrat. Der Brief an Krausnick iſt mit Beſchlag belegt. —

Canitz erzählte mir, daß für Leute ſeiner Art immer etwas Unheimliches dabei ſei, ſich öffentlich zu zeigen; er sähe es sehr gut, daß Leute, die ihn kennen, ihn auf der Straße scheuen, er habe das benutzt, um sich an Humboldt für manche Witzelei zu rächen, er sei neulich die ganzen Linden mit ihm zusammen hinabgegangen, was demselben gewiß sehr unangenehm gewesen!

Dienstag, den 11. Juli 1848.

Wie kommt der Polizeipräsident von Bardeleben darauf, Geld- und Gefängnißstrafen zu bestimmen gegen diejenigen, welche Volksversammlungen berufen oder halten ohne seine Gestattung? Er setzt 5 bis 50 Thaler oder verhältnißmäßiges Gefängniß, warum nicht 1000 Thaler oder lebenslänglich Zuchthaus? Der Kerl müßte sogleich abgesetzt und bestraft werden! Und dergleichen Versuche sollen nicht Reaktion sein?

Ich ging aus. Vor der Nationalversammlung einige Gruppen, doch ruhigen Ansehns. Ich sprach ausführlich mit Hrn. Wyslouch, indem wir im Wäldchen auf und ab gingen. — Die „Reform" bestellt. — Hrn. August von Harthausen gesprochen, er kommt aus Westphalen und geht nach Wien. — Hr. Minister von Kamptz drängt sich mir auf und geht eine große Strecke mit mir. Ich lasse ihn nicht zu Worte kommen, um nicht sein Stottern zu hören, schimpfe auf unsre Regierungen und Minister als ganz unfähig und rathlos, und ließ ihn in vergnügter Stimmung zurück! — Bei Bettinen von Arnim eingesprochen, ihr für ihr Buch zu danken; ich traf Hrn. Direktor Rapp dort, der dann mit mir durch den Thiergarten in die Stadt zurückkehrte.

Nach 8 Uhr Abends noch eine Stunde unter den Linden und bis zum Lustgarten gegangen; schöner Abendsonnenblick, viel Menschen in Bewegung; unter den Linden ein dichtumdrängter Tisch, wo Unterschriften gegen die Zweikammerform gesammelt wurden.

Immer mehr Truppen in Berlin! Wortbrüchigkeit, Hinterlist! Man läßt es geschehen, aber jederman fühlt das Unwürdige, und die Regierung hat nur Verachtung und Mißtrauen davon.

Der Kaiser von Rußland hat ein Glückwunsch- und Belobungsschreiben an den Fürsten von Windischgrätz gerichtet; Meyendorff hat seinen zwölfjährigen Sohn damit abgeschickt. Der Kaiser weiß so gut wie der Fürst, daß der Gräuel in Prag nur zufällig die Tschechen traf; ihm hat die Sache nur die Bedeutung, daß die Soldaten das Volk schlugen.

Die Zeitungen sprechen schon mit Entzücken davon, daß der Reichsverweser im Sommer dem Domstiftungsfest in Köln beiwohnen werde, der katholische Erzherzog läßt sie ganz den König vergessen, von dem gar nicht die Rede ist. Diese Domgeschichte, daß der Erzherzog dort dem Könige den Rang und Glanz wegschnappt, soll den König mehr schmerzen als alles Andre! —

Die Verhandlung über den Jacoby'schen Antrag ist noch nicht zum Schlusse gekommen, sie wird morgen fortgesetzt.

Mittwoch, den 12. Juli 1848.

In allen Zeitungen spricht sich die Verwirrung aus, die in den deutschen Angelegenheiten herrscht, besonders seit der Wahl des Reichsverwesers, der übrigens damit angefangen hat, sich recht ungeschickt zu benehmen. —

Der Jacoby'sche Antrag ist heute mit großer Stimmen-

mehrheit verworfen worden. Der Zweck ist gleichwohl
erreicht, die Sachen sind in ausführlicher Erörterung durch=
gesprochen, die Meinungen hell zu Tage gekommen. Jacoby
selbst hat kräftig gesprochen, sehr gut Waldeck. Die Minister haben geschwiegen und sind so wohl am Leben geblieben, aber in trauriger Gestalt und sichtbarer Ohnmacht.
Sie werden sich hinschleppen, und Andre nach ihnen wieder, — bis einmal (gewiß erst so spät als möglich, und
vielleicht zu spät) ein Ministerium vollständig aus der
linken Seite zu Stande kommt, worin auch der Minister
des Auswärtigen und der Kriegsminister ächt sind; daß
auch die andern Minister, wenn jene unächt sind, nicht
gut sein können, ergiebt sich schon daraus, daß sie in das
Zusammenstehen mit unächten einwilligen. —

Ich ging nicht aus. Der Abend verflog in Schreiben,
Lesen und Aufundabgehen nur allzuschnell! —

In Hervey gelesen, in Goethe einiges, im Homer. —

Alle Zeitungen sind voll von Willkür und Grausamkeit
des Militairs, besonders noch jetzt im Posen'schen, von
Uebergriffen und Ungebühr der Behörden. —

Die Minister wollen darauf bestehen, daß Volksversammlungen im Freien durch die Verfassung von der Erlaubniß der Behörde abhängig gemacht werden sollen.

Donnerstag, den 13. Juli 1848.

Ich schrieb einiges über die Zustände hier. Ging dann
aus. Unter den Linden ein Anschlag von Seiten des einst-
weiligen Befehlshabers der Bürgerwehr, Major Rimpler,
daß in den nächsten Tagen die Schloßgitter würden eingesetzt werden, und daß man es ruhig solle geschehen lassen.
Gegen das Recht scheint mir wenig zu sagen (obschon die

Rechtsleute darüber nicht einig sind), aber die Sache macht mir den übelsten Eindruck, und wenn ich der König wäre, ich litte sie durchaus nicht. Fast anderthalb Jahrhundert war das Schloß offen, ohne Gitter, jetzt werden diese seit dem 18. März das schmachvollste Denkmal der vom König erlittenen Niederlage, das Königthum hinter dem Gitter erinnert an Gefahr, Gefängniß, Sicherstellung, wie eines gemeinen Besitzthums gegen Diebe und Räuber, — „daß du mir nicht gestohlen wirst" heißt eine gäng und gäbe Redensart, — und wie gering ist diese armselige Sicherheit? Jeder ernste Sturm vernichtet sie im Augenblick!

Die große Neuigkeit, daß der Erzherzog Johann in Frankfurt angekommen ist und der Bundestag seine Macht ihm übergeben hat. Zum Präsidenten seines Ministeriums hat er Camphausen ernannt! Eine traurige Wahl!

Der König soll in Potsdam von der gräßlichsten Laune sein; die Ehren des Reichsverwesers sind ihm Höllenpein, die hätte er haben mögen, wie selig hätte er sich gefühlt, solche Triumphreise zu machen! Nur Geduld, es kann noch alles werden, wenn man nur etwas im rechten Sinne thäte! Der Erzherzog und sein Camphausen werden schnell genug verbraucht sein. —

In Johannes von Müller gelesen. Das hielt man sonst für politische Weisheit! Wie gering gegen die wahrhaft großen Geschichtschreiber Thukydides, Tacitus! Wie tief unter Gibbon, und in Betreff der Darstellung unter Voltaire und Hume.

Freitag, den 14. Juli 1848.

Es liegt eine Ermattung und Langeweile auf Berlin, wie kaum je vorher. Nur in der frischen That ist Muth und Freudigkeit, ohne sie ist gleich alles versunken. Man hört keine Rede, keine Aufforderung, die irgend einen Schwung hätte, die Leute singen nicht, lachen nicht, überall fehlt der rechte Eifer. Wer heute Berlin ansieht, dem wird der 18. März ein unbegreifliches Räthsel. —

Einen Aufsatz ausgearbeitet. Wofür? Was soll's? Ein Tropfen im Meere! Gleichviel; es ist einmal meine Aufgabe, ich muß das Meinige thun! Goethe schoß auch seinen wohlbefiederten Pfeil getrost in's Blaue:

„Der ganze Himmel stand ihm offen;
Er hat wohl irgendwo getroffen!"

Ausgegangen in das Wäldchen vor der Singakademie; keine Wache vor der Nationalversammlung; die Stadt ist ruhig. Man sieht überall Soldaten spaziren gehen, sie haben wenig Wachtdienst, mischen sich sehr mit dem Volke, erwecken aber doch bisweilen Argwohn. Auch kommen Streitigkeiten und Raufereien genug vor, besonders in der Nähe der Kasernen, wo denn gewöhnlich Offiziere die Soldaten aufhetzen oder ihrer Gewaltübung ruhig zusehen. —

Der Minister Rother giebt über sein Vermögen in der „Spenerschen Zeitung" Auskunft, wie gering es sei, woher es entstanden. Er hat nicht das Glück, die Ueberzeugung der Leute zu gewinnen; seine Versicherungen lassen die Leute ungläubig. Auch mich dünkt, er macht sich gar zu klein! —

Ich las einen Brief aus Posen, der eine traurige Schilderung des dortigen Zustandes macht, das Beamtenwesen in voller Blüthe, alles Alte herrschend wie früher, schändliche Gehässigkeit der Deutschen gegen die Polen, dabei neue Besorgnisse von Unruhen. Alles sehr niederbeugend! —

Aus Frankfurt am Main wird gemeldet, der Reichsverweser werde Radowitz zum deutschen Kriegsminister

ernennen! Der hat noch unter Napoleon gegen die deutsche
Sache gefochten. Wie diese Günstlinge Bunsen und Rado=
witz, gegen die schon in der alten Zeit soviel eingewendet
wurde, auch nach und trotz der Revolution sich geltend
machen! Sie haben starke Partheilumpen hinter sich,
fügen sich in alle Wendungen, haben keinen Mangel an
Redensarten, und statt der Gesinnung, List und Ränke.
Das trägt eine Weile.

Die ganze Geschichte mit dem Reichsverweser scheint
ungeachtet des Zeitungslärms doch wenig Vertrauen zu
finden. Oesterreichisch und katholisch, das ist schlimm! Auch
Camphausen und Radowitz sind katholisch, letzterer auch
östreichischer Herkunft. Bei dem Eifer und Zusammenhang
der Katholischen ist das nicht gleichgültig.

Sonnabend, den 15. Juli 1848.

* geräth mehr und mehr in die Potsdam'schen beschränk=
ten Ansichten, ganz unwillkürlich! Er sieht auch schon alles
Heil in der Unterdrückung der Republikaner, der Klubs,
der Presse, der Krawalle, der Maueranschläge und Straßen=
litteratur; ich sehe das Heil nur in thätigem Fortschreiten,
im freisinnigen Handeln! Für bloße Versprechungen, deren
Erfüllung gar nicht verbürgt ist, wollen sie vom Volke
gleich wieder Unterwerfung unter das was sie Ordnung
nennen, nämlich unter die alte! Er gesteht selbst, daß der
König sein Aufgehn Preußens in Deutschland nicht halten
will und kann, daß man die Verfassung, wie unsre National=
versammlung sie im Sinne hat, nicht zugeben wird, daß
der demokratische Geist gedämpft werden soll. Er billigt,
daß man die Anwälte Kirchmann und Temme durch einen
Verwaltungsstreich entfernt, daß man Preßprozesse einleitet,

Leute verhaftet ꝛc. Auch Held soll vor Gericht gezogen werden!

Der Bundesgesandte von Usedom wird hart getadelt, er habe sich altvornehm abgeschlossen gehalten und nichts gethan noch gewirkt. — Der General von Willisen wird wohl die eröffnete Division nicht erhalten, man verspricht ihm eine andre Stellung. Er hat eine kleine Schrift gegen Voigts-Rhetz drucken lassen, ein bischen zahm!

Der Streich gegen Temme und Kirchmann erwirbt den Ministern keine Achtung; sie meinten zu gewinnen und verlieren nur. Man sieht, mit was für treulosen Gesellen man zu thun hat!

Die Kirchen- und Kultussachen sollen künftig zum Justizministerium kommen. Das wäre gut! Wird's geschehen?

Die Katholischen in unsrer Nationalversammlung haben sich erboten, in allen Fragen mit der Regierung zu stimmen, falls diese der katholischen Kirche ihre Ausstattung mit Grundeigenthum zusichern will. Die Sache ist zuverlässig. Sind das Volksvertreter? Ist solcher Stimmenverlauf nicht geradezu Treubruch und Verrath? Und diese Leute haben Ansehn und Einfluß, bestimmen unsre nationalen Zustände hier und in Frankfurt! Der Erzherzog Johann ist auch schon mehr als billig auf diese Seite gelenkt!

Beim General von Canitz. In der augsburger „Allgemeinen Zeitung" steht ein Artikel von der Niederelbe, der unsre politischen Leiter hart angreift. Bülow, Canitz, Arnim-Suckow, Schleinitz, — ich hab' ihn nicht gelesen. Canitz hatte eine Art Wuth sich zu rechtfertigen bei mir; heute wollte er mir beweisen, wie recht Preußen und Oesterreich gegen die Schweiz verfahren; es gelang ihm ganz und gar nicht! Ueberhaupt ist er sehr erbittert, gegen Frankfurt, gegen Berlin, der Erzherzog ist ihm ein Gräuel, der Krieg gegen Dänemark, unsre Nationalversammlung, unsre Minister, der König und der ganze Hof! — Schlimme Ansichten: Volk ist Pöbel, die Großen und Vornehmen sind anders berechtigt (allein berechtigt?) als die Geringen, der Soldat ist mehr als der Bürger. Es ist den Altgesinnten nicht zu helfen!

Die Zwangsanleihe ist in die Nationalversammlung gebracht.

General Aschoff ist als Kommandant von Berlin durch General von Thümen ersetzt.

Sonntag, den 16. Juli 1848.

Der Prozeß wegen des Zeughaussturmes ist entschieden. Urban zu 1 Jahr, Löwinsohn zu 2 Jahren, Korn und Sigrist jeder zu 7 Jahren Festungshaft verurtheilt, nach den alten, nicht mehr zu Recht bestehenden Gesetzen. Eine offenbare Ungerechtigkeit, die auch als solche im Volke durchaus gefühlt wird. Die Reaktion jubelt; besonders ist ihr Sigrist verhaßt, der am 18. März wie ein Held auf den Barrikaden gefochten. — Wenn der König diese Männer begnadigte! Wie würde er dadurch sich heben! — Er wird sich hüten.

Der Polizeipräsident von Barbeleben macht bekannt, daß sein Erlaß wegen Volksversammlungen vom Minister des Innern bestätigt worden sei. Dummer Kerl, der also gesteht, daß er allein nicht dazu befugt gewesen, und es sich angemaßt! Aber auch das Ministerium ist nicht befugt, Gesetze zu geben und Geld- und Gefängnißstrafen zu bestimmen. Lauter Mißgriffe und Willkür.

Der Bundestag ist erloschen; am 12. Juli war seine letzte Sitzung; seine Macht ist auf den Reichsverweser übergegangen. Der Bundestag hat im Leben nicht viel taugen wollen, aber sein Tod erfolgt unter Umständen, daß man ihn doch bedauern muß. Arg, aber wahr!

Prof. Rosenkranz als Unterrichtsminister; gut, sehr gut! Gesinnung und Geist fehlen nicht.

Besuch von Dr. Pribil; er stand mit den Tschechen in Prag in Verbindung, war zu ihrem Parlamente berufen, aber wegen persönlicher Verhältnisse nicht hingegangen. Er ist ganz Tscheche und ganz Hussit. Die Swornost dauert in Böhmen fort und die Bewegung wird unfehlbar zu neuem Ausbruch kommen.

Die Reaktion verkündete schon immer, am 15. werde etwas vorfallen, sie wünschte es, sie suchte es herbeizuführen, sie hatte ihre Anstalten getroffen. Es ist aber ruhig geblieben, zu ihrem Aerger. Auch sie solle die Ereignisse nicht locken, sie kommen von selbst!

Da die französische Republik ihre Presse beschränkt, Volksversammlungen, selbst Klubs verbietet, oder Ausnahmgesetzen unterwirft, so wird man sich hier nicht halten lassen, sondern zehnfach berechtigt glauben, dasselbe zu thun. Man ist stolz darauf, den Franzosen hierin nachzuahmen, und wird sich das Beispiel zu Nutze machen.

Abends bei *, wo Eduard von Bülow; er sprach ungemein freisinnig, geht gutes Muthes auf alles Revolutionaire ein, macht sich keine Täuschung, versicht nichts Vorgefaßtes. Er sprach von Ludwig Tieck, der in Sanssouci viel beim König ist, von Heinrich von Kleist ꝛc., von seinem Aufenthalt am Rhein, in Würtemberg ꝛc.

Die Ernennung Rosenkranzens zum Unterrichtsminister wurde viel verhandelt. Als ich nach Hause kam, war er bei mir gewesen, seine Karte lautet noch „«Professor» Rosenkranz". —

In Johannes von Müller gelesen (es giebt doch viele Goldkörner von ihm, er hat viel selbst geforscht) und in Raynal.

Montag, den 17. Juli 1848.

Wie verblendet die Menschen sein können! Canitz wollte sich wegen des Verfahrens gegen die Schweiz rechtfertigen, und gab mir ganz einfach den Zweck, in der Schweiz die radikale Parthei zurückzudrängen, als hinreichenden Grund staatsrechlichen Einschreitens, ja er verirrte sich so weit, Baiern, Würtemberg und Baden, weil sie sich geweigert Oesterreichs und Preußens eigensüchtige Partheizwecke zu befördern, des Abfalls von der deutschen Sache, der Verläugnung deutscher Einheit zu beschuldigen! —

Streit im 24. Infanterieregiment wegen Bestrafung eines Gemeinen, der Major sehr ungeschickt und läppisch.

Den Oberst von R. aus * gesprochen. Er war kürzlich in Süddeutschland und am Rhein; alles Landvolk in Baden und Würtemberg, sagt er, ist für die Republik, der Reichsverweser sieht erbärmlich aus, man sieht ihm die Unfähigkeit gleich an; der gewesene Minister von Arnim-Suckow war in Frankfurt und gab sich alle Mühe Reichsminister zu werden, bis jetzt ohne Erfolg. — R. sprach mit Verachtung vom Könige und sagte, so lange der dicke Mann auf dem Throne bleibe, könne es mit Preußen nichts werden! —

Besuch von Bettina von Arnim. Sie liest mir einen Brief von Mieroslawski und andere Sachen die Polen betreffend vor, schwere Anschuldigungen gegen Colomb, gegen die Minister, den Hof. Man sagt ohne Hehl, daß die preußische Regierung die nichtswürdigste, treuloseste, wortbrüchigste unter der Sonne sei, man beruft sich auf die Note Willdenbruch's, in der die deutsche Sache eben so verrathen wird, als es durch das Benehmen in Posen die polnische ist; man sagt, wir seien die lumpigsten Prahler, die schamlosesten Betrüger, die eigensüchtigsten Verräther, die jemals Deutschland in seinem Schoße gehegt, — kurz die grausamste Erbitterung! — Bettina sagt mir, daß Bakunin hier sei und gestern bei ihr mit Arago eine lange Unterhaltung gehabt habe. —

Proklamation des Reichsverwesers an die Deutschen; schwach für die Freiheit, scharf für die sogenannte Ordnung. Dumm. — Zu Ministern hat er ernannt: Schmerling für das Innere und Aeußere, Peuker für den Krieg!!! Heckscher für die Justiz, die übrigen Stellen sind noch zu besetzen. — Mich freut nur dabei, daß ein getaufter Jude Reichsminister hat werden können. — Es kommt an den Tag, daß deutsche Regierungen für die Besetzung der Reichsministerien dem Erzherzog nachdrücklich ihre Vorschläge gemacht haben; daß wir grade den närrisch eitlen Peuker sollten empfohlen haben, will ich doch nicht glauben! Doch — wer weiß? —

Drei Lieutenants des 25. Infanterie-Regiments in Deutz erklären, daß sie aus politischen Beweggründen den Abschied nehmen, da Vorgesetzte und Kammeraden ihre Freiheit beeinträchtigen wollen.

— · · · —

Dienstag, den 18. Juli 1848.

Heute wurde vom frühen Morgen bis zum späten Abend an der Einsetzung der Eisengitter gearbeitet, durch welche die Schloßportale gesperrt werden können. Unter großem Zulaufe von Volk, aber friedlich, die Bürgerwehr stand bereit die Arbeit zu schützen, brauchte aber nicht einzuschreiten. Man sieht die Gitter als ein Denkmal des 18.

März an, das Schloß ist dadurch zum Käfig geworden; die Sache macht den schlechtesten Eindruck, man bemitleidet den König, man lacht über den Schöppenstedter Streich, die Gitter nach der Gefahr zu machen, man fragt auch, ob die Tuilerieen keine Gitter gehabt? Aber die Hof- und Militairparthei glaubt den größten Sieg erfochten zu haben; nur sei schade, daß hinter der Gitterwehr nur Bürgerwehr steht! Jetzt heißt es, die Bürgerwehr müsse fort, die Soldaten müssen das Schloß besetzen.

Mit unsern Soldaten wird es immer schlimmer, ein Theil ist widerspenstig im liberalen Sinn und will politische Rechte ausüben, ein Theil wird durch die Offiziere aufgewiegelt gegen Volk und Freiheit und begeht allerlei Ausschweifungen, aber auch dieser Theil wird gegen die Offiziere auffässig. Eine große Verwilderung, die von oben befördert wird und den Beförderern den größten Schaden bringen wird!

Der Reichsverweser hat in Frankfurt gesagt, wenn er wiederkomme, bringe er das Beste mit, was der Mann habe, Weib und Kind! Der hält noch bei Iffland und Kotzebue, wie ich sehe. „Schwert" hätte er eher sagen dürfen. Seine Proklamation mißfällt allgemein, der erste beste Polizeimeister hätte sie machen können. Und seine schofeln Minister! Nun, das wird auch nicht lange dauern, und arbeitet alles der Republik in die Hände.

Mittwoch, den 19. Juli 1848.

Maueranschlag von Beta, die Versprechungen des Königs und ihre Erfüllung betreffend. —

Mit Grenier die Stellung Frankreichs und Deutschlands besprochen, wiefo eine verrätherische Parthei in Frankfurt

— von Radowitz, Lichnowsky und andern Nachtvögeln gepuzzt — uns immer die Franzosen als Feinde vorspiegeln möchte, gegen sie das Nationalgefühl lenken, gegen sie unsre Kräfte aufbieten möchte, weil wir in diesem Kampfe zugleich für die Regierungen und gegen die Freiheit fechten würden, was diesen Aristokraten eben ganz Recht wäre. Und sie finden leider Gimpel, die ihnen glauben! Doch würde der Erfolg des Kampfes ein andrer sein, als sie glauben; Süd= und West= deutschland würden lieber die Deutschheit als die Freiheit aufgeben und sich nöthigenfalls an Frankreich schließen. Aber es giebt auch Hundsfötter, die solcher Zerreißung des Vaterlandes nicht achten, falls dabei für sie nur ein Winkel von Land und Staat übrig bliebe, wo sie ungestraft ihren Absolutismus und Hierarchismus ausüben und ihre Jesuiten für die Zukunft pflegen können!

Das Schloß wird seit den Gittern häufig der Käfig genannt. „Ach was, das ist ja gar nichts gegen das Volk, was können da die paar Eisenstangen helfen? Das ist bloß zu dem Zweck, daß die Schlosser was zu verdienen bekommen." Das Volk scheint überaus gleichgültig bei der Sache und nur darüber zu scherzen. —

Ich habe Lord Hervey's „Memoiren" ausgelesen. Das Buch wirkt gegen das Königthum, durch genaue Schilde= rung eines nichtswürdigen Hofes und einer verderbten Regierung. Ich schrieb an Charlotte Wynn, Lord Hervey komme mir vor wie der Theilnehmer an einer Spitzbuben= gesellschaft, der dadurch, daß er alle ihre Schändlichkeiten anzeigt, sich gleichsam der Mitschuld etwas entledigt, hier im höheren Sinne King's evidence.

Donnerstag, den 20. Juli 1848.

Billet und Druckschrift von Hrn. von Schön, als Text zu unsrem nächsten Gespräch: „Staat oder Nationalität?" Eines und das Andere mit, doch ist der Staat je freier desto höher.

Zu Hause Besuch von Dr. Häring. Er erzählte von Neapel, wo er die Mordgeschichten mit erlebt. In Betreff der deutschen Sache zeigte er gute Ansichten, wagt aber doch mit seinem Schiffchen sich nicht auf's hohe Meer der Freiheit, sondern macht nur Küstenfahrten, — er glaubt mehr Sicherheit da, wo mehr Gefahr ist. Ich vertheidigte zuletzt heftig gegen ihn den demokratischen Klub wider die Anmaßungen des Magistrats, der die Bürgerwehr einfangen wollte. —

Ich war sehr versucht, heute an den König zu schreiben und ihm einen Vorschlag zu machen — Amnestie für die Zeughausgeschichte, den Offizieren und Bürgerlichen —, ich hatte schon im Kopf alles in die gehörigen Worte gebracht, kurz, eine halbe Seite, — da kam die Ueberlegung, daß es kindisch und lächerlich ist, auf diese Weise wirken zu wollen, ohne Beruf, ohne Bekanntschaft, ich stand von allem ab, gehe alles seinen verhängnißvollen Gang! Man soll da wirken, wo man Macht hat, thue man das redlich, wie klein auch der Kreis sein möge! Und ist nicht Bettina von Arnim abschreckendes Beispiel? —

Das Versammlungsrecht in Stuttgart und Heidelberg verletzt. Die Studenten sind deshalb von Heidelberg ausgezogen. Ueberall sucht man die Freiheit zu beschränken, zu verkümmern, mit aller Polizeimacht einzuschreiten, sogar mit Hohn und Spott. Man wird es auf's Aeußerste treiben und dann wird das Aeußerste kommen! —

Es heißt, Kirchmann und Temme hätten ihre Beförderung doch abgelehnt. (Kirchmann hat sie angenommen.) Mit Rosenkranz ist man noch nicht in Ordnung gekommen! Die deutsche Sache soll er klar machen! —

Spät kam General von Pfuel, der seit dem frühen Morgen von Stettin hier eingetroffen. Er hat auch die Rückreise von St. Petersburg zu Wasser vorgezogen. In St. Petersburg und selbst in Peterhof wüthet die Cholera, der Kaiser selbst ist leidend, hat Druck in der Leber- und Magengegend.

Freitag, den 21. Juli 1848.

Ganz früh schon besuchte mich *, er kam aus Potsdam, erfüllt von der Unruhe, die man dort wegen Frankfurt empfindet; ein Ausschuß der Nationalversammlung — Hr. von Rönne ist mitunterschrieben — hat in befehlendem Ton an eine hiesige Behörde geschrieben und Mittheilungen verlangt! In Potsdam ist alles darauf gerichtet, nur die Truppen recht geschlossen und bereit zu halten, den militairischen Geist will man bewahren, schonen, erwecken; man hetzt die Soldaten auf gegen diejenigen, die ihnen von Rechten und Freiheit reden; wie lange kann das vorhalten? * sagt, der König dürfe keine Amnestie wegen der Zeughaussache aussprechen, wenigstens nicht für die Offiziere, das würde die Armee furchtbar übel nehmen, diese bestehe auf strengster Bestrafung aller Vergehen, die gegen ihren Stolz begangen werden. Die Amnestie, so natürlich sie aus der nach den Märztagen ertheilten auch folgt, würde jetzt als ein Werk der größten Schwäche angesehen werden. Was ist da zu machen? Wenn die Leute hartnäckig im Irrthum wandeln, nicht sehen, nicht hören!

Nachmittag Besuch von Gräfin *. Erguß aller angesammelten Empfindungen und Meinungen der eingefleischten Adels-, Militair- und Hofwelt. Aller Haß, aller Aerger, alle Bitterkeit gegen Personen, aller Hohn über die Zustände, alle Wünsche der Aristokratie kommen ungeschminkt zum Vorschein. Und wie sind diese Leute von gewissen Dingen unterrichtet! Alles was sie näher angeht, wissen sie genau, die Hofwelt liegt klar vor ihnen, in ihrem einsamen * erfahren sie alles.

Der gedemüthigte Preußenstolz lehnt sich heftig gegen den Reichsverweser auf. Man will bei Berlin eine starke Truppenmacht lagern lassen, um auf jeden Fall gerüstet zu sein. Gegen die Reichsverweserin höhnische Ausfälle, desgleichen gegen die Ministerin **, die in die frühere *'sche Ministerwohnung einzieht und dort manches besser einrichten läßt, das kann die Aristokratie nicht verwinden. * und **, solcher Unterschied! Der vorige Minister von Arnim-Strick ist ein Schuft und müßte am Galgen hängen, so lautet der Spruch. Der Minister Hansemann ist ein Fuchs, ein Ränkemacher; jetzt geht er darauf aus, den Kriegsminister zu stürzen, der aber nicht weichen will. Neulich wohnte der Prinz von Preußen, vom König berufen, einem Ministerrath über das deutsche Verhältniß bei, während der dreistündigen Sitzung that aber der Prinz den Mund nicht auf. — Dem Prinzen war bei seiner Rückkehr aus England bekannt geworden, daß seine Gemahlin allerlei zu seinem Nachtheil angesponnen, daß sie seine Ausschließung von der Thronfolge nicht ungern gesehen haben würde, falls sie als Regentin für ihren Sohn hätte regieren können; er machte ihr deßhalb heftige Vorwürfe, sie suchte sich herauszureden, mit doch nicht genügendem Erfolg. Auch den Prinzen Karl hatte sie für diese

Umtriebe gewonnen, der eine Zeitlang darauf einging, jedoch als er sie durchschaute, sich sogleich zurückzog.

Major von *, der Leisetreter fängt an zu trappsen!

Der Waffenstillstand mit den Dänen noch nicht geschlossen! — Leiden Stettins, Danzigs, Königsbergs, Memels. Trauriger Zustand!

Ein Oberst Kaiser, der sich als Befehlshaber der Schutzmänner bezeichnet, hat sich unterstanden, dem Drucker des „Krakehler" zu befehlen, ihm jeden Morgen sein Blatt um 7 Uhr abgeben zu lassen! Mit schnödem Spott abgewiesen.

Sonnabend, den 22. Juli 1848.

In Potsdam wird fortwährend an das Abdanken des Königs gedacht; der Prinz und die Prinzessin von Preußen arbeiten im Stillen darauf hin, sind die Mitte aller altpreußischen Gesinnungen. Der Präsident von * meint, ein Regierungswechsel jetzt würde die Monarchie in die größte Gefahr bringen. —

Der König und die Minister sind in großer Noth wegen der deutschen Sache. Man denkt schon daran, sich von ihr loszusagen, sich ihr entgegenzustellen, mit Hannover, Sachsen, Hessen ꝛc. einen norddeutschen Bund zu schließen. Nach den früheren Erklärungen? nach der Betheurung, bei ihnen ohne selbstsüchtige Absicht gewesen zu sein? nach den entdeckten Treulosigkeiten in Betreff der Truppensendung nach Holstein, der nach Dresden und Meiningen gegebenen Rathschläge? Welche Anklagen würden uns erdrücken, in welcher sittlichen Verworfenheit würde unser Benehmen erscheinen! Was würden die übrigen Deutschen thun? was die Rheinlande, Westphalen, Schlesien? Wie würde die

Freiheitsstimmung in den übrigen Provinzen sich verhalten? Schwere Aufgabe, von unsern elenden Ministern nicht zu lösen! Jeder Mißgriff ist hier nothwendig von furchtbaren Folgen. Bisweilen scheint es, als solle Preußen an seinen eignen Fehlern untergehen! Was dann in Deutschland? —

Ausgegangen. Die Schloßgitter besehen; nicht der Rede werth! — Hrn. von Schön gesprochen. Rosenkranz wird nicht Minister, sondern bekommt eine Nebenstellung. Flickwerk, das lieben sie! —

Der General von Wrangel wird hiesigerseits vielfach angeschuldigt wegen seiner Erklärung, daß er seine Vorschriften aus Frankfurt zu empfangen habe; man hat ihm aber ja diese Stellung von hieraus gegeben! —

Die Frau des Reichsverwesers, Baronin von Brandhoff, erregt ihm in der Hof- und Aristokratenwelt die allerbitterste Feindschaft! Nichts empört die vornehmen Weiber in dem Maße, wie der Gedanke, solcher Posthalterstochter den Oberrang zuzugestehen. Daß der Erzherzog sie nach Frankfurt mitbringen will, thut ihm in jenem Kreise mehr Schaden, als wenn er der Nationalsache einen Verlust bereitet hätte. —

In Frankfurt hat der preußischen Sache, außer unsrer hiesigen unverzeihlichen Unthätigkeit, nichts so sehr geschadet als die Thätigkeit der Lichnowsky, Rabowitz ꝛc. — Jetzt müßte die Regierung nothwendig einige Handlungen ausgehen lassen, um die Meinung wieder etwas zu gewinnen, in der Hauptsache aber vorsichtig still sein, die Entwicklung der Dinge erwarten, und die nicht ausbleibende Gelegenheit ergreifen, um an die Spitze zu treten.

Sonntag, den 23. Juli 1848.

Hr. Pribil kam und brachte mir über sechzig Handschriftblätter, unter denen einige sehr schätzbare. Besuch des Hrn. Ministers von Schön. Das Gespräch war etwas peinlich, er bestritt dem guten Pribil und mir das nationale Recht der Polen, Tschechen und andern Slawen, aus sehr dürftigen Gründen, von wissenschaftlicher Bildung, Intelligenz und Kultur, wie er sich ausdrückte, hergenommen, er will slawische Kant, Buffon, Montesquieu oder Newton sehen; er meint, wir Deutschen hätten alle Intelligenz allein gefressen, eigentlich nur die Preußen, und deßwegen werde die Vorsehung uns auch nicht zu Grunde gehen lassen! Mir wird von solchen Redensarten ganz übel! Wir haben viel, unstreitig, aber im Rühmen scheint es mir hinzuschwinden. — Als ich mit Schön allein geblieben, kamen unsre Zustände an die Reihe, Schön beurtheilt sie viel zu einseitig, nur als preußische, das Allgemeine lehnt er ab. Wir streiten viel, seine Gründe konnten mir nicht einleuchten. — Er ließ mich in tiefer Verstimmung und Trauer, ich trug den ganzen Tag die Last der schwersten Zweifel. —

Rosenkranz wollte nicht Minister sein, besonders da er hörte, daß die katholische Geistlichkeit heftig gegen ihn kabalirte. Er wird Rath erster Klasse.

Der General von Peuker war auf preußische Empfehlung Reichskriegsminister geworden, ihm dabei hiesigerseits angedeutet, welche Schranken er zu beachten habe. Nichtsdestoweniger ist seine erste Verfügung, daß am 6. August alle deutschen Truppen ausrücken und dem Reichsverweser huldigen sollen ꝛc. Dies wird hier keineswegs geschehen, die Regierung sieht es als Unsinn an, das Volk und die Truppen fast eben so. Der altpreußische Sinn erwacht mit großer Stärke. Man erzählt, der Erzherzog Johann habe gesagt: „Nun wollen wir mit Italien bald fertig werden!" also, er denkt die deutschen Truppen zur Unterdrückung der Italiäner anzuwenden! Im Grunde sind die Oesterreicher als Deutsche jetzt schon widersinnig im Kampfe gegen die Volksfreiheit, aber gar noch andre Deutsche hinzuschicken wäre Tollheit!

Preußen kann allerdings seine Selbstständigkeit nicht aufgeben, besonders nicht einem noch zweifelhaften, ungestalteten deutschen Volksstaate; allein es kann auch ohne den Zusammenhang mit dem übrigen Deutschlande kaum bestehen. Und die Erklärungen des Königs, die Einverleibung Ostpreußens in den deutschen Bund, der schleswigsche Krieg, die Anerkennung des Reichsverwesers, — will man das alles zurücknehmen, ungeschehen machen? Wie erscheint der König dabei? Als ein gedankenloser Phantast, als ein heimtückischer, in seinen Versuchen gescheiterter Verräther! Und vergißt man die Volks= und Freiheitssache ganz und gar? Der Preußengeist, den man erweckt, sieht und fördert, ist kaum mit der Konstitution verträglich, er richtet sich schon jetzt gegen den König, der abdanken soll; ein solches Ereigniß gäbe heillose Verwirrung, das Königthum selbst litte schon durch den Wechsel... Was geschähe mit Rheinland, Westphalen, Schlesien, Sachsen? Würde der deutsche Volksgeist nicht auch in den alten Provinzen rege werden, die Freiheit obenan stehen? Und mittlerweile siegte vielleicht im Süden schon die Republik! Welche Aussichten, welche Gefahren!

Unsre Staatslenker haben den Kopf verloren. Aus falscher Unthätigkeit rennen sie in falsche Entscheidung. Hier gilt es Abwarten, Zusehen, — verständiges Einwirken! Unsre Ultras in Frankfurt haben uns unendlich geschadet, doch hat man nur sie begünstigt. Noch wäre es Zeit, andre Wege einzuschlagen, allein Herr von Auerswald und seine Genossen sind nicht die Leute dazu.

———

Montag, den 24. Juli 1848.

Gegen Abend kam der Russe Bakunin, kräftig und muthvoll wie nur je, stolz und freudig, voll süßer Hoffnung! Der riesige Körper leistet ihm jeden Dienst. Er erzählte mir seine Ereignisse, von Paris, Prag, Breslau; hier hält er sich für ziemlich sicher, und etwas wagen, meinte er, müsse er schon, denn er habe Thätigkeiten auszuüben. Seine Verbindungen scheinen ausgedehnt, er rühmt sich vieler Freunde in Rußland, besonders solcher, die es ihm erst geworden, seit er verfolgt werde. Erklärungen und Aufrufe in russischer Sprache zu zehntausend Abdrücken; Freiheit aller Slawen, der Polen, Tschechen, Illyrier ꝛc. Geistliche thätig. Er lebt hier unter dem Namen Jules, die Minister Kühlwetter und Milde wissen von ihm, Graf von Reichenbach ist sein Freund. — Er arbeitet an einer Schrift und hält sich ganz eingezogen. — Von mir ging er zu Arago, den er von Paris her sehr gut kennt.

Die „Zeitungshalle" bringt den Verfassungsentwurf der Kommission der Nationalversammlung. Ob der durchgehen wird?

Man regt immer mehr Preßprozesse an; zwei Schriftsteller, Hopf und Beta, sind eben verhaftet worden.

Schutzmannschaft, Konstabler, schon häufig in den Straßen zu sehen. Es sollen 2000 Mann sein, mit Unteroffizieren und Offizieren. Sie haben nichts zu thun, jetzt. Dazu hat die Stadt Geld, 2000 Mann jahrein jahraus wohlzunähren; für die brotlosen Arbeiter auf kurze Zeit zu sorgen, hat man keine Mittel! Freilich, jene sind für die Sicherheit der Reichen, für die Zwecke der Machthaber da! —

Man hat bemerkt, daß Berlin lebhafter ist als sonst um diese Zeit; auch sind die Spaziergänge, die Kaffee- und Wirthshäuser ungemein besucht. Wohlgekleidete Damen sieht man sehr viele auf den Straßen. Doch stehen eine große Menge von Wohnungen leer. —

Heute hat Hr. Arago in Charlottenburg dem Könige in einer Privataudienz seine Beglaubigungsschreiben übergeben. Endlich, nach langem Hinhalten. — Hr. von Schleinitz als Gesandter nach Paris ernannt. —

Die Worte des Königs: "Preußen geht in Deutschland auf", die des Erzherzogs Johann: "Mich einfachen Mann", sind nicht genau im Französischen wiederzugeben, so wenig wie Börne's Wort: "Die Bourbons sind Stiefkönige der Franzosen." —

Im Cicero gelesen.

Dienstag, den 25. Juli 1848.

Besuch vom Grafen von Kleist-Loß; er kommt aus Stettin, wo er einer Versammlung von Grundbesitzern beigewohnt hat, auf deren Verderben es von Hansemann und den Demokraten abgesehen sei; die neuen Steuern, die drohenden Verluste, machen auch ihm doch endlich etwas bange; sein Haß gegen den Hof äußert sich nur um so heftiger.

Ich bin erstaunt über die Menge der Zeitungen, die in schlechtem Geiste geschrieben werden, von stehengebliebenen, irregewordenen, scheugemachten Litteraten, die sich auf's höchste noch an eine schlechte Teutschheit anklammern, den Ministern und Regierungen huldigen und ihren Muth gegen die Polen und Tschechen spielen lassen. Diese Ungerechtigkeit, diese Hoffahrt, welche selbst den Italiänern grollt, wird sich einst noch hart bestrafen! — Die konstitutionellen Vereine wirken auch in schlechtem Sinne, doch sehen sich eine Menge Leute genöthigt, in ihnen sich eifrig für Verfassung zu erklären, da sie doch lieber Reaktion wollen! Diese hat indeß ihre offne Vertretung, in Magdeburg hat sie unter dem Vorsitze des berüchtigten Präsidenten von Gerlach eine große Versammlung gehalten, durch die zwar nichts bewirkt worden, die aber ein sprechendes Zeichen bleibt, wie wenig die Revolution gilt; dergleichen müßte gar nicht gewagt werden! Es fehlt der Schrecken, die Gefahr!

Die hiesige Reaktion sucht ihren hiesigen Windischgrätz oder Cavaignac, denn auch der Republikaner, der das Volk zusammenschießt, ist ihr ein Held. Der General von Prittwitz soll angedeutet haben, er sei zu allem bereit, aber — nicht so lange ein König da sei, auf den man sich nicht verlassen könne.

Ruge und Vogt haben in Frankfurt gut gesprochen. Auch der Reichsminister von Schmerling nicht übel; Anerkennung, daß die Freiheit vor sechzig Jahren aus Frankreich gekommen, und auch jetzt wieder.

Hier ist Camphausen angekommen, der als Gesandter des Königs beim Reichsverweser thätig sein soll, dann Bederath, der bei der Frankfurter Nationalversammlung sich für Preußen bemüht. — Die Stettiner Besatzung erklärt, dem Reichsverweser nicht huldigen zu wollen. (Ich denke, das Militair soll nicht berathschlagen? Aber Hof und Aristokratie sehen dergleichen Beschlüsse gern.)

In Goethe's Italien gelesen, im Cicero.

—

Mittwoch, den 26. Juli 1848.

Ausgegangen. Beim Grafen von Kleist angefragt, Besuch bei Bakunin, der in voller Arbeit bei einem Aufsatz über die Wallachei ist. — Dann im Thiergarten bei Bettinen von Arnim. Lange Unterredung mit ihr. Sie klagt die Regierung hart an, die Minister, besonders Hansemann, bedauert den König, der das Opfer aller dieser Unfähigkeiten, leider auch seiner eignen wird. Sie nimmt sich mit ungeschwächtem Eifer der Polen an.

Der letzte Gesandte beim Bundestage, Herr von Usedom, ist jetzt hier und versichert, während drei Wochen — in dieser Zeit! — zu Frankfurt ohne Instruktion geblieben zu sein! Wir haben gar keine politische Richtung, verfolgen mit Bestimmtheit gar keinen Zweck, leben vom Tag auf den Tag und wundern uns, daß nicht jeder uns alle möglichen Vortheile bringt! Wir sind in wahres Jammerwesen versunken, es liegt wie ein Fluch auf uns.

Angriffe gegen den Finanzminister Hansemann, der Adel ist wüthend, besonders wegen der Grundsteuer, die er von bisher steuerfreien Gütern nun auch zahlen soll. Die Versammlung in Stettin führt eine drohende Sprache. Ebenso spricht man in Danzig, Königsberg ꝛc. wegen des dänischen Krieges, unter dem man leidet, von Steuerverweigerung. Die Besatzung von Stettin aber protestirt gegen das deutsche Verhältniß, gegen den 6. August, und in Potsdam freut man sich dessen, uneingedenk des Grundsatzes, daß das Militair nicht zu berathen habe! Der Hof bedenkt nicht, daß die Stimme der Truppen nun auch in entgegengesetzter Richtung sich erklären kann.

Der Waffenstillstand mit den Dänen scheint nicht zu Stande zu kommen. Man ist hier in der größten Verwirrung und weiß nicht, was man thun soll; eine Meinung machte sich schon geltend, der König solle die Preußen aus Schleswig zurückrufen! Das fehlte! —

Ich kam nach 10 Uhr nach Hause, ging aber nochmals aus, um einen in der Nachbarschaft blühenden Cactus grandiflorus zu sehen. In der Abendkühle macht' ich noch einen Gang unter den Linden. Hier standen wieder, was seit drei Wochen nicht gewesen war, dichte Gruppen, ich fragte, was geschehen sei? Die Konstabler hatten einem gewesenen Freischärler seinen Paß abgefordert und zugleich ein paar unschuldige Bürger verhaftet. Ein junger Mensch aus der untersten Volksklasse sagte mit Nachdruck: „Wir sollen hier keine Ruhe haben, viele Wochen hindurch ist alles ruhig, da bringt man uns ganz unnöthig die Konstabler, gleich ist alles wieder voll Zank und Tumult, die machen die Unruhe!" Auch wurde gesagt, dazu habe der Magistrat Geld, für die Arbeiter und Armen nicht, und auch zu Konstablern habe man keine Armen genommen, sondern die reichliche Versorgung solchen Leuten gegeben, die schon gut genug stünden. Die Aufregung ist sehr groß.

Willisen's offner Brief an Voghts-Rhees macht guten Eindruck durch seinen milden Ernst. Vortrefflich!

Donnerstag, den 27. Juli 1848.

Die Zeitungen wimmeln von heftigen Preußenstimmen. Ein Gardelieutenant von Stülpnagel fordert seine Kameraden auf, den Konstitutionseid nicht zu leisten, die Soldaten würden ihrem Beispiel folgen, und wenn das Militair nicht wolle, so könne niemand es zwingen! Aehnliche Stimmen von Berlin und andern Orten. Militairaufruhr also! Und den in diesem Sinne werden Hof und Minister und Generale nicht bestrafen! —

Hr. Temme hat nun auch seine Beförderung angenommen. —

Besuch von Hrn. Dr. Stahr aus Stettin. Darlegung unsrer verwickelten politischen Lage, unsrer Fehler und Versäumnisse, unsrer Gefahren. —

Besuch von Hrn. Direktor Kapp. Höchst anziehende Mittheilungen über das Unterrichtswesen, die Volksschulen, die Stellung der Geistlichen dabei ꝛc. Merkwürdige Angaben zur Geschichte der katholischen Sachen in Münster und am Rhein, das Wirken von Hermes, die Anklägerei von Windischmann und Walter gegen ihn ꝛc.

Der Waffenstillstand mit den Dänen nicht geschlossen, neue Feindseligkeiten! — Danzig droht, auf eigne Hand Frieden zu machen, die Steuern zu verweigern ꝛc. Ueber Wrangel schimpfen die preußischen Offiziere voll Wuth, noch mehr über Peuker; es ist nichts als der adlich-militairische Dünkel, der sich in unsrem Militair unvertilgbar zeigt! — Unsre Generale bekommen jetzt mehr und mehr Beinamen; der für Wrangel sollte „Drauf" sein, will aber nicht mehr recht haften. —

Der vom Ministerium vorgelegte Bürgerwehrentwurf hat sich als eine bloße Uebersetzung des französischen Nationalgardengesetzes vom Jahre 1831 entdeckt! —

Hansemann's Absicht, die bisher steuerfreien Güter der Edelleute mit Grundsteuer zu belegen, wird als die eigentliche Revolution angesehen, gegen welche alles bisherige nur ein Spaß war! Alle Gutsbesitzer sind verloren, wenn das durchgeht, wird versichert, und der Ruin des Grundbesitzes ist einem Nationalbankrotte gleich. Hansemann wird geschmäht wie der letzte aller Lumpenhunde, er sei ein bankrotter Krämer, ein Intrigant, ein Kerl, den man wegjagen sollte, todtschlagen allenfalls ꝛc. — „Und diese schuftige Nationalversammlung, Sie werden es sehen, läßt das mörderische Gesetz gewiß durchgehen, dieser Pöbelausschuß wird sich freuen, die höheren Klassen in den Staub zu treten."

Im Cicero gelesen. Ich stieß auf die Stelle: „Scito, nihil unquam fuisse tam infame, tum peraeque omnibus generibus, ordinibus, aetatibus offensum, quam hunc statum qui nunc est."

Elende plumpe Ironie des Grafen von Gneisenau gegen die Revolution und die Berliner in Betreff des Degens seines Vaters, der beim Zeughaussturm geraubt worden sein soll, und der ihm für hohes Geld zurückgeliefert werden möge! „Die aristokratische Nullität", wie Pückler einmal den Grafen in einem Aufsatze bezeichnete, hat sich recht offenbar gezeigt.

Freitag, den 28. Juli 1848.

In Frankfurt ist die Posen'sche Sache vorgekommen; Radowitz und ein gewisser Jordan haben schändlich gesprochen, Ruge und Vogt gut und tapfer, Janiczewski sehr gut und durchdringend, er fordert Gerechtigkeit, und jeder ehrenwerthe Deutsche fordert sie mit ihm. Das sind unwürdige Auswürflinge des Vaterlands, die ihm durch Unrecht und Gewalt dienen wollen. Arndt selbst, in diesem Betreff, ist ja nicht besser, als die Schergen Napoleon's waren! — Auch Schuselka sprach gut. —

Besuch bei Dr. Oppenheim, den die praktische Beschäfligung mit den politischen Dingen sehr ausgebildet hat, er spricht scharfsinnig und klar über die Aufgaben des Tages. —

Abends Volksgruppen unter den Linden; große Empörung gegen die Konstabler, deren Benehmen sehr roh und gewaltsam ist; der große Müßiggang reizt sie zum Heißhunger nach Thätigkeit, und so machen sie die kleinsten Dinge zu großen Sachen, die unschuldigsten zu strafbaren. Eine Menge abscheulicher Geschichten werden erzählt, in der „Zeitungshalle" werden mehrere mitgetheilt, und dann das ganze Konstablerwesen verworfen, als eine scheußliche, unsittliche Einrichtung, eine wahre Knechtung des Straßenverkehrs, eine Mißgeburt der Unweisheit des Magistrats. Wirklich thun einem diese zahlreichen Bummler in den Augen weh. Berlin darf diese Unwürdigkeit nicht dulden. Alles war ohne diese Kerls ganz ruhig und sicher. Und sie kosten jährlich fast eine Million Thaler! Der Wahnsinn nur kann in solche Ausgabe willigen zu dem Zweck, die Stadt unsicher zu machen und zu entehren. Der Magistrat verdient eine derbe Züchtigung! — Der Magistrat hat Abgeordnete nach Potsdam geschickt, die Königliche Familie zur Rückkehr hieher einzuladen, man wollte ihr wahrscheinlich durch den Anblick dieser Knechtungsknechte die Ueberzeugung geben, daß es nun ganz schön in Berlin sei! —

Erklärung des Ministers von Auerswald in der Nationalversammlung, daß die „häusliche" Angelegenheit mit dem Reichsverweser nicht so erheblich sei und sich bald schlichten werde. Man wird mit beliebter Halbheit verfahren. —

Der General von Below ist wieder nach Wien gesandt worden an den Erzherzog Johann.

Mieroslawski ist endlich frei; er wird nach der französischen Gränze gebracht. Es hat sich keinerlei Verbrechen ermitteln lassen, das seine längere Haft rechtfertigte.

29. Juli 1848.

Die Constabler.

Berlin hat unvermuthet eine neue Physionomie bekommen, ein ganz neues Fratzengesicht, ein vorher ungekanntes, noch nie dagewesenes! Früher eine Stadt, wo das Militair eine Haupterscheinung war, die Federbusch-offiziere, die Gardelieutenants, die großen schönen Soldaten, die Gendarmen, dann nach der Revolution eine Stadt des Bürgerthums, der Bürgerwehr, der Gewerbeleute und Arbeiter, ist Berlin seit kurzem eine Stadt der Konstabler geworden, denn Konstabler sind jetzt die Haupterscheinung, die ganze Stadt ist eine Konstabler-Stadt: wohin man blickt, sieht man Konstabler, sie schlendern in allen Straßen mit übereinandergeschlagenen Armen, sie stehen an allen Ecken, zu zweien, zu dreien und mehreren, es wimmelt von ihnen unter den Linden, überall stößt man auf Konstabler, welche pflichtmäßig das bisher von brodlosen Arbeitern aus Noth getriebene Bummeln üben, sie stellen in dieser Zeit der Thätigkeit den Müssiggang in seiner schönsten Entfaltung dar. Aber der Müssiggang ist langweilig, man sehnt sich in ihm bald nach Beschäftigung, und wo nothwendige fehlt, schafft man sich bald unnütze. Zudem haben diese Menschen, wenn schon zum Theil aus zweideutigen oder schlimmen Klassen — begnadigten Sträflingen, degradirten Soldaten, früheren Polizeisöldlingen und heimlichen Angebern, sagt man, freilich aber auch wieder aus verarmten Handwerkern, hülfsbedürftigen Bürgern, dienstlosen Handelsdienern und andern ehrbaren Leuten —, im Allgemeinen ein lebhaftes Ehrgefühl, und wollen auch etwas thun für die reiche Bezahlung. Daher spähen sie in ihrem Schlendern und Herumstehen mit gierigen Blicken nach irgend einer Ungebühr, bei der sie einschreiten können, und da sich dergleichen leider gar wenig, oder nicht in Verhältniß der ungeheuern Zahl der Konstabler genug vorfindet, so erfinden sie den Anlaß, schreiten ein und greifen zu, wo keine Ursache dazu ist, mustern die Vorübergehenden mit unverschämten Blicken, fragen belästigend nach Pässen, horchen auf die Gespräche, heißen die Leute, die stille stehen und etwas betrachten, ihren Weg fortsetzen, verhaften Abends die Leute, die durch große Bärte Verdacht erregen, schleppen die Magd, die ihre Herrschaft abholt oder in die Apotheke geht, als liederliche Dirne auf die Wache u. s. w. u. s. w. Allerdings hat der Polizeipräsident von Bardeleben Recht, wenn er erklärt, so etwas wie die Konstabler sei noch nie dagewesen, wirklich so etwas ist noch nie dagewesen, diese Mißgeburt der Magistratsweisheit und Polizeierfindung ist bis jetzt einzig! Wenn der Polizeipräsident von Bardeleben aber ferner sagt, daß die neue Schöpfung auch an keine frühere Beziehung anknüpfe, so hat er nicht eben so Recht, denn sie knüpft allerdings an mancherlei Früheres an, z. B. an Bettelvogt, Nachtwächter, Polizeivigilant, Gendarm, Spürhund, Häscher und dergleichen mehr. Die Weisheit der schaffenden Behörden kann nur die Verbindung dieser Bestandtheile als das Werk ihres Genius in Anspruch nehmen, die einzelnen Bestandtheile sind schon alle dagewesen und haben jeder seinen geschichtlichen Ruhm. Ferner scheinen Magistrat und Polizeipräsident bei dieser

Schöpfung einer großen Täuschung zu unterliegen, indem sie ihre Konstabler für höflich und bescheiden ausgeben, als angewiesen mit aller Feinheit und Artigkeit zu verfahren, erst nur gütliches Zureden zu versuchen, nur im äußersten Nothfalle streng zu verfahren, und nur im seltensten Falle zu verhaften. In der Wirklichkeit fangen sie gleich mit letzterm an, und jeder Fall dünkt ihnen der seltenste. Von ihrer Bescheidenheit und Artigkeit erzählt man die angenehmsten Geschichten. Die „Zeitungshalle" hat deren mehrere veröffentlicht. Sie ruft am Schluß ihrer Erzählung: „Fort, unverzüglich fort, mit diesem elenden, unverantwortlichen Institute! — Fort, schleunigst fort mit diesem die Stadt entehrenden, sie zu einem Zuchthaus, das in allen Gängen und Winkeln Wächter hat, umwandelnden und den Freiheitssinn des Bürgers empörenden neuen Institute! Fort! auf der Stelle fort mit dieser Mißgeburt des Polizei- und Spioniergeistes, das eine Masse von Bürgern, die in seinen Dienst traten, sittlich verdirbt, und das uns Andern eine Million Thaler — hört! hört! eine Million Thaler kosten soll!"

Wir können nicht anders als von Herzen einstimmen in die Forderung der „Zeitungshalle"! Die nothgedrungenen oder dilettantirenden Bummler anzusehen, erregt Mitleid, bisweilen vielleicht Widerwillen, — aber der Anblick dieser privilegirten Bummler, die zur abscheulichsten Geschäftigkeit übergehen, empört das Innerste jedes ehrbaren freigesinnten Mannes; das Institut ist ein despotischer Hohn, eine freche Protestation gegen die Freiheit, Berlin wird und kann dergleichen nicht lange dulden. Da wir demnach den Konstablern keine lange Dauer versprechen können, und die Konstabler-Physionomie Berlins plötzlich wieder verschwinden kann, o rathen wir den Fremden doch baldigst recht

zahlreich nach Berlin zu kommen, um sich die Konstabler-
Stadt als Merkwürdigkeit anzusehen! — Der Magistrat
hat auch schon eine Deputation nach Potsdam gesandt, um
den Hof einzuladen, doch baldigst nach Berlin zurückzukehren,
nach Berlin, der Konstabler-Stadt, die nun vermöge der
Konstablerschaaren und der eingesetzten Schloßgitter wieder
ein vollkommen sicherer, ruhiger, polizeimäßiger Aufenthalt
geworden, wo sich — die Konstabler für den Augenblick
ganz wohl befinden!

Sonnabend, den 29. Juli 1848.

Es war schon richtig, daß Rosenkranz Unterrichtsminister werden sollte, aber Auerswald kam vom Könige
zurück und meinte, es ginge nicht. Offenbar hatten die
katholischen Pfaffen und protestantischen Pietisten das Gehör des Königs gewonnen.

Hier wird am 6. August gar nichts geschehen. Man
hofft, der Reichsverweser werde den Reichskriegsminister
mißbilligen, dieser hat in der That alle Formen verletzt,
wie ein Schuljunge, unkundig und urtheillos; es geschieht
ihm Recht, und denen, die ihn gesandt haben!

Spät Abends kam noch Graf Cieszkowski und blieb
sehr lange. Er wollte Trost und Hoffnung bei mir schöpfen
gegen die Frankfurter Abstimmung. (Benedey hat noch
sehr brav gesprochen, ganz infam der elende Lichnowsky,
die Mehrheit der Versammlung schändlich; diese Deutschen
wollen schon unterjochen, knechten, recht ein Zeichen, daß
sie selbst noch Knechte sind, Knechte des Dünkels, der Eigensucht!) Ueber die Zukunft Preußens, Deutschlands.
Was für Ereignisse in Aussicht stehen; Revolution in Ruß-

land, in England; Verwerfung der preußischen Konstitution durch den König; Republik in Deutschland, neue Volkserhebung; Einmischung der Franzosen, zunächst in Italien ꝛc. ꝛc.

Der König war heute in Berlin, hat das Museum, eine Kaserne und Monbijou besucht, in Bellevue den Vortrag einiger Minister empfangen. Ein Regiment hat die deutschen Kokarden abgenommen, eine wahre Wuth herrscht für Schwarz und Weiß! Fahnen hängen aus den Fenstern, an einigen Orten, doch wurde eine große schwarzweiße Fahne, die nahe den Linden ausgehängt war, Abends unter großem Tumult weggerissen vom Volke. —

Im Cicero gelesen, im Xenophon. —

Zu morgen hat der König die ganze Nationalversammlung zu einer Spazirfahrt in den Gärten zu Potsdam und zu einer Kollation in Sanssouci einladen lassen. Gehört das zu den Thaten, durch die sich der König wieder beliebt machen, hervorthun soll? — Da war mein Vorschlag besser!

Sonntag, den 30. Juli 1848.

Gestern Abend noch spät nach 11 Uhr großes Geschrei von den Linden her. In der Artillerie-Schule unter den Linden war eine schwarzweiße Fahne ausgehängt; das Volk sammelte sich an und wollte sie herunter haben, ein Offizier wollte für sie sprechen, mußte aber eiligst fortgehen unter Schelten und Drohen der Leute, Fenster wurden eingeworfen, der Eingang gestürmt, da nahm man die Fahne innen klüglich weg. Man sieht, die schwarzrothgoldne Sache hat auch ihre Verfechter. Kein Konstabler war zu sehen. Später aber sammelten sich ihrer 200 und vereint mit Bürgerwehr drangen sie plötzlich auf die andern Leute, die vom Thiergarten heimkehrend hier still standen, mit roher Heftigkeit ein und verwundeten einige Personen. —

Armeebefehl des Königs. Er habe „sich für die Wahl des Erzherzogs ausgesprochen", zweideutige Redensart! Vorher? nachher? Ist er gefragt worden? Man will einen Einfluß zu verstehen geben, den man nicht gehabt hat, außer etwa ganz unter der Hand. Das Ganze ist matt, lahm, wird den Preußenthümlern nicht genügen; am Schlusse ein Wortspiel! —

Die Schrift des Oberstlieutenants von Griesheim: „Die deutsche Centralgewalt und die preußische Armee", wird uns erst recht die Gemüther in Deutschland abwenden, Haß und Widerspruch in reichstem Maß erregen. Das preußische Prahlen ist hier auf seiner Höhe und giebt unbesonnen die ärgsten Blößen. Manche seiner Anführungen sind grabezu dumm, andre unwahr oder schief. Das Wort des Königs bezichtet er der Uebereilung. Mit den Festungen prahlt er, aber wie sie alle 1806 schimpflich übergeben worden, das verschweigt er, überhaupt ist 1806 für ihn nicht vorhanden! Man wird ihm antworten, dem Prahler! zu unserm Schaden, nur zu sehr! — In Posen, wagt er zu sagen, haben die preußischen Waffen fleckenrein gekämpft! Er beleidigt Oesterreich, die Rheinbündler, — vergißt, daß Preußen unter Graweri und York mit den Franzosen gezogen, daß sie unter Bernadotte bei Groß-Beeren, Dennewitz und Leipzig gefochten, daß sie alle unter Schwarzenberg gestanden, daß die meisten neuern Schlachten nicht von ihnen allein geschlagen worden. Er beleidigt die Russen. Er vergißt die großen Feldherren Eugen, Stahremberg, Montecucoli, Daun, Laudon, Clerfait, Erzherzog Karl, den Markgrafen von Baden ꝛc. Er vergißt, daß Blücher, Scharnhorst, Gneisenau, der Dessauer ꝛc. Ausländer waren. Er wagt den neuen Provinzen zu sagen, wenn sie abfielen, würden die alten zum zweiten- und drittenmale sie wiedererobern! Der Prahler stiftet nur Zwietracht, in Preußen selbst; er verdiente auf die Festung gesetzt zu werden. —

Im Xenophon gelesen. —

Die französischen Klubs und die Presse werden so beschränkt, daß es ärger wird als unter Louis Philippe. Die Regierung hält sich nicht! —

Wir werden nun bald nachfolgen in unwürdigen Zwangsmaßregeln. Sie graben sich ihr Grab.

Montag, den 31. Juli 1848.

Die deutsche Fahne hat doch gestern über die preußische gesiegt, das Volk läßt jene nicht fahren. Der Kriegsminister selbst hat gestern befohlen, die Soldaten dürften nicht willkürlich die deutsche Kokarde ablegen, und die schwarzweiße Fahne sei aus dem Kasernenfenster zurückzuziehen. Bedenklich erschien es, daß ein Theil der Landwehr die deutsche Kokarde behielt und die preußische abnahm. Wohin die preußische Bewegung zielt, erkennt man aus dem gestern verbreiteten Gerücht, heute solle der Prinz von Preußen als König ausgerufen werden! —

Besuch vom General von Willisen, der aus Klein-Oels hier angekommen ist. Der König hat ihn durch ein schmeichelhaftes Kabinetsschreiben hieherberufen, das Ministerium giebt ihm eine vertrauliche Sendung, er soll Wien, Pest, ganz Italien bereisen, um von dort Berichte zu geben. —

* sagt mir, der König habe sich das Pamphlet

Griesheim's vorlesen lassen und sei damit zufrieden gewesen; auch den Stich auf ihn scheine er nicht gefühlt zu haben. —

Russisches Umlaufschreiben von Nesselrode, daß Rußland in friedlichen Gesinnungen verharrt, aber die Feindlichkeit deutscher Angriffe sehr empfindet; tadelt den dänischen Krieg, den maritimen Ehrgeiz, der deutsche Bund soll in seinen Gränzen bleiben und nicht erobern, das europäische Gleichgewicht darf nicht gestört werden — noch immer diese Dummheit! — Rußland sei Bürge der Verträge ꝛc. —

Gestern war der König, der die Abgeordneten bei sich in Potsdam bewirthete, sichtbar nicht guter Laune, mit den Polen hat er gar nicht gesprochen. Der Minister Kühlwetter lud ihn nach Berlin ein, der König antwortete: „Wenn solche Dinge vorfallen, wie eben jetzt wieder, gegen meine Farben, so werd' ich keinen Fuß mehr hinsetzen." Kühlwetter bat, der König möchte ihm erlauben über diese Vorgänge einen besondern Bericht zu erstatten; der König wies das ab, er habe schon Bericht genug darüber. Als der Minister noch weiter reden wollte, sagte der König sich abwendend: „Schon gut, schweigen Sie." —

Im Xenophon gelesen, in Voltaire. — Einen Aufsatz gegen Griesheim's Schrift verfaßt. —

Als neulich die Abgeordneten des Magistrats in Potsdam waren, soll der König sie sehr leicht behandelt und durch allerlei Redensarten gehänselt haben, so daß das Ganze sehr mißfällig blieb. Auch der Prinz von Preußen war anfangs brummig und scharf, erst als sie auf den Wunsch der Prinzessin zum zweitenmale wiederkamen, benahm er sich freundlicher, was dem Einflusse der Prinzessin zugeschrieben wird.

Dienstag, den 1. August 1848.

Hr. Dr. Gottschall bringt mir aus Hamburg einen Brief von Ludmilla. Politisches Gespräch. Bei großer Schärfe viel Offenheit und dichterische Theilnahme für alles Menschliche.

Abends bei *, wo Eduard von Bülow, Hr. von Puttlitz, Sternberg. Bülow ist ganz auf Seiten der Volkssache, freut sich der Studenten, zieht gegen die Konstabler los. Ueber die Frankfurter Versammlung, gegen Rabowitz, Lichnowsky ꝛc. Rabowitz ein „Blender", gesinnungslos eigensüchtig, jesuitisch falsch.

In der Nationalversammlung ist eine Habeas-Corpus-Akte beantragt, bei Gelegenheit der Konstabler, deren Errichtung heftig angegriffen wird. Auch der Kaplan von Berg spricht gegen sie. Die Minister sind verlegen.

Unter den Linden, trotz des Verbots, ungeheure Volksmassen; die Konstabler, über tausend, ihren ungeschickten plumpen Kaiser an der Spitze, versuchen die Leute gütlich auseinanderzubringen. Sie werden verhöhnt, bedrängt, das Volk sagt, sie machten den Auflauf, sie sollten nach Hause gehen, dann würde sich von selbst alles verziehen. Sie wagten keine Gewalt und zogen nach 11 Uhr ab. — Ein Offizier wurde von den Studenten angehalten und bedroht, weil er keine deutsche Kokarde trug, er wurde „Verräther" geschimpft. Deutsche Fahnen an der Universität, der Reichsadler über dem preußischen. Die schwarzrothgoldne Bewegung hat sehr die Oberhand.

In Köln Kanonendonner und Glockengeläute für den Reichsverweser; auch in Sachsen und Schlesien.

Wenn man hier nicht vorsichtig und geschickt ist, so

spaltet sich Preußen. Offiziersrohheit in Erfurt, schändliche Gewaltthat!

Held's Anschlag gegen den Staatsanwalt; scharf.

Mittwoch, den 2. August 1848.

Nachdem ich ein paar Stunden geschrieben, ging ich aus, besuchte Hrn. Dr. Gottschall, der beim Referendarius Hiersemenzel wohnt, und hörte hier mancherlei Bedeutendes, Ergötzliches.

Der Gesandte Bunsen aus London ist seit gestern hier; es heißt, der König wolle ihm die Oberleitung der Geschäfte übertragen. Es wäre doch einzig, wenn der König das, was er als unbeschränkter König nicht gewagt, jetzt als konstitutioneller ausführte, durch seinen Günstling zu regieren!

Der Prinz und die Prinzessin von Preußen sind gestern von Potsdam hier eingetroffen, eine Weile in ihrem Palaste gewesen und dann nach Stettin gereist. Auf dem Bahnhof und vor dem Palaste sind ihnen einige Hurrahs gebracht worden.

Die Studenten sind gestern beim Heimzuge von einem Kommersch hinter Charlottenburg, wo eine Bierhalle, am Thiergarten und zum Theil schon in Charlottenburg selbst durch Soldaten mit Steinwürfen begrüßt und mehrere schwer verwundet worden. Große Aufregung heute. Beschwerde beim Kriegsminister, ob das die gerühmte Disziplin sei? Unbefriedigende Antwort. Die Studenten beschlossen einen neuen Zug nach Charlottenburg. Alles Volk auf den Beinen, auch die Konstabler, Bürgerwehrschaaren, die Truppen bereit; im Thiergarten ansehnliche Truppenreihen, besonders Reiterei. Den ganzen Abend Tumult, Geschrei,

Zusammenstöße, Steinwürfe, Singen, bis nach Mitternacht. — Die Konstabler und der Farbenstreit!

Donnerstag, den 3. August 1848.

Nachmittags Besuch vom französischen Gesandten Hrn. Arago und Hrn. Grenier. Langes Gespräch, über Polen, Italien, die preußische und deutsche Bewegung. Arago beklagt die letzten Ereignisse in Paris, das jetzige Treiben der Regierung, er stimmt mir bei, daß man durch Schließen der Klubs ꝛc. nur die eigne Unfähigkeit verkünde, daß man die Unbequemlichkeit und Gefahren der Freiheit tragen müsse.

Unter den Linden, vor der Universität, nach dem Schlosse hin, große Bewegung, bei der Universität auf dem Balkon zwei deutsche Fahnen, zwischen ihnen (auf Befehl des Königs durch den Rektor aufgesteckt) eine preußische, vor dem äußern Hofgitter eine deutsche Fahne nebst der Inschrift, daß dies die Fahne der Studenten sei, die preußische auf dem Balkon vom Rektor komme; hier werden zahlreiche Lebehoch ausgebracht. Arbeiterschaaren, drohende Gebärden, aber keine Gewaltsamkeit. Kein Konstabler zu sehen. —

Zwischen österreichischen und piemontesischen Truppen dreitägiger Kampf am Mincio, Siegesnachrichten von beiden Seiten, doch scheinen die Oesterreicher zuletzt gesiegt zu haben. Das ist jedenfalls zu bedauern, für die Italiäner wie für die Deutschen. —

Bunsen ist unerwartet hieher gekommen. Das Ministerium Camphausen hatte ihn gerufen, falls die Umstände ihm erlaubten, London zu verlassen; er blieb aber lieber dort. Jetzt kommt er unvermuthet auf jenen alten Ruf, den Ministern ungelegen. Es könnte aber sein, daß ihm der König geschrieben hätte, er solle kommen. —

Im Xenophon gelesen, in Friedrich dem Großen. —

Unter den Linden und vor der Universität bis zum späten Abend dichtgedrängte Menschenmenge, aber ganz friedlich, ohne alle Ausschweifung; die Konstabler in der Charlottenstraße aufmarschirt. Man besieht und beobachtet sich gegenseitig, und am Ende verzieht sich alles.

Ohne die Konstabler fehlte jeder Anlaß des Zusammenlaufes, sie geben ihn durch ihre Gegenwart, und, wenn sie nicht ruhig bleiben, zum Kampfe!

Freitag, den 4. August 1848.

Es bestätigt sich, daß Radetzky zuletzt gesiegt, nach hartem Kampf, in dem die Piemontesen schon große Vortheile errungen hatten. Radetzky wird Großkreuz des Theresienordens. —

In Schweidnitz abscheuliche Vorgänge, der Kommandant hat die zu seiner Hülfe ausgerückte Bürgerwehr zusammenschießen lassen; mehrere Todte, viele Verwundete. Der Minister von Auerswald sprach davon in der Nationalversammlung und verhieß strenge Bestrafung der Schuldigen; der Kommandant wurde sogleich abgesetzt, die Truppen abgelöst. Alle solche Vorfälle bilden eine Kette. —

Es heißt, Griesheim habe seine Entlassung aus dem Kriegsministerium, das Staatsministerium habe sie ausgesprochen. Der österreichische Gesandte Graf von Trauttmansdorff klagt besonders heftig über die Beleidigungen Oesterreichs in der Griesheim'schen Schrift. Es werden noch ganz andre Klagen kommen und Preußen wird viel zu leiden haben. Dahin führt unbedachter Ehrgeiz! Zu scheitern wie Willisen, ist Ehre und Ruhm; wie Griesheim, Schand und Spott. —

Besuch beim Minister von Schön. Langes, mannigfaches Gespräch; gewisse Lieblingswendungen kommen allzu häufig vor, Stolz auf Kant, Berufung auf höhere Bildung, Erhebung zur Idee, wissenschaftliche Tiefe. Er erzählt aber sehr Gutes und Angenehmes von Königsberg, von England, von Halberstadt, wo er mit dem Gleim'schen Kreise ganz vertraut war; der als Feldmarschall gestorbene General von dem Knesebeck galt in jenem Kreise viel, er war unter den jungen Offizieren der erste, der sich zu Kant's Lehren hielt! —

Unter den Linden, bei der Universität, ist alles ruhig. Selten sieht man einen Konstabler. Das Ministerium hat befohlen, daß von allen öffentlichen Gebäuden die Fahnen weggenommen werden sollen, um allem Partheistreit auszuweichen. Die Privaten mögen nach Belieben die preußische oder deutsche oder beide aushängen.

———

Sonnabend, den 5. August 1848.

Schriften gegen Griesheim, vom Oberstlieutenant von Forstner und Andern, Artikel gegen ihn von Hugo von Hasenkamp (angestellt im Ministerium des Innern) in der „Nationalzeitung". Aber Griesheim ist seines Amtes noch nicht entlassen, das war eine falsche Nachricht, die aber noch wahr werden kann. Den Schaden, den er angerichtet, kann leider seine Entlassung nicht wieder gut machen. —

Große Sorgen wegen Italien. Wenn die Franzosen dort einrücken, so wird man alle Mittel aufbieten, die Deutschen zum Krieg gegen Frankreich aufzureizen. Gelänge dies, so wär' es das größte Unglück für beide Länder! Für uns wäre Spaltung unvermeidlich, Republik und Königthum, und beides unter der Obhut der Fremden! —

Man hört mit Entsetzen die genauern Umstände der Schweidnitzer Vorfälle. Man erwartet strenge Bestrafung der Befehlshaber. Sollte diese nicht, oder nicht genügend erfolgen, so wird der Soldat als Feind des Bürgers angesehen und der Riß unheilbar. —

Das Ministerium hat die Absicht, unsre Nationalversammlung keine besondere Gesetzentwürfe mehr beraten zu lassen, sie vielmehr auf das Verfassungswerk hinzudrängen und nach dessen Vollendung sie aufzulösen, und alles Weitere einer andern Versammlung vorzubehalten, die dann alsbald zu berufen wäre. Man hofft, auf die Wahlen so einzuwirken, daß man eine geschicktere, vornehmere und fügsamere Versammlung erlangen kann. Viel Glück dazu!

Sonntag, den 6. August 1848.

Die Stadt in großer Bewegung wegen des Zugs auf den Kreuzberg. Allgemeine Theilnahme wie bei dem Zuge nach dem Friedrichshain, Musik, prächtige Fahnen, der demokratische Klub mit rothen. Damen, Bürgerwehr, Gewerke, Studenten, Arbeiter. Ungeheures Uebergewicht der schwarzrothgoldnen Gesinnung, die schwarzweiße verkroch sich heute. Doch hatten die Teltower Bauern eine schwarzweiße Feier auf dem Kreuzberg, waren indeß lange vor der Ankunft der Berliner wieder abgezogen. In der Hauptsache scheint alles friedlich hergegangen zu sein, nur Abends unter den Linden, als die Konstabler die Leute auseinander treiben wollten, gab es heftigen Zank und derbe Stöße, die Konstabler hatten den Dr. Eichler verhaftet, die Bürger befreiten ihn aber, und schalten herbe gegen diese abscheuliche Polizeiwache. Der Minister Kühlwetter hat gesagt, die Konstabler sollen bestehen, und er wolle mit ihnen stehen und fallen; so falle er denn, der Minister Kühlwetter! —

Nach den Zeitungen soll heute in Baiern die für den Reichsverweser ausgeschriebene Huldigung unbedingt vor sich gehen. Preußen spielt eine elende Rolle; erst fängt es die Sache an, betheuert ohne Ehrgeiz dabei zu sein, und wie es Ernst wird und seine zwar geläugneten, aber gehegten Ansprüche nicht erfüllt werden, zieht es sich brummig zurück, und auch das nicht ganz; gradezu den Handel aufzusagen hat es doch nicht den Muth!

Montag, den 7. August 1848.

Sehr verstimmt durch die politischen Sachen, besonders durch unsre preußische Verkehrtheit! Die Niederlage der Italiäner betrübt mich sehr; ist sie die Folge der Unreinheit, in der ihre Sache auftrat? daß sie nicht Republik machten? sich vom König Karl Albert berücken ließen? Nun, dann steht uns Deutschen auch nicht viel Gutes bevor, denn wir leiden an gleicher Halbheit, und unsre Verwirrung ist nur größer! —

Dritter Band von Ranke's „Preußischen Geschichten". Der siebenjährige Krieg bleibt ausgeschlossen. Elendes Buch. Anmaßlich, kindisch, geziert einseitig, im Ganzen höchst unzuverlässig, wie der Autor selbst. —

Artikel aus Wien, daß auch dort die Anordnung Peuker's nicht befolgt wird, daß sie dort für jetzt nicht thunlich sei, weil die Truppen nicht national unterschieden 2c. Die Sache sei eine Uebereilung. Auch in Hannover geschieht Einspruch. Dagegen gehorchen Baiern, Braunschweig, Sachsen 2c. —

In Dessau ist der Adel abgeschafft, hier zuerst auf deutschem Boden! —

Im Herodotos gelesen, in Voltaire und in Goethe.

Dienstag, den 8. August 1848.

Der Oberst der Konstabler Namens Kaiser hat eine lächerlich-elende Bekanntmachung erlassen, man möge doch mit den Konstablern Geduld haben, sie seien noch ungeübt und roh, aber würden schon lernen, und man werde sich an sie gewöhnen. Schöne Aufgabe für die Berliner, sich zu Uebungsstücken für die Konstabler herzugeben! — Auch der Magistrat von Charlottenburg hat eine Kundmachung verübt, in welcher der dortige Unfug gegen die Studenten beschönigt und diesen die Urheberschaft aufgebürdet wird; niederträchtig, gegen alle bezeugten Thatsachen! Man will hier Charlottenburg in Verruf erklären. —

Die Bürgerwehr-Parade heute ist gut abgelaufen, sie hatte den Sinn und das Ansehn einer deutschen Huldigung, mehr, als man es vorausgesehen hatte. Der Ministerpräsident von Auerswald nahm sie ab. Alle Minister und alle Abgeordnete der Nationalversammlung waren dabei. —

Gefahr der Lage der Dinge in Frankreich, der letzte Sturm kann sich erneuern. Besorgniß, daß die Sachen aus Cavaignac's Händen in die von Odilon-Barrot und Thiers fallen, Leute, die jetzt nichts Gutes mehr stiften können, die nur noch als Ränkemacher gelten dürfen! —

Ich bewies schon am Nachmittage *), daß die früheren Forderungen, die damals richtig und vollkommen genügend waren, es heute nicht sein können. Wer sich mit dem Früheren heute begnügt erklärt, ist selber stehen geblieben, kindisch und unreif, — es ist im Wesen der Dinge gegründet, daß alles Lebendige wächst, also auch die politische Forderung. —

Nichts Tröstliches aus Italien! Radetzky rückt gegen Mailand. Freche Proklamation von ihm und Montecucoli, den man in Wien nicht gelten läßt. —

Philisterhaftes Benehmen des Erzherzogs Johann bei seiner Wiederkunft in Frankfurt. Vervollständigung des Ministeriums. Bunsen war in Vorschlag als Minister des Aeußern, hatte aber zu viele Stimmen gegen sich. Diese Ränkemacher und Selbstsüchtler, gesinnungslose Talente, sind hier wie in Frankreich stets voran und gleich bei der Hand, wo es Macht und Beute giebt. —

Im Herodotos gelesen; in Clausewitz den Feldzug von 1796. —

„Untersuchung wegen des mörderischen Angriffes der Truppen in Schweidnitz gegen die Bürger, — sie wird mit größter Strenge geführt." — O ja, recht streng und langwierig, dann bekommen wir gewiß noch das Ergebniß, daß die Bürger dem Militair Abbitte thun sollen!

Mittwoch, den 9. August 1848.

Die Nationalversammlung war heute sehr stürmisch; die Mordgeschichten von Schweidnitz kamen zur Sprache, und es wurden strenge Bestrafungen der schuldigen Offiziere verlangt. Das preußische Militair kann sich nirgends mit den Bürgern vertragen, in allen Städten Blutvergießen und Gewaltthaten, in den alten wie in den neuen Provinzen. Man beschuldigt natürlich am meisten die Generale und Offiziere, auch den Prinzen von Preußen, der habe seit Jahren daran gearbeitet, diesen abgesonderten Militairdünkel unter den Truppen auszubreiten; das ganze Heer tauge nichts, heißt es, dasselbe müsse aufgelöst und ein neues gebildet werden. Der alte Minister von Boyen seufzte schon über diese verkehrte Richtung und wirkte ihr nach Kräften entgegen, deßhalb sei er auch, wird versichert, dem Prinzen von Preußen so verhaßt gewesen. —

Hoffnung, daß die Franzosen in Italien einschreiten werden; seit dreiunddreißig Jahren haben sie sich nicht dort blicken lassen. Sie kommen als Republikaner, das ist auch bedeutend. —

Ruge nennt die Deutschthümler, wie Arndt ꝛc., schlimmere Feinde Deutschlands, als selbst die Moskowiter. Es ist wahr, der Dünkel und die Ungerechtigkeit, die diese Kerls auf die deutschen Sachen häufen, entehrt und erdrückt das Vaterland. O wie schlecht und dumm gebärden sich doch so viele unsrer Landsleute! —

Hr. Grenier war bei mir und hatte mir den Bericht von Bauchart über die Junivorgänge zurückgelassen. Gleich gelesen. Ein schändliches, unheilvolles Machwerk! Ledru-Rollin, Louis Blanc, Caussidière und Proudhon sind darin abscheulich mißhandelt. Die Anhänger des schändlichen Louis Philippe sitzen in der Republik zu Gericht über die Republikaner! Welcher Hohn! —

Was mag uns Deutschen noch bevorstehen? Aber gleichviel! Nur vorwärts, nur hindurch! Was auch entgegenstreben möge. Die Menschheit fordert Opfer, jeder Sieg fordert deren, der Sieg aber ist ihr gewiß, wenn auch Zeiten kommen, die den Schein des Gegentheils haben. Diese große Rechnung kann Abzüge vertragen, es bleibt zuletzt doch reiner Gewinn übrig. —

Im Herodotos gelesen.

Donnerstag, den 10. August 1848.

Die Universitätsbehörde hier tritt gegen den Charlottenburger Magistrat auf, vertheidigt die Studenten gegen falsche Angaben jenes — Magistrats. —

In Frankfurt am Main haben einige Worte des Abgeordneten Brentano zu Gunsten einer Amnestie für Hecker's Anhänger einen Sturm der Ultra's erregt; er sagte, man werde für sie doch nicht weniger thun, als für einen Prinzen von Preußen geschehen sei? Der abgeschmackte Präsident Soiron hat ihn dafür am folgenden Tage zur Ordnung gerufen. Das ist gar nicht begründet, nach der Ansicht vieler Personen, denen ich beipflichten muß. —

Alle Blätter schreien gegen die Konstabler, diese Abscheulichkeit muß fort, es ist eine Frechheit der Minister und des — Magistrats, der Einwohnerschaft solches Aergerniß zu bieten! Die Minister und der Magistrat sollten mit den Konstablern fort, das wäre das Beste! Die Kerls sind privilegirte Müssiggänger, Bummler, Aufpasser, Händelsucher. —

Der König reist am 13. nach Köln zum Domfeste und wird fünf Tage fortbleiben. Dort wird eine schöne Zucht sein! Was kommen da für Reaktionaire und Fanatiker zusammen! — Der Kölner Dom, die deutsche Flotte! — Aber die deutsche Einheit, die deutsche Freiheit?!? —

Im Herodotos gelesen, in Goethe. —

Der Minister Kühlwetter hat versichert, Griesheim werde nicht in seiner Anstellung bleiben, der Kriegsminister von Schreckenstein wolle nur des Anstandes wegen noch einige Zeit hingehen lassen.

Freitag, den 11. August 1848.

Ich brachte den Vormittag in mehreren Arbeiten hin, die mich aber nicht hinderten, immerfort die Trauer über Mailand zu empfinden. Der Sieg der Oesterreicher vernichtet viel, nicht nur auf jenem Punkte, sondern wirkt nachtheilig für die Freiheit in ganz Europa, die Sachen verwirren sich und überall werden die Entwicklungen gestört und gefährdet. Das Dazwischentreten Frankreichs und Englands ist eine traurige Aushülfe. —

Wie unsre Verfassung werden wird, weiß der Himmel, so wie die Kommission sie entworfen hat, wird sie wohl nicht bleiben; aber jedenfalls wird sie dem Könige, dem Hof und den Ministern zu freisinnig sein, und wenn die Ereignisse in der Welt nicht gerade sehr drohend aussehen, so wird es nicht an Antrieben und Antreibern fehlen, die dem Könige die Verwerfung anrathen. Das wäre ein entsetzliches Unheil und könnte sehr weit führen! —

Nachmittag besuchte mich Hr. Dr. Carové, der von Heidelberg zum Besuch hier ist. Wir tauschen unsre Ansichten und unsre Kunde von den vaterländischen Dingen aus, und finden uns ziemlich in gleicher Richtung und gleichem Absehn. Er theilt meinen Unwillen über die Aristokraten in der Paulskirche und deren schändliches Betragen gegen Brentano, der seine Anführung des Prinzen von Preußen überdies gar nicht böse gemeint hat; den König von Hannover hat niemand in Schutz genommen, als es über den herging. Diese Rotte von ränkesüchtigen Fanatikern hätte man gar nicht zulassen sollen, Feinde der Volkssache sollten gar nicht wagen dürfen, in der Paulskirche zu erscheinen.

11. August 1848.

Das jetzige Unglück der Mailänder und Venetianer kommt bloß daher, daß sie nach den ersten Kraftanstrengungen einlenken wollten, daß sie ihr Heil im Anschluß an einen fremden Monarchen suchten. Der Ehrgeiz des Königs Karl Albert lähmte die Kraft der Revolution. Ueberlegungen, Ränke, Unterhandlungen voll Klugheit und guter Worte traten an die Stelle der frischen That, Zweifel und Erwartungen kühlten die Begeisterung ab. So verging eine kostbare Zeit, die der Feind benutzte. Den König Karl Albert fort und Ober-Italien ist noch durch Aufbietung vereinigter Volkskraft zu retten.

———

Wenn in einer Revolution die Gluth und Gefahr des ersten Entscheidungskampfes vorüber sind, so ziehen die Helden sich meist zurück, weil sie das Ihre gethan haben und das Geringere gern Andern überlassen. Nun eilen die Egoisten, die Intriganten herbei, die Feiglinge, die während des Kampfes sich versteckt hielten, die Worthelden und Prahler, die den neuen Zustand für sich ausbeuten wollen, und verderben Alles, was sie berühren. Sie sind die Ersten, die da ausrufen, nun sei Alles vorbei, alles Gewünschte errungen, jetzt müsse man stehen bleiben, jetzt die Hand zur Versöhnung, zum Frieden bieten. Und doch dauert der Krieg in verdecktem, aber um so gefährlicherem Spiele heftig fort, breitet sich aus und überflügelt die Sichern, ehe sie merken, wie thätig der Feind sich regt. Vor jenem Mittelschlage von Leuten, vor jenen Halbliberalen, die nach ihrer schwachen Mittelmäßigkeit das Maß der Freiheit feststellen wollen, vor jenen After-Ehrgeizigen, die jetzt nach Amt und Ansehn trachten, denen ein Minister-Portefeuille noch die Eitelkeit reizen kann, haben die wahren Freiheitsfreunde mehr noch, als vor ihren erklärten Gegnern, auf der Hut zu sein! Die erklärten Gegner können sonst wackere und edle Männer sein, jene Egoisten und Intriganten sind Schelme und Verräther.

Sonnabend, den 12. August 1848.

Besuch von **. Ueber den öffentlichen Zustand. Ernste Bedenken; für die Freiheit ist noch nichts gegründet, die Macht des Hofes steht hoch über allem, er könnte thun, was er wollte, wenn er den Muth und die Geschicklichkeit hätte. Wie lange es dauern und wie es enden würde, das ist freilich eine andre Frage! — Es soll stark die Rede davon sein, Hrn. Bunsen zum Kultusminister zu machen; die Minister sollen größtentheils schon dafür gewonnen sein, und der König wünscht es mit Leidenschaft! Hr. von Schön trägt auch wohl dazu bei, er steht sich gut mit Bunsen, der ihm stets geschmeichelt hat.

Schändliches Benehmen der Aristokraten in der hiesigen und in der Frankfurter Nationalversammlung! Und die eine Ungebühr bleibt nie allein, es kommt die zweite, durch welche jene bestraft wird. Der wahre Vaterlandsfreund hat auch bei dieser letztern keinen Gewinn, nur der Partheimann. Bei uns aber zeigt sich diesmal recht, daß unsre Revolution keine ganze war!

Neue Ernennungen durch den Reichsverweser. Hedscher, jetzt Minister der auswärtigen Angelegenheiten. — Max von Gagern hier angekommen. Aber der König und Auerswald reisen eben nach Köln.

Deutsche Truppen sollen nach Limburg vorrücken. Ein Krieg gegen Holland!

Die Demokraten wollen nicht hören! Sie denken noch immer, sie haben die Macht. Sie haben sie nicht. Die Gegenparthei stärkt sich, hat alle Mittel, wird schlagen und treffen. Die Demokraten lächeln ungläubig zu der Warnung.

Als Gagern nach Berlin gekommen war, um durch sein persönliches Ansehen und Gewicht die Maßregeln der Reaktion mit den Ansprüchen der Nationalversammlung einigermaßen auszugleichen, stellte ihm Hr. von Unruh vor, wie ungünstig die Lage der Dinge sei, die Reaktion habe mit großer Klugheit und Geschicklichkeit gearbeitet und im Augenblicke vollkommen gesiegt, auf diesem Wege werde sie weiter und immer weiter gehen. Das wollte Gagern nicht im geringsten glauben, sondern meinte, Frankfurt werde die Obermacht behaupten. „Sein Sie versichert", sagte ihm Unruh, „in einem halben Jahre werden Sie grade eben so weggejagt wie wir jetzt!" Gagern wandte sich mit verachtendem Hohnlächeln ab und hielt es unter seiner Würde, eine solch' unmögliche Sache vorauszusetzen und zu besprechen.

Von Hrn. von U. mir erzählt (Berlin, den 17. September 1857).

Sonntag, den 13. August 1848.

Griesheim ist in seiner alten Stellung im Kriegsministerium verblieben, aber der neue Glanz, der hinzugekommen war, ist erloschen. Das Vertreten des Kriegsministers in Staatsministerium und in der Nationalversammlung ist ihm genommen. Die andern Minister wollten seine gänzliche Entfernung, Schreckenstein hat ihn noch gehalten.

Bunsen ist mit dem Könige nach Köln gereist und geht

von da nach London zurück. In den hiesigen Dingen hat er ein Haar gefunden! — Der Kaplan von Berg strebte Unterstaatssekretair im Kultusministerium für die katholischen Angelegenheiten zu werden.

Montag, den 14. August 1848.

Besuch von Weiher; Mittheilungen über Radowitz, man ist auf die Kamarilla am Hof aufmerksam und will die Intriganten aus der Nähe des Königs fern halten. Wird nicht gelingen. Im ersten Sturm ist das versäumt worden.

Wuth und Sturm der Landedelleute gegen Hansemann, wegen der Grundsteuer. Adressen, Vereine, Einsprache ꝛc.

Die Konstabler sollen auf 600 vermindert werden, aber es ist die Frage, ob sie nicht ganz abgeschafft werden müssen. Das Publikum will sie nicht sehen, ihr Anblick ist schon beleidigend. Der vorige Minister von Auerswald und der jetzige Minister Kühlwetter haben die Ehre dieser so scheuslichen als dummen Erfindung!

Von Seiten der Demokraten vermeidet man jeden Zusammenstoß mit den Konstablern, der Bürgerwehr und den Soldaten geflissentlich, stärkt sich aber im Stillen durch Werbung und Heranziehung der Gleichgesinnten, wirkt durch Vereine, Reden, Feste.

Volksfestlichkeiten werden jetzt sehr beliebt. Uebermorgen Musikfest im Thiergarten.

Hr. Lassalle in Köln freigesprochen.

Dienstag, den 15. August 1848.

Die „Spener'sche Zeitung" bringt einen nachdrücklichen Artikel für Hansemann's Grundsteuergesetz, und sagt gradezu, dasselbe sei schon 1810 ausgesprochen, aber durch den

Adelseinfluß am Hofe hintertrieben worden. Seit jener Zeit habe der Staat auf Kosten der andern Steuerpflichtigen, den steuerfreien Gutsbesitzern schon den zweimaligen Betrag des Kapitals, das durch die Steuer vorgestellt wird, erlassen; jetzt ihnen Entschädigung zu geben, hieße ihnen den Betrag zum drittenmale schenken. Es ist aber sehr die Frage, ob das Gesetz durchgeht, der Adel bewegt Himmel und Hölle gegen Hansemann, gegen die ganze Nationalversammlung.

Daß der König zum Domfeste reist und den Ministerpräsidenten mitnimmt, wird als ein nutzloses Possenspiel getadelt. Man sagt, der König bedürfe dergleichen Labung, die Minister müßten etwas für seine Neigungen thun, damit er wieder gutes Muthes werde, nicht ganz verfaure und verstocke! Allein eben dies wird nicht gebilligt. Verschwendung an Geld, an Zeit, an Worten. Und jedenfalls wird es eine trübe Geschichte, bei der wenig gewonnen und viel verloren werden kann. Einen Triumph, einen reinen Triumph wird der König nicht haben, und wäre es möglich, könnte man ihn jetzt wünschen? Ist nicht noch alles in Schwebe, in Gefahr? —

Nachmittags Besuch beim Staatsminister von Schön. Ich höre von ihm manches Wichtige aus früherer Zeit, über den vorigen König, über den jetzigen, über Königsberg; auch über Hamburg erzählt er manches. Er meint, Bunsen sei hier gescheitert, ungeachtet alle Vorliebe des Königs für ihn sogleich erwacht gewesen, die Minister hätten ihn fortgeschickt, weil sein Aufenthalt je länger je mehr Kabalen erzeugt haben würde. Hansemann werde an der Grundsteuer scheitern; „die bricht ihm den Hals".

In Frankreich erbärmlicher Zustand! Die Preßfreiheit gesetzlich beschränkt, die Partheiverfolgung gegen Ledru-Rollin und Louis Blanc ꝛc. schreiend ungerecht und schändlich, der General Cavaignac gegen das Ausland schüchtern!

Aber welch ein Zustand in Frankfurt am Main! Die rechte Seite bedeckt sich mit Schande. Binde, Radowitz, der Narr Lichnowsky, Wartensleben — zum Auspeitschen! Friedrich von Raumer wieder der Alte! Ich spreche von Auspeitschen, weil jene — die Thätlichkeiten schon begonnen haben! — Rauwerd brav, Blum, Ruge, vor Allen Vogt aus Gießen.

Der Kaiser Ferdinand in Wien zurück. Die Oesterreicher sind in Bologna eingerückt. Kriegssteuer Radetzky's in Mailand von 30 Millionen Lire. —

In Düsseldorf haben die Stadtverordneten berathen, ob sie den König begrüßen wollten? Anfangs nein, dann doch ja!

„Wenn die Verfassung hier fertig ist und Frankreich ist ruhig und Oesterreich im Siege, dann ist zu befürchten, daß der König sagt: «Diese Verfassung kann ich nicht annehmen, ich löse die Nationalversammlung auf und werde eine neue berufen.» Einstweilen regiert er dann weiter, und ob und wann die Berufung erfolgt, ist die Frage." Wohl möglich. Aber die Folgen! Und ist das Schreckbild der Republik nichts?

Mittwoch, den 16. August 1848.

Besuch beim Grafen von Trauttmansdorff; Anfrage wegen österreichischer Truppen, die hier durchkommen sollen. Radetzky hat aus Wien Befehl erhalten, die Grenzen Piemonts nicht zu überschreiten. Waffenstillstand. Hoffnung, daß die Lombarden einen selbstständigen Staat bilden mögen unter einem Erzherzog. Bittre Klagen gegen Griesheim.

Zu meinem Mittageſſen kam Bettina von Arnim, gleich darauf Geh. Rath Roſenkranz. Sie blieben nachher noch lange. Bettina ſprach dithyrambiſch über die Aufgabe der Herrſcher und Staatsmänner, große Gedanken und reiner Willen führten zu allem; wer durch edles Handeln in Verlegenheit komme, der werde auch den Witz in ſich finden, dieſe zu beſiegen, das Vertrauen der Edlen ſei die größte Macht. Die Befreiung der Polen hier aus dem Gefängniß, ihr Triumphzug, ihre Entlaſſung nach Poſen, alles das habe dem Könige, den Miniſtern, dem Hof und Militair wie eine Laſt auf der Seele gelegen, dafür habe man Rache gewollt, die Entwaffneten ange= griffen, die Wehrloſen niedergemacht oder mißhandelt, die ſich flüchtig wieder Sammelnden mit Kartätſchen zuſammen= geſchoſſen. Aehnliche Rache würde man auch am eigenen Volke, an den Berlinern beſonders nehmen, ſobald man den Zeitpunkt als günſtig erachte; dazu ſeien alle Hof= leute, Militairs, Beamte, Edelleute wie verſchworen; die Verſchwörung gehe noch weiter, alle Tage werde es offen= barer, daß ſie den König vom Throne ſtoßen wollten, um den Prinzen von Preußen darauf zu ſetzen; deßhalb werden die Truppen aufgehetzt und gegen die Bürger mißbraucht, man wolle den Bürgerkrieg ꝛc. —

Das Muſikfeſt war wenig genießbar wegen der Ueber= fülle von Menſchen, über fünfzigtauſend kann man anneh= men; beim Hofjäger ſelbſt war das Gedränge furchtbar, Zäune und Planken wurden eingeriſſen, die Wagen konnten nicht aus der Stelle, Prügeleien ꝛc. Die Konſtabler wa= ren nicht da, oder hielten ſich zurück, einige ſagten grade heraus, ſie miſchten ſich nicht ein, damit die Sache nicht ärger würde. —

Der Miniſter Kühlwetter wird beſchuldigt, den Bericht

seiner Worte in der Nationalversammlung unbefugt geändert zu haben, er hatte gesagt: „viele Polizeimannschaft" und dies abgeändert in „gute". Freilich wünscht er die Dummheit auszulöschen!

Donnerstag, den 17. August 1848.

Die Gräfin von Ahlefeldt gesprochen, die eben nach Holstein zu reisen im Begriff ist. — Nachmittags kam der Fürst von Pückler, gestern eingetroffen, morgen zum Rhein abreisend. —

Gegen Abend zu **. Ich wurde überstürzt mit Nachrichten und Mittheilungen, denen ich auf meinen sonstigen Wegen kaum begegnen konnte. Daß der König ganz willig gewesen sei, dem Reichsverweser huldigen zu lassen, daß aber der Zorn des Prinzen von Preußen und seine Erklärung, die Regimenter würden es nicht thun, alles umgestoßen und sein Widerspruch den ganzen schwarzweißen Sturm erregt habe. Und vieles Andre! —

Friedrich von Raumer als Reichsgesandter nach Paris abgegangen. Der Ehrgeiz versöhnt ihn mit der neuen Ordnung der Dinge, denen er schon ganz gram war, die er verzweifelnd verabscheute. —

Blutige Auftritte in Düsseldorf nach der Durchreise des Königs; die Soldaten auch hier die Urheber, selbst nach dem „Staatsanzeiger"!

In Köln gute Aufnahme des Königs, wobei jedoch die Anwesenheit des Reichsverwesers mit in Betracht kommen darf. Die Worte des Königs an Gagern: „Vergessen Sie nicht, daß es deutsche Fürsten giebt und daß ich einer von ihnen bin", erscheinen höchst ungeschickt, unnöthig und schädlich. Sie enthüllen die gereizte Empfindlichkeit, und die Antwort liegt nah: „Vergessen Sie selber es nur nicht!"

In Shakespeare gelesen, in Voltaire. Beide gehen vortrefflich zusammen, wie Voltaire und Rousseau, wie Voltaire und Goethe. Auf späteren hohen Standpunkten schwinden die Tagesbeschränkungen und nur das Dauernde gilt.

Sonnabend, den 19. August 1848.

Die politischen Zustände verwirren sich mehr und mehr. — Hier versammelt sich unter Bülow=Kummerow's Leitung das sogenannte Junkerparlament; es wimmelt von Edelleuten aus der Mark und Pommern. Schwerer wiegt die Zwietracht, welche zwischen Volk und Truppen immer allgemeiner wird; überall blutige Händel, von aufgehetzten Soldaten hervorgerufen, zur Freude der Offiziere, denen aber in andern Fällen die Soldaten allen Gehorsam weigern! Der Hof und die Minister lassen es geschehen, so wie sie auch den Widerstand reaktionairer Beamten dulden, den von freisinniger Seite aber sogleich bestrafen. Und noch immer besteht die Konstabler-Ueberschwemmung! In der That, man möchte zweifeln, daß die Märztage gewesen sind!

Die Oesterreicher hatten Bologna besetzt, sind vom Volke hinausgeschlagen worden, bombardiren jetzt die Stadt.

Aus Frankreich nichts Gutes. Man schätzt, daß die Junigeschichten dem Lande gegen 70 Millionen kosten; aber den Armen, den Hungernden beizuspringen, was nicht ein Viertheil betragen hätte, erklärte man für unmöglich, für belachenswerthen Unsinn! — Unsinn ist hier im Spiele, aber auf welcher Seite? — So vermehrte man auch hier, anstatt den Arbeitern Brot zu geben, lieber die Truppen und stellte zweitausend Müßiggänger unter dem Namen Konstabler an! Und in der obersten Sphäre, wie verschwendet man da!

Friedrich von Raumer's Sendung nach Paris wird allgemein getadelt; ein Mittelmann, von vielen Vorurtheilen, — der wird nichts Gutes noch Kluges ausrichten.

Sonntag, den 20. August 1848.

Besuch von Dr. Carové; Gespräch über seine Schrift. Erörterungen über den Gang unsrer Sachen; Carové hat die größten Hoffnungen für die glückliche Entwicklung und zwar ganz nahe, meine Hoffnungen sind auch groß und zuversichtlich, aber auf unbestimmte Ferne gestellt. So große, vielartige Stoffe, solch ungeheure Widersprüche und solch unabsehbare Verflechtungen werden nicht so leicht und völlig bewältigt! Ja wenn die Revolution nicht halb geblieben wäre, stärkern Schwung genommen hätte! Aber jetzt, wo die Schwankungen rückwärts schon stärker sind, als die vorwärts gerichteten! wo sogar Frankreich durch den trostlosen Juni-Sieg wieder gebunden und entartet ist! Carové hat gehört, daß in Frankreich wieder an den Königsthron, an Joinville gedacht wird, daß die Republik nicht dauern könne, ungeachtet doch die rothe noch nah im Hintergrunde steht! —

Nachricht, daß in St. Petersburg und in Moskau zugleich Unruhen ausgebrochen seien, und daß der Kaiser nach Kronstadt geflüchtet sei. „O, der flüchtet nicht, der läßt sich in Stücken hauen!" Na, na! wollen sehen! —

Die Oesterreicher haben Befehl erhalten, sich von Bologna zurückzuziehen, dadurch ist ihre Rache gehemmt worden. Denn die Einwohner hatten ihnen wirklich eine Schlappe beigebracht. —

Aus Dänemark noch nichts Gewisses. Die Unterhandlungen dauern fort.

Montag, den 21. August 1848.

Gestern wollten in Charlottenburg eine Anzahl Demokraten sich in einen Klub vereinigen, über tausend Bürger und Arbeiter und Jungen warteten auf sie, fielen über sie her und schlugen sie auf den Tod, stürmten dann in die Häuser, suchten die Demokraten auf, rissen sie hervor, zerprügelten sie, führten sie in's Gefängniß, sogar Weiber und Kinder. Der Superintendent Mann — ich kenne den Schäler seit 40 Jahren! — hetzte und gab Geld! Bruno und Egbert Bauer sind gräßlich zerschlagen. Heute Maueranschlag des hiesigen demokratischen Klubs über diese Gräuel. — — Bekanntmachung des Charlottenburger Magistrats.

Gegen Mittag heute war Arbeiter-Auflauf in der Wilhelmsstraße beim Minister Milde. Konstabler wollten einschreiten, wurden aber geprügelt und fortgejagt, die Bürgerwehr flüchtete in das Palais des Prinzen Karl.

Abends Gruppen unter den Linden, auf dem Universitätsplatze erhitzte Gemüther, drohende Gesichter. Später neues Stürmen in der Wilhelmsstraße, die Minister sollen fort! hieß es. Versuch zu Barrikaden, in der Behrenstraße das Pflaster aufgerissen, bei Milde die Rampengitter zerstört, unter den Linden die Eisenstangen fort, die Ecksteine umgeworfen. Erst nach 11 Uhr wurde es still. Die

Konstabler hatten nichts ausgerichtet; die Bürgerwehr — Horn und Trommel riefen sie unablässig herbei — war sehr lässig; natürlich will sie nicht alle Dummheiten, Vernachlässigungen und Treulosigkeiten vertreten, die jeden Augenblick von unsern nichtsnutzigen Behörden begangen werden.

Der König ist in Sanssouci zurück. Er meint, es sei ihm auf der Reise prächtig ergangen. Nur Düsseldorf hat ihn sehr verdrossen.

Die provisorische Regierung von Schleswig-Holstein hat sich vertagen müssen, damit sie der Diplomatie nicht im Wege sei! — Die Wildenbruch'sche Note wird zur Wahrheit.

—

Dienstag, den 22. August 1848.

Ich ging aus, sah unter den Linden die Zerstörungen von gestern Abend; starke Volksgruppen und starke Bewegung.

In der Nationalversammlung sprachen der Ministerpräsident von Auerswald und der Minister Kühlwetter über die Vorfälle in Charlottenburg und hier, der letztere wird seine Konstabler vermehren wollen, der würdige Konstabler-Minister! — Auerswald hatte gestern grade Assemblee, als die Steine in seine Säle flogen, die Gäste mußten sich hinter den Mauerpfeilern halten, um nicht getroffen zu werden, und nahmen alle durch den Garten ihren Rückzug. Der Minister schämte sich besonders, daß ihm der Schimpf in Gegenwart der fremden Gesandten widerfuhr; als wenn die zu Hause in ihren Ländern es besser hätten! Man sieht in diesem Zuge die ganze Erbärmlichkeit dieses hoffährtigen, immer den Schein zur Hauptsache machenden Staatsgesindels! Das sind die Minister, diese, wahrlich!

Abends unter den Linden sah es drohend aus. Der Regen half die Menschen zerstreuen. Konstabler und Bürgerwehr waren zugleich auf den Beinen bis tief in die Nacht.

Mittwoch, den 23. August 1848.

Rosenkranz wohnt den meisten Sitzungen des Ministeriums bei, sie dauern viel zu lange, es ist wenig Schärfe in der Behandlung der Geschäfte, noch weniger Uebersicht, als wesentlicher Mangel erscheint die geringe Geistesbildung; Milde und Hansemann sind ganz unwissenschaftlich; Kühlwetter ist mittelmäßig, strichweise klug, strichweise dumm und ungeschickt; Gierke verspricht viel und strebt empor. Nach den letzten Vorgängen wollen die Minister ein Aufruhrgesetz durchbringen, ein Verbot der Maueranschläge, eine Aufhebung der Klubs! Nach den Charlottenburger Gräueln waren sie ganz gelassen, ohne allen Eifer, nach den zerbrochenen Fensterscheiben Auerswald's ist alles Feuer und Flamme! Rosenkranz sagt, sie wissen nicht, was sie mit jenen Zwangsmaßregeln hervorrufen, den vollständigen Aufruhr, jetzt oder in der Folge! Ein Minister selbst hat gesagt, ohne den stürmischen Andrang der Konstabler würden keine Fenster eingeworfen worden sein, erst deren brutales Einschreiten habe den Zorn der Volksmenge entflammt, wären sie nicht gekommen, so hätte es mit der Abordnung von Sprechern sein Bewenden gehabt.

Die Minister stützen sich auf das Beispiel Frankreichs, in Cavaignac sind sie eines neuen Ludwig Philipps sicher, sie glauben alles wagen zu können und schämen sich fast, daß Baiern ihnen gegen die Klubs vorangegangen. Hansemann sieht die Sachen auf andre Art an: „Seit die Staatsschuldscheine wieder zu 74 stehen", sagt er, „können wir schon wieder etwas wagen!" Sie sollen sich hüten, die Thoren!

Der konstitutionelle Klub ist mit den Ministern in Verbindung, ihr Vorstand fragt öfters an und erbietet sich zu Diensten, die Minister wissen aber selten davon den rechten Gebrauch zu machen.

In Wien ist Eifer und Muth. Wir haben von dorther noch manches Beispiel zu erwarten.

Der Reichsverweser hat an den preußischen kommandirenden General und an den Oberpräsidenten der Rheinprovinz Dank- und Zufriedenheits-Erlasse gerichtet, die mir wirklich als Uebergriffe erscheinen; mich dünkt, all dergleichen müßte ausschließlich an die hiesige Oberbehörde gehen. Das wird noch gute Händel setzen!

Donnerstag, den 24. August 1848.

Ausgegangen, zu Kranzler, beim Museum. — Wenige Gruppen im Kastanienwäldchen. — Auch der Stralauer Fischzug, der heute ist, wird wenig besucht. — Die Stimmung des Volkes ist aber sehr aufgeregt. — Die Konstabler reißen die Anschlagzettel des demokratischen Klubs von den Mauern und Bäumen ab; Schlägereien deßhalb.

Die „Reform" giebt gediegene muthvolle Aufsätze, auch die „Zeitungshalle" zeigt großen Muth, es wird alles gesagt, noch! Aber im Ganzen sieht es schlimm, und die Reaktion, mit der das elende Ministerium zu demselben Ziele wirkt, bringt es zu neuen Kämpfen. Was sie verschulden, werfen sie den Gegnern zu, sie schlagen, und wer getroffen scheint, wird wegen seines Schreiens angeklagt!

Die geschlagenen Menschen sind nichts, aber die zerschlagenen Fensterscheiben, die fordern Einschränkung der Freiheit! — Sie werden es noch weit bringen!

Freitag, den 25. August 1848.

Held hier ist Major des Bataillons der Maschinenbauer geworden, darüber sind die Aristokraten im größten Schrecken! Nun sei es Zeit, sagen sie, bald werd' es zu spät sein, man müsse einen großen Schlag thun, dem Feinde zuvorkommen.

Oesterreich hat die französisch-englische Vermittlung in Italien abgelehnt. Die Sachen verwickeln sich, es werden neue Kräfte sich erheben.

In der Volksversammlung bei den Zelten am 23. waren über 10,000 Menschen, sie erhoben zuletzt die Hände, als Gelübde, die errungene Freiheit zu bewahren, und ließen Hecker hoch leben.

Sonnabend, den 26. August 1848.

In Paris bereitet sich eine große Bewegung, indem die Legitimisten sich dem Volk anschließen. Ich glaube weder an Heinrich den Fünften, noch an den Grafen von Paris oder Joinville. Ich glaube an die Republik, und gar wenig an Cavaignac! —

Ränke in Frankfurt am Main und Paris haben die Abberufung Savoye's von Frankfurt bewirkt; er hing mit Ledru-Rollin zusammen. —

Der konstitutionelle Klub ist für das Aufruhrgesetz und will es in einer Volksversammlung empfehlen! Der Klub ist im gänzlichen Verfall, wenig besucht, ohne hervorragende Talente. Die elende Verbindung mit dem Ministerium richtet die Leute zu Grunde. —

Die Wahl Held's soll durch Umtriebe, denen die Minister nicht fremd sein mögen, rückgängig geworden sein. — Der Oberst Kaiser hat sein Amt niedergelegt, einstweilen steht an der Spitze der Konstabler der ehemalige Bürgerwehrmajor Held, ein falscher tückischer Kerl! —

In Wien Kampf der Arbeiter gegen die Bürgerwehr, jene sind im Nachtheil, die Hauptschlacht scheint aber erst zu liefern. —

Der Reichsverweser hat von Preußen eine Heeresmacht von 150,000 Mann verlangt, man sagt, um auf den Fall, daß die Franzosen in Italien einschreiten, gegen diese den Krieg mitzuführen. Unsinn! Indeß mag der König schon bereuen, daß er nach Köln gegangen und dort mit dem Reichsverweser so verbrüdert erschienen ist; es wird ihm nach dieser Gemeinschaft jetzt um so schwerer, sich ihren Folgen zu entziehen. Köln war eine Falle für ihn, und er ging hinein. —

Die Potsdamer Bürgerwehr machte dem Könige dieser Tage viel Verdruß. Er bestimmte die Parade, die Bürger waren mit dem Platze nicht zufrieden. Er sagte sich los, sie hielten die Parade und ließen den Reichsverweser leben. Der König war bitter mißgestimmt und schimpfte sehr.

Hiesige Maurergesellen, die an den Schändlichkeiten in Charlottenburg Theil genommen, werden von ihren Meistern abgelohnt und niemand will mehr mit ihnen arbeiten.

—

Sonntag, den 27. August 1848.

Die Lage von Deutschland verwickelt sich mehr und mehr, das Anstreben zur Einheit wird immer mehr zum

Zerfall. Der Reichsverweser spricht mehr und mehr Macht an, die Kleinen geben sie, die Großen nicht; er knüpft überall mit dem Ausland an, aber das Inland fehlt ihm noch; er führt Krieg und droht Krieg, mit erborgten Truppen. Dabei geht die Zersetzung im Innern der Staaten weiter, alles steht in Gegensätzen, die sich nicht lösen wollen. Es ist ein wildes Getümmel der Streitenden, man weiß nicht mehr, wer Freund oder Feind ist, man findet unerwartet, daß man gegen die eigne Sache gekämpft hat. Hier wäre vor allen mit Ajas zu rufen: „O Zeus, laß Tageshelle werden, damit wir im Lichte streiten!" —

Nachmittags kam Bakunin. Er erzählt seine Geschichte, legt seine Hoffnungen und Aussichten dar, theilt die neuesten Nachrichten mit. Er ist schon zufrieden mit dem jetzt erlangten, der Bewegung, sie allein ist schon ein Heil, ein schöner Tag zwischen trüben, man freut sich seiner und genießt ihn, wenn auch keine schöne darauf folgen. Er fragt mich nach russischer Druckerei. —

Den Rest des Abends blieb ich allein, wagte nur wenig zu lesen. Zu schreiben hatte ich versucht, der Muth ermattete aber noch früher als die Augen! Ich war wieder in eine politische Ausarbeitung gerathen, und wollte vergessen, daß dergleichen unnütz ist, dann fiel mir dies plötzlich wieder ein und ich legte die Feder weg. —

Man sagt, in den nächsten Tagen sollte hier ein Sturm geschehen; das Unternehmen kann nur zum Schaden des Volkes ausfallen; alle Besonnenen rathen ab. Das Beispiel von Wien räth auch ab. —

Neue Ein- und Uebergriffe der Konstabler. Nächtliche Haussuchung in der gestrigen Nacht beim Handwerkerverein. Man suchte nach Munition; es fanden sich einige blinde Patronen. — Der Polizeistaat ist im vollen Gange. —

Man fand auch scharfe Patronen, die aber dem Verein zu seinen Schießübungen waren gegeben worden! —

Große Aufregung in der Stadt. Anschlagzettel des Handwerkervereins, Rimpler's. Abends dichte Menge vor der Universität, beim Zeughause.

Montag, den 28. August 1848.

Die „Reform" ist scharf und tapfer, sie faßt die Zustände klar auf und giebt kühn die Folgerungen, was zu thun sei. —

Abends ging ich aus.. Unter den Linden sehr lebhaft. Gruppen vor den Anschlagzetteln, große Erbitterung über die unsinnigen Schritte der Regierung, das verrätherische Benehmen der Beamten, die feige Zahmheit der Nationalversammlung.

Ein Konstabler heißt jetzt ein „Kühlwetter". Diese Anstalt ist ein Hohn auf die Freiheit, auf die Revolution. Es sollte mich nicht wundern, wenn diese Polizeiknechte sämmtlich erschlagen würden! Es ist zu arg, wie sie es treiben, oft wider Willen, denn sie selbst klagen auch schon über ihren Dienst.

Neue Truppen kommen nach Berlin, Jäger von Potsdam. Man sagt, die Regimenter, welche hier gestanden, seien unzuverlässig, die Leute hier angesteckt von Freiheitsschwindel. Ueberhaupt merkt man, daß die Truppen sich zersetzen und daß nur ein Theil sogar der Offiziere gegen das Volk zu gebrauchen ist. —

Es hieß, die Hausvogtei solle gestürmt werden, um die vielen Verhafteten zu befreien, die dort seit den letzten Tagen sitzen, allein es geschah nichts. Die großen Volksmassen verliefen sich, als die Bürgerwehr erschien. Die

Häupter der Bewegung scheinen eingewirkt zu haben; in der That würde jetzt ein Sturm, der nur einen besondern Zweck hätte, nichts nützen, sie sehen ein, daß ein Sturm, der jetzt gedeihen soll, wenigstens das Ministerium stürzen muß, die Stürmer an die Spitze der Regierung bringen muß. —

„Der König? kann noch bleiben!" hört' ich einen Mann sagen; „die Nationalversammlung? wollen sehen!"

Dienstag, den 29. August 1848.

Hrn. von Schön besucht. Er hatte beim Prinzen von Preußen gespeist, ihn sehr mürrisch und verschlossen gefunden; ungeachtet der langen und genauen Bekanntschaft nahm der Prinz ihn keinen Augenblick bei Seite, um ein vertrautes Wort zu reden; „Wahrscheinlich hält auch er mich für einen Urheber der Revolution, wie mein Bedienter neulich es von den Königlichen Lakaien in Sanssouci hat hören müssen." Schön hatte am Sonnabend beim Könige gespeist; „Nach Tische stand der König abgesondert in Gedanken, hatte uns wohl Alle vergessen und sah uns gar nicht, sein Gesicht war der Ausdruck des tiefsten Leids." Es waren die Geschichten mit der Potsdamer Bürgerwehr ohne Zweifel, die ihn so verstimmten. — Schön sprach sehr vertraut über den Zustand der Dinge hier, es werde zur blutigen Krisis kommen, die Regierung wolle es und werde siegen, aber was nachher? Unbeschränkte Reaktion? Die werde keinen Bestand haben und auch wieder unterliegen. Er spricht mit Erbitterung über Camphausen, der uns viel Unheil gebracht und noch bringe, die schleswig-holsteinische dumme Geschichte, die Ungeschicklichkeit mit dem Prinzen von Preußen, den Reichsverweser ꝛc. Jetzt

mahne Camphausen von Frankfurt her, der König solle
nur noch Geduld haben und warten, bald werde man dem
Reichsverweser um so sichrer hinterrücks den Gnadenstoß
geben können! Ersteres könnte nach Umständen klug sein,
— wenn man zugleich in rechter Art volksthümlich thätig
wäre —, das Andre aber bleibt unwürdig, niederträchtig.
Schön sagt, Camphausen sei ganz unfähig, einem hohen
Posten vorzustehen. — Rosenkranz kam dazu, ich aber
ging bald. —

Waffenstillstand mit Dänemark auf sieben Monate. Zu
Gunsten der Dänen bis zum Frühjahr, damit das Zufrieren
der Belte ihnen im Winter gefahrlos sei! —

Alles arbeitet darauf hin, dem Volk in Berlin eine
Niederlage zu bereiten. Mehrung der Truppen, Gebrauch
der Konstabler, Gewöhnung der Bürgerwehr und Ein-
engung derselben, Gerichte, Polizei, scharfe Gesetze; die
Nationalversammlung dient willig, die Minister sind voll
Eifer. Aber — der Sieg der Reaktion wird mit der Freiheit auch die meisten Helfer treffen, sie wird den Rest der
Bürgerwehr vernichten, die Minister zum Teufel jagen,
den König zum Abdanken zwingen! Das ist klar; doch
bietet alles die Hände zum eignen Unheil!

—

Donnerstag, den 31. August 1848.

Abends den Minister von Canitz gesprochen; er scheint
gutes Muthes, und das ist ein schlimmes Zeichen, denn
gut ist ihm doch gleichbedeutend mit reaktionair. Er ist
für Freiheit und Volk blind, er sieht beides nur als Zerr-
bild, er hat keinen Begriff von beidem. —

In der „Frankfurter Oberpostamts-Zeitung" stehen arge
Artikel gegen Preußen; wir sollen uns dem Reichsverweser

unbedingt unterwerfen. Ein kleiner, trefflich geschriebener Aufsatz in der „Zeitungshalle" hier, von Th. Fontane unterschrieben, sagt geradezu, Preußen stirbt, und muß sterben, es soll seinen Tod sogar eigenhändig vollziehen! Dies hat mich sehr ergriffen. Es ist viel Wahres darin. Und ich schreibe für einen Verurtheilten, Sterbenden, Todten! Es ist entsetzlich! —

Bei uns geht es schändlich her! Verwaltung, Magistrat, Gerichte, Polizei, mit Konstablern, Militair und Bürgerwehr, alles ist in die Wette reaktionair, im Widerspruch mit allen ausgesprochenen Grundsätzen, mit den offenbarsten Rechten des Volkes. Täglich geschehen die brutalsten Angriffe, die hinterlistigsten Niederträchtigkeiten, die Tagesblätter rügen und schreien, doch ohne Erfolg. Die Regierung spielt ein arges Spiel mit dem Volke! Die Nationalversammlung schweigt dazu. Weh ihnen, es wird ihnen schon heimkommen! —

Und ich kann wünschen, daß dieses Preußen an die Spitze von Deutschland komme? Mit diesen Neigungen, Gewöhnungen, Tücken und Gewaltsamkeiten? Mit den Bunsen, Radowitz und all den Günstlingen und Ränkemachern der früheren Zeit? — Nein, dieses wahrlich nicht, sondern ein anderes Preußen, ein volksthümliches, freies, wie ich es voraussetze!

—

Freitag, den 1. September 1848.

Meine kleine Schrift durchgesehen. Es war nahe daran, daß ich sie zerrissen hätte. Nach neuem Kampfe sandt' ich sie an Hrn. Georg Reimer mit einem Briefe. Ich habe das Meine gethan! —

Die Polizei wirthschaftet, wühlt und wüthet ohne alles

Maß, sie herrscht überall, Hof, Minister, Landesbehörden, Militair, Stadtbehörden, Gerichte, und dann die Polizei selbst, alles ist Polizei und nichts als Polizei! Die Schandwirthschaft thut sich noch recht was zu Gute. Verhaftungen, Haussuchungen, Spätereien, Gewaltthaten und Rohheiten auf der Straße, alles erlaubt man sich, jede dumme Anzeige wird geglaubt und beachtet und darnach verfahren. Eine solche Wirthschaft hat es hier noch nicht gegeben. Dazu die lächerlichen, nichtsnutzigen Bekanntmachungen, von Barbeleben unterschrieben, von Heiß, und die jammervollen, schülerhaften Reden — Stottereien — der gottverlassenen Minister Auerswald, Kühlwetter, Hansemann! — Wie dumme Jungen in den Tag hinein sprechen die Jammermenschen. Es ist eine wahre Schande! —

Freiligrath in Düsseldorf verhaftet. Natürlich mußte man in der Stadt, wo man den König in seinem Wagen mit Dreck beworfen — es ist wirklich geschehen! — doch irgend einen Gegenstreich verüben!

Im Ganzen wächst hier unter den Bürgern der demokratische Geist, und auch unter den Soldaten, was die Reaktion mit Schrecken erfüllt. —

In diesen Tagen, soviel es meine Augen erlaubten, in Spinoza gelesen, in der Ethik und Politik.

Sonnabend, den 2. September 1848.

Besuch von Weiher; sehr langes Gespräch über die Stellung der Regierung und des Volkes; jene nimmt alles klein, einzeln, aus engstem Gesichtspunkt, unehrlich, hinterlistig, dieses alles im Großen und Ganzen, wird daher überall, wo es nicht auf dieses Große und Ganze ankommt, leicht betrogen, überlistet, geschlagen, indeß ist die

Regierung trotz aller kleinen Siege dennoch unrettbar verloren, in Frankreich Bonaparte, die Bourbons, die Orleans, sind Zeugen. —

Daß der König mit seinem Bruder heftige Auftritte gehabt, bis zur Feindschaft heftige, ist nur zu wahr, und vergebens hat man es vertuschen wollen. Die kleinen Volksblätter sprechen schon von Kain und Abel. —

„Der Königin Sieglinde Rheinfahrt" (Brüssel 1848). Eine Reihe von Spottgedichten auf den Empfang der Königin von England am Rhein durch den König von Preußen. Scharf und bös, gegen den König erbarmungslos.

Sonntag, den 3. September 1848.

Besuch von Hrn. R., Ansichten über die preußische und deutsche Sache, trostloses Benehmen unsrer Regierung, unsre elenden Minister durchgenommen, die Unthätigkeit des Königs beklagt. Bei uns glaubt man noch allgemein, das Regieren bestehe in kleinen Künsten und Handgriffen, in Polizeipfiffen, niemand hat große Gesinnung und hohen Geist. — Warum tritt nicht der König auf, und erklärt, die von ihm versprochene Volksbewaffnung habe er nicht so engherzig gemeint, als sie jetzt die Minister anordnen wollten? Welche Wirkung thäte das! —

Der dänische Waffenstillstand macht den schlechtesten Eindruck. Schleswig-Holstein erscheint verrathen, man fürchtet hier, dort werde eine Republik entstehen. Allgemein schimpft man dort auf unsern König, Frau von W. sagt es, die eben aus Rendsburg hier angekommen. Auch in Stettin ist man gar nicht zufrieden, man sagt, der Waffenstillstand gebe zwar die Schiffe frei, lasse aber den Handel gelähmt. —

Abends zu **, R., mit hiesigen Offizieren und Edelleuten ganz vertraut, behauptet ganz entschieden, der König müsse fort, müsse dem Prinzen von Preußen weichen, eher könne hier nichts werden, dann aber würde alles vortrefflich gehen, das heißt die Soldatenwirthschaft und die Knutenwirthschaft! Seine Aeußerungen verriethen den innersten Beschluß der ganzen reaktionairen Parthei, ihr entschiedenstes Ziel, ihre ganze Hoffnung. Ich widersprach nur so weit, um ihn stets breiter zu machen. — Er schimpft auch auf die Königin, die den König von aller Strenge abhalte, geizig sei 2c. Armer König, von allen Seiten befeindet, ohne Anhalt, als den schädlichen Freunde und schlechter Rathgeber! Wer kann ihm helfen, wenn er selbst es nicht thut? —

Louis Blanc glücklich in England angekommen, auch Caussidière geflohen. —

Kaiser Nikolai sendet Radetzky'n den Sankt=Georgs=orden! —

Oesterreich fügt sich dem Reichsverweser nicht.

Gegen Arnim-Strick's „Frankfurt und Berlin" hat der ehmalige Minister von Canitz eine bittre Gegenschrift drucken lassen.

Montag, den 4. September 1848.

Stürmische Sitzung der Nationalversammlung heute, das Ministerium weigert die Ausführung des Beschlusses der Nationalversammlung wegen der Aufforderung an die Offiziere, aus dem Dienste zu scheiden, wenn ihre Gesinnung nicht dem neuen Zustande beistimme. Verlagung auf übermorgen. —

Große Aufregung in der Stadt. Spaltungen in der

Bürgerwehr; man sagt, auch im Militair selbst, die Regierung könne sich nicht mehr auf alle Truppen verlassen! —

Die Reaktion ist entschlossen, einen großen Streich auszuführen, gegen das Volk, die Bürgerwehr, selbst gegen die Nationalversammlung; sie wartet mit Ungeduld auf den Anlaß, jeder Auflauf kann dazu dienen. Man will Kampf; Truppen in Menge sind hier und in der Umgegend, alles ist vorbereitet und verabredet, die Edelleute und Offiziere lächeln einander wohlgefällig zu, am meisten freuen sich die Offiziersweiber und zeigen schon allen Hohn des Sieges mit süßer Selbstbefriedigung! Ist der König unentschlossen und schwach, so wird der Prinz von Preußen stark sein. Das Freiheitsgesindel soll vernichtet werden, die Rädelsführer in's Zuchthaus, wohin sie gehören! Cavaignac, Radetzky, Windischgrätz, welch ermuthigende Beispiele! Und Cavaignac nähert sich schon Rußland! O man hat sich nur verblüffen lassen, aber man kommt schon wieder zur Besinnung! In ganz kurzer Zeit muß alles gethan sein. —

Der „Staatsanzeiger" bringt den dänischen Waffenstillstand. Solchen Verrath und Erbärmlichkeit hat man nicht erwartet! Das wird Schimpf und Schande regnen auf uns! Und auf Frankfurt, auf den Reichsverweser mit! —

Waldeck hat heute erklärt, wenn das Ministerium die Beschlüsse der Nationalversammlung nicht ausführe, so könne keiner der Abgeordneten noch mit Ehren seinen Sitz behalten.

Dienstag, den 5. September 1848.

Ich ging allein aus, unter den Linden auf und ab. Nach einer Weile gesellte sich Hr. W. zu mir, und wir sprachen eine kleine Stunde über die Lage der hiesigen und allgemeinen Sachen. — Ein polnischer Abgeordneter kam zu uns, erzählte von der heutigen Sitzung der National-versammlung; er meinte, Schreckenstein und Kühlwetter könnten wohl abdanken müssen. Dummheit der Minister; die Antwort auf den Beschluß vom 9. August mußten sie auf der Stelle bereit haben, nicht nach vier Wochen Be-rathung; die Unmöglichkeit, gegen die Versammlung ver-neinend aufzutreten, mußten sie auch einsehen.

Die Aufregung in der Stadt ist groß, doch ohne Tumult und Lärm. Die Demokraten sind kühn und trotzig, doch wagen sie viel und können leicht verlieren, auf einige Zeit, denn die Zukunft gehört ihnen. —

Der dänische Waffenstillstand ruft die härtesten Anschul-digungen hervor; der „Staatsanzeiger" heute sucht ihn zu beschönigen, matt und kläglich. —

Die deutschen Gesandten des Reichsverwesers sind ein bloßer Luxus, sie werden noch gar nicht anerkannt. —

Die durch falsche Angaben geäffte Polizei scheint sich zu schämen und hält sich etwas ruhig. Die Volksversamm-lungen unter den Linden haben regelmäßig Statt, ohne alle Störung, da die Konstabler wegbleiben. Man nennt diese jetzt häufig Kühlwetter, zu Ehren ihres Gründers und Beschützers. Dieser Kühlwetter ist ein fertiger Schwätzer, sonst aber ein erbärmlicher Wicht, nach allem was man von ihm hört. —

Den Anschlagzettel des Königs „An meine lieben Ber-liner" hat man neu gedruckt und überall angeschlagen. Das Volk liest ihn begierig und vergegenwärtigt sich die Märzlage, so wie es bitter die falschen Angaben berichtigt, die der Zettel enthält.

Mittwoch, den 6. September 1848.

Im Thiergarten spaziren gegangen; unfern der Luisen-Insel vor einer Bank fand ich in die Erde gezeichnet einen Galgen, woran eine Figur hing, dabei stand der Namen Radowitz! —

Gegen Abend unter den Linden, im Lustgarten. Dann bei * *. — Die Bursche waren heute überaus zahm, die Krisis liegt ihnen in den Gliedern, das Ministerium muß morgen siegen oder fallen. Alle Klubs sind thätig, die Bürgerwehr spricht mit, man glaubt der Soldaten nicht mehr sicher zu sein. Volksversammlung bei den Zelten. Die „Reform" spricht mit Kühnheit und Geist, die „Zeitungshalle" gleichfalls sehr kühn. Held und der Polizeipräsident von Barbeleben bekämpfen einander durch Maueranschläge! —

Steckbriefe gegen Edgar Bauer, gegen Karbe. —

Die Dummheit der Minister wird allgemein zugegeben, wie erbärmliche Schuljungen haben sie sich aufgeführt! — Ob sie morgen ihren Stand behaupten, oder sich zurückziehen? Man ist sehr gespannt. Die Linke beharrt auf ihrem Vorsatze, nöthigenfalls auszutreten und ein Manifest an die Nation zu erlassen. Die Minister sind nach Potsdam gefahren. —

In Spinoza gelesen, und in Fichte.

Donnerstag, den 7. September 1848.

Ich ging ungeachtet meines Unwohlseins doch aus, um 1 Uhr zur Singakademie, wo große Volksgruppen waren, um den Ausgang der Verhandlungen abzuwarten. Ich sprach den Mahler G., der eben von Hansemann kam und dort gehört hatte, die Minister wollten sich behaupten.

Ich erschreckte ihn sehr dadurch, daß ich sie schuftige Minister nannte. Dann sprach ich Hrn. Professor Benary, der mir als gewisse Nachricht mittheilte, daß das Ministerium schon in einen Vermittlungsvorschlag gewilligt habe. Die Lumpen! damit haben sie sich schon gerichtet. Benary hoffte sicher ihren Sturz. Ich sprach mit ihm lebhaft, es sammelten sich Zuhörer um uns, immer näher und dichter, ich war unversehens ein Volksredner geworden! Mein rheumatischer Schmerz nahm überhand, ich mußte nach Hause. Den Rest des Tages brachte ich liegend auf dem Sopha zu. —

Abends kam G. und brachte Nachricht. Bis gegen halb 6 Uhr hatte die Sitzung gedauert. Alle Amendements waren verworfen worden, der Stein'sche Antrag mit einer Mehrheit von 77 Stimmen, mit 219 gegen 142, hatte gesiegt. Große Freude im Volk! Eichler kam und beschwor das Volk, die Abgeordneten der rechten Seite ruhig weggehen zu lassen; es geschah, man bildete eine breite Gasse, so wie aber ein Linker kam, wurde Hurrah geschrieen und gejubelt, Stein auf den Schultern getragen, Waldeck deßgleichen, beide im Triumphe nach Hause begleitet. Keine Ausschweifung fiel vor. —

Die Minister hatten sich schon vorher entfernt und fuhren nach Potsdam zum Könige. Man glaubt noch nicht, daß sie weichen, sie werden das Letzte aufbieten.

Freitag, den 8. September 1848.

Rosenkranz wäre jetzt willig, eine Ministerstelle anzunehmen; er fragt mich, ob ich eintretenden Falles in eine neue Kombination, z. B. eines Ministeriums Schön, miteintreten würde? Ich sage entschieden: Nein!

Bettina von Arnim kam, grüßte mich als Minister der auswärtigen Angelegenheiten, rieth aber gleich dringend, ich möchte es nicht annehmen, möchte wohnen bleiben, wo ich wohne! Ich sagte ihr, mit mir habe es gute Wege und keine Gefahr, langweilte sie mit meinen rheumatischen Schmerzen, Augenleiden, Nervenübeln. Sie wollte wissen, der König sei heute früh um 6 Uhr hier auf dem Schloß angekommen und habe erklärt, er werde die Minister nicht entlassen. Sie will an ihn schreiben und ihm Rath geben und guten Zuspruch. —

Sie war kaum fort, so kam Dr. Oppenheim. Auch er glaubt an ein Ministerium Schön, an den schon Hr. Goldstücker geschrieben hat, er möchte zurückkommen. Auch Oppenheim spricht von einem Portefeuille für mich! Sie täuschen sich Alle und meinen, ich könnte Geschäften vorstehen! Was ich annehmen könnte, wäre höchstens die Stelle eines Beiläufers, der gelegentlich seine Meinung frank und frei sagen dürfte. Wir sprachen über die Lage des Tages, die Zähheit und Schamlosigkeit der Minister, wir gehen viele Namen durch, Walbeck und Robbertus unter Schön werden gebilligt, es fehlt aber sehr an Namen! — Oppenheim sagt, die Demokratie sei stark und auch auf neue Wahlen eingerichtet, sie greife unter den Bauern um sich und auch unter den Truppen. —

Unsre Minister haben noch nicht abgedankt. Der Reichsverweser aber hat seine Minister, nach der Abstimmung, die den dänischen Waffenstillstand nicht genehmigt, sogleich entlassen, und Dahlmann soll ein neues Ministerium bilden. —

Unsre Verlegenheit hier ist gränzenlos! Niemand weiß Rath, am wenigsten die Leute, welche ihn zu geben berufen sind. —

In Fichte gelesen, in Voltaire. —

„Aufgehen oder Vorangehen?" (Berlin 1848.) Kleine Schrift vom Minister von Canitz, zunächst gegen Arnim-Sirid. Wir stimmen in vielem merkwürdig überein; nur ist er kein Volksfreund in meinem Sinne.

———

Sonnabend, den 9. September 1848.

Nachmittags Besuch vom Minister von Canitz, anderthalb Stunden. Er beginnt mit dem Vorwurfe, daß im Hause Meisterstücke geschrieben würden, von denen er nur zufällig erfahre! Er ist in der That mit meinem „Vortrag" außerordentlich zufrieden. Ich bin ganz erstaunt darüber, allein die Ereignisse haben seiner Denkart manche Hemmriegel allmählig weggezogen. Wir besprechen den ganzen Zusammenhang unsrer Angelegenheiten, mehr als früher einverstanden. Canitz ist ein Ehrenmann, nimmt an keinen Ränken und Umtrieben Theil; für sich hofft er nichts mehr, wünscht kein Jahr mehr zu leben! Wir gehen die Männer durch, die hier an die Spitze treten könnten.

Noch keine neue Minister. Man sagt, der König wolle sie behalten, sie wollten nicht weichen. Allerlei Gerede. —

Rellstab hat gestern meinen „Vortrag" ungeheuer gerühmt in der „Vossischen Zeitung", Spiker heute desgleichen in der Spener'schen. Ich hatte solchen Beifall nicht erwartet, im Gegentheil. Aber auch die Demokratie ist damit zufrieden, zu meiner größten Verwunderung; Dr. Oppenheim billigt die Schrift, und sagt, wie Macchiavelli müsse man jetzt die Einheit als Hauptsache stellen, die Freiheit erst folgen lassen. —

Schelling's, Rückert's, des Mathematikers Jacobi ꝛc. große Gehalte will Hansemann vom 1. Oktober an kürzen, auf die Hälfte und noch mehr herabsetzen. Dies findet große Mißbilligung und wird nun wohl unterbleiben. Von Ludwig Tieck war dabei die Rede nicht. —

Sehr merkwürdig ist, daß seit kurzem sehr schnell im Volke sich die Nachricht und Meinung verbreitet, der Prinz von Preußen habe sich der Volkssache zugewendet, auf ihn sei fernerhin zu hoffen, zu rechnen. In den Schenken wird es gesagt, auf den Märkten, Handwerker und Dienstboten theilen es mit. Man hat Held in Verdacht, heimlich jetzt der Sache des Prinzen zu dienen; vom Grafen von Pfeil ist es gewiß, daß er den Prinzen kürzlich mehrmals gesehen; Dr. Cohnfeld, der unter dem Namen Bubbelmeyer berlinische Volkssachen schreibt, war in bitterster Armuth und ist seit kurzem auf gutem Fuß, man sagt, der Prinz habe ihm geholfen. Ueberhaupt soll der Prinz jetzt große Summen verwenden. Wenn er glaubt, durch das Volk etwas zu gewinnen, so erkennt er dessen Macht an, wie ist es dann mit dem Militair? Bleibt der volksthümliche Prinz dennoch der Held der Aristokratie? Hierin liegt noch viel Dunkel! Die Zukunft wird es aufklären! Alle Umtriebe, soviel ist gewiß, der Reaktion, des Adels ꝛc. sind jetzt gegen den König gerichtet. Mein Lob seiner Eigenschaften ist fast Opposition gegen den Zug des Treibens! So seltsam ist alles!

Sonntag, den 10. September 1848.

Ich hatte ein paar Stunden geschrieben — unter andern einen Aufsatz für Bettina von Arnim —, so kam Carriere! Freudiges, herzliches Willkommen! Er erzählt mir von Frankfurt, ich ihm von Berlin. Ueber Personen, über die Verdorbenheit aller alten Liberalen, der Franzosenfresser, der Landtägler, der Preßfreiheitler; Jugend, Jugend! Frische und Kühnheit! — Hiesige Zustände scharf geprüft, die Hoffnungen erwogen und für die nächste Zeit noch sehr schwach befunden. — Der Minister von Canitz sendet mit verbindlichen Worten mir seine Schrift. — Als Carriere fortgegangen war, kam Hr. Henry H., mir zu sagen, daß er meine Sachen für England schon besorgt hat. Unglücklicherweise geriethen wir in Streit über den dänischen Waffenstillstand, über die hiesige Lage der Sachen, über das Geschichtliche des 18. und 19. März, und in großem gerechten Zorn sagte ich ihm harte Dinge. Ich hörte alles aristokratische Volk, allen Militairdünkel aus ihm reden, er hatte die kleinlichsten Ansichten, nannte den dänischen Krieg ungerecht, den Waffenstillstand gut, drohte mit Krieg von England und Rußland, gab dann zu, daß England keinen gemacht haben würde ꝛc. Er ist der wüthigste Feind der Volkssache, der Freiheit, der Deutschen, zum Glück wenig schädlich.

Mir zum Troste kam Bettina von Arnim, theilte mir mit, was sie dem Könige geschrieben hat, über seine Lage, zur Empfehlung Schön's, der Linken, der Volkssache. — Wir gingen die hiesigen Partheiungen durch. Der Adels- und Militairdünkel ist unser Gebrechen; wie sich diese glatten Burschen blähen, diese Gardeoffiziere, Grafen und Freiherren! Bettina erzählte namhafte Beispiele. Alles Herz ist aus ihnen gewichen, aller Sinn, alle Ehrlichkeit, und selbst mit der Tapferkeit steht es bei vielen schlecht, hinter der Prahlerei steckt blutwenig, oft geradezu die baare Schande. Den König hassen sie und rühmen den Prinzen von Preußen, aber den Prinzen lieben sie eben so wenig, sie sind bereit, auch ihn wegzuwerfen. Diese Race muß vertilgt werden!

Binnen drei Jahren ist das preußische Heer ganz neu, kein gemeiner Soldat darinnen, der nicht die Revolution als Bürger erlebt hätte. — Für die Aristokratie aber bedarf es ein dreißig Jahre Zeit, es muß ein neues Geschlecht heranwachsen, damit die Revolution sich einwurzeln könne.

Heute war große Volksversammlung. Die Linden spät ganz voll von Menschen, auch ein Zug mit einer Fahne. Die Konstabler hielten sich ruhig, und so blieb es auch ruhig.

Montag, den 11. September 1848.

Einen Aufsatz für den Druck geschrieben. — Besuch von Carriere, der aus der Nationalversammlung kam. Der König entläßt die Minister, giebt ihnen aber Recht, daß die Einmischung der Nationalversammlung in Verwaltungssachen gegen das konstitutionelle Prinzip sei! Beckerath ist berufen, ein neues Ministerium zu bilden. Waldeck und d'Ester reden mit Schärfe und Entschlossenheit, und weisen den Tadel zurück! —

Held hat gestern in der Volksversammlung gegen die Nationalversammlung gesprochen; das Volk bedürfe Brot und Freiheit, er werde sagen, wie beides zu schaffen sei. Er sagt es noch nicht, aber seine Rettung für das Volk ist der Prinz von Preußen, für den er lebhaft spricht. — Heute ist Held, so heißt es, unter den Linden vom Volk ausgeprügelt worden. Wenn er meint, seine Leute nach Belieben dem einen oder dem andern Haupte zuführen zu können, so irrt er sich. —

Gerücht aus Frankfurt am Main, daß der dänische Waffenstillstand endlich doch genehmigt worden.

In Wien will der Reichstag ebenfalls selbstmächtig sein; halb gesteht es der Minister zu! Bei uns ist es durch die Annahme des Amendements Tamnau, zu der die Minister sich bereit erklärten, ebenfalls halb zugestanden! Durch diese Erklärung haben die Minister ihre eigne Behauptung gebrochen. Jetzt kommt es hier zum heißen Kampfe. Man erwartet auch Vincke'n. Der soll's machen! —

Der König ist übel berathen. Er verkennt die Lage der Dinge. Die Nationalversammlung kann nicht konstitutionell sein, eine Konstitution ist noch nicht da, wie kann man ihr ein Maß anlegen, das sie selbst erst schaffen soll? Jede konstituirende Versammlung ist thatsächlich souverain oder ein Spielwerk. Die Versammlung steht auf dem Boden der Revolution und führt Krieg für die Konstitution, die wirklich auf allen Punkten erobert werden muß. Die Erklärung des Königs schürt diesen Krieg heftiger an; sein Ansehn leidet dabei, wird immer schwächer, und selbst ein augenblicklicher Sieg hilft ihm auf die Dauer nicht, im Gegentheil, macht seine Sache schlimmer. —

Und der Prinz von Preußen! Wie schlecht muß seine Sache stehen, wenn Held sie stützen soll! Erst Haupt der Militairaristokratie, dann der Proletarier, — geht das? —

„Lydia, von Louise Aston. Ein Roman."

Dienstag, den 12. September 1848.

Bettina von Arnim war gleich nach dem Essen bei mir gewesen und hatte mir ihren Brief an den König mitgetheilt, vortrefflichen Inhalts! Wenn der König dergleichen beachtete und befolgte, so könnte es sehr gut sein. Aber — Regan und Goneril sind die lieben Töchter, und Cordelia wird verstoßen! Wer kann vierzigjährige Gewöhnung umwerfen, eingewurzelte Vorurtheile und Neigungen! Bettina wird aber auf's neue schreiben, und vielleicht dringt doch irgend ein Wort ein. Ich sage ihr, wir kämen mir beide vor, wie Figuren in einem Trauerspiel, das Friedrich Wilhelm der Vierte hieße, der Dichter zeige in uns die dem König persönlich zugethane Gesinnung, die ihm dargebotene Geisteshülfe, aber wie durch unübersteigliche Kluft von ihm geschieden, es hilft ihm nichts! Dicht daneben sind die Auftritte, in denen er den schlechtesten Einflüssen preisgegeben erscheint, den verderblichsten Rathschlägen folgt.

Zweite Woche des Septembers 1848:

In den letzten Zeiten des Ministeriums Auerswald hatten die Minister einen stürmischen Auftritt mit dem König. Er beschwor sie, er befahl ihnen, die Nationalversammlung aufzulösen, die Bürgerwehr zu entwaffnen; sie würden seine Retter sein, unsterblichen Namen in der Geschichte haben, seine Truppen stünden bereit zu dem Werke. Die Minister erschraken, Auerswald wollte nicht, Hansemann zagte, Schreckenstein weigerte sich, am meisten sprach Gierke gegen solches Unternehmen. Der König sagte, wie der Kaiser Friedrich vor Heinrich dem Löwen gekniet, so knie er jetzt bittend vor ihnen. Aber auch das verfing nicht. Die Minister gingen in ein anderes Zimmer sich zu berathen; als sie wiederkamen, zeichnete der König allerlei Blumen auf's Papier, und fragte ohne aufzusehen, ob sie sich besonnen hätten? Als er ihre beharrliche Weigerung sah, gerieth er in fürchterlichen Zorn, stieß die härtesten Beleidigungen aus, gegen Auerswald, Schreckenstein, Hansemann, sie verriethen ihn, hätten ihn betrogen, am heftigsten fuhr er gegen Gierke los, dem er sogar in's Gesicht spukte. Natürlich war die Folge, daß die Minister abtraten.

Mittwoch, den 13. September 1848.

Hansemann soll durchaus im Amte bleiben wollen, an der Spitze von Bank und Seehandlung, einer Stellung, die er als Rother sie hatte, für unnütz und schädlich erklärte!

Beckerath und Mevissen werden als unmöglich angesehen für unser Ministerium. Rathlosigkeit, weil man sich sperrt das Rechte zu thun, Waldeck, d'Ester 2c. zu nehmen! — In Frankfurt a. M. ebenfalls große Verlegenheit, Dahlmann tritt zurück, Hermann aus München wird angegangen. Man spricht vom Baron von Stockmar; Ränke, koburgische Hausinteressen mit englischen verflochten. Fort! —

Schlägereien der preußischen Soldaten in Posen, in Mainz. Aber auch — in Potsdam! Gestern Abend war dort Soldatenaufruhr, die Offiziere wurden nicht gehört, mißhandelt, die Soldaten verbrüderten sich mit den Bürgern, Gardedukorps hieben zwar auf die Soldaten ein, aber das machte die Sache nur um so schlimmer. Es wurden Barrikaden gebaut. Der Hof ist bestürzt, die Generale sind rathlos. „Das fehlte uns noch!" rufen die Realtionaire. Das Ereigniß konnte zu keiner Zeit schärfer eintreten, als eben jetzt. Ich hab' es lange vorher gesagt, man verwilderte die Soldaten gegen das Volk, aber nun sind sie auch wild gegen die Offiziere! —

Der König soll nach Charlottenburg geflüchtet sein.

Donnerstag, den 14. September 1848.

Oppenheim erzählte seine gestrigen Schicksale in einem Klub, wo Held herrschte und seine Ankläger beschuldigte. Oppenheim wagte gegen Held aufzutreten und griff ihn herzhaft an, erregte aber solchen Sturm, daß er in Gefahr gerieth und fortgehen mußte. Uebrigens kommen Held's

Umtriebe an den Tag, sein Besuch bei Fräulein Ottilie von Hake, seine Verbindung mit der verwittweten Generalin von Gräve, mit Hrn. von Katte, und vielleicht mit dem Prinzen von Preußen, dessen Name wenigstens vorkommt in diesen Geschichten, werden öffentlich mitgetheilt. —

An die Soldaten sind Tausende von Abdrücken verschiedener Ansprachen zur Eintracht mit dem Volke ausgetheilt worden; sie lesen und laufen solche Blätter mit Begier. —

In Frankfurt an der Oder haben sich Soldaten gegeneinander geschlagen. — In Wien drohender Aufstand. — In Schlesien Bauern gegen Rothschild 2c. — In Chemnitz im Erzgebirge blutige Vorfälle. —

Abends bei *. Hr. von Putlitz ungemein brav; er sagte mir, daß in seiner Gegend die Gutsherren zur Zahlung einer Grundsteuer willig seien, an der Agitation dawider keinen Theil nehmen; als man von Abschaffung des Adels sprach, sagte er ganz harmlos: „Meine Familie hat des Adels so lange genossen, daß sie ihn getrost ablegen und nun auch Andern gönnen kann." —

Besorgnisse wegen der Truppen. Zweifel über den Prinzen von Preußen. Wird der König die Augen öffnen? —

Der „Staatsanzeiger" bemüht sich — nach altem Kunstgriffe — die Potsdamer Vorfälle als klein vorzustellen, verräth aber selbst, wie bedeutend sie waren. —

Die Truppen aus Schleswig zurück in Spandau, die Regimenter Franz und Alexander.

Ein französischer General Le Flos als Gesandter hier durch nach St. Petersburg.

Freitag, den 15. September 1848.

Besuch von Weiher. Es ist ausgemacht, daß in der Nacht der Potsdamer Soldatenunruhen der König und die Königin nicht in Sanssouci geschlafen haben; die glaublichste Aussage läßt sie nach Charlottenburg flüchten, doch meint eine andre, sie seien auf dem Schloß in Potsdam gewesen.

Nachmittags kam Bettina von Arnim und las mir ihren zweiten Brief an den König mit dem Vorschlag eines Ministeriums Schön-Waldeck; ich gebe ihr manche Verbesserung und ganze Einsatzstücke dazu.

Bederath ist hier und wird nun doch ein Ministerium zu bilden unternehmen. Das wird schönes Zeug werden! —

Aus Potsdam fortwährende Bemühungen, die Soldatengeschichten als gering hinzustellen; Verschweigungen und Lügen, die sogleich berichtigt werden. „Mit eingestecktem Gewehr und im Schritt", wieder wie am 18. März, dieselbe Lüge. Früher galt dergleichen, man durfte nicht öffentlich widersprechen, sie vergessen, daß man es jetzt thut. —

„Gottsched und seine Zeit, von Th. W. Danzel." (Leipzig, 1848.) Ein mir willkommenes Buch! Gottsched wird hier einmal in seiner Bedeutung gewürdigt. Gervinus wird in diesem Punkt und auch sonst zurechtgewiesen.

In Voltaire's Brief an den Marschall von Richelieu, vom 19. August 1766, find' ich eine Stelle, die mir sehr zu denken giebt: „J'ai encore une chose à vous dire, mon héros, dans ma confession générale, c'est que je n'ai jamais été gai que par emprunt. Quiconque fait des tragédies et écrit des histoires, est naturellement sérieux, quelque français qu'il puisse être." Merkwürdig. Ich glaub' ihm unbedingt.

Sonnabend, den 16. September 1848.

Den Minister von Canitz gesprochen. Unglaubliche Namen unsrer künftigen Minister, ungehörte, aus der untersten Schichte der verfaulten Beamtenschaft! Aber noch ist nichts gewiß. Bederath will dem Preußischen viel Deutsches abdingen; klägliche Kleinlichkeit, innerhalb dieses Gegensatzes sich bewegen zu wollen, statt über demselben! Thut hier das Rechte, willig und gleich, so wird euch das Uebrige bald zufallen. Dieser abgenutzte Bederath! Aber es scheint, die ganze Opposition aus dem Vereinigten Landtage muß erst durchgezellenzt werden! Nur zu, und so schnell als möglich! — Von Schön ist nicht die Rede, seine Schwäger, die abgedankten beiden Minister von Auerswald, sind ihm entgegen.

Sonntag, den 17. September 1848.

Brief aus Königsberg vom Minister von Schön; zum Erschrecken wie der alte Mann plötzlich abirrt, er schimpft auf die Minister und auch auf die Nationalversammlung, er hat nicht den Standpunkt, den wir ihm liehen, bei weitem nicht! Mit seiner Namensverherrlichung der Idee, worauf er stets zurückkommt, ist es nicht gethan! Es thut mir herzlich leid um ihn. —

Fleißig und angestrengt gearbeitet. — Besuch von Hrn. Dr. Goldstücker, einem jungen Sanskritgelehrten aus Königsberg; über Akademieen, Universitäten, das Nationalinstitut in Paris, neue Zeitschriften 2c. Dr. Carriere kam dazu, er nimmt Abschied. —

Abends über die Linden. Viele Anschläge unter den Linden, besonders im Namen von Soldaten gegen die Nachrichten von den Potsdamer Vorfällen. Sie ziehen keine

Leser an, dagegen werden die demokratischen Anschläge von Soldaten begierig gelesen. —

Allerlei Nachrichten von Zusammensetzung des neuen Ministeriums, ein tolles Durcheinander. Wahrer Unsinn, daß die abgehenden Minister ihre Nachfolger wählen und einsetzen, das heißt ihre Kammeraden und Gesellen. —

In Wien starke Bewegung und Verhandlung. Die Dankadresse an Radetzky findet Widerspruch. — Borrosch. — Kossuth. — Jellachich. —

In Frankfurt am Main noch alles unentschieden. Die Baiern sollen starke Umtriebe machen, die Reichsgewalt an sich zu bringen, die Oesterreicher gegen Preußen ganz feindlich sehn. Ränke aller Art sind dort im Gange, Radowitz ist einer ihrer Mittelpunkte. Das Schlechteste, was uns zu Theil werden kann, Ränke und Radowitz! —

In Danzel gelesen. Seine Polemik gegen Gervinus freut mich. — Aber Danzel selbst ist auch nicht rein und hoch genug, er zeigt merkbare Befangenheiten und gelehrten Dünkel.

Unruhen in Mecklenburg-Strelitz; preußische Truppen hin.

—

Montag, den 18. September 1848.

Pfuel giebt mir zu verstehen, er sei mit im neuen Ministerium, ob als Ministerpräsident oder als Kriegsminister scheint er selbst noch nicht recht zu wissen, jedenfalls aber in höchstem Ansehn. Er fragt mich zuletzt, ob ich nicht Lust hätte, ein Ministerium zu übernehmen? — „Nein!" —

Der König schrieb an Beckerath, als der das Ministerium abgelehnt hatte, den süßesten, schmeichlerischesten Brief; er bedürfe seiner, er möchte seines Rathes nicht entbehren, er gebrauchte die anmuthigsten Wendungen, er schrieb wie ein eifriger Liebhaber an eine spröde Geliebte.

Der dänische Waffenstillstand in Frankfurt am Main mit geringer Stimmenmehrheit anerkannt. —

General von Wrangel ist Oberbefehlshaber aller Truppen zwischen Elbe und Oder geworden. Er soll der Windischgrätz dieser Länder sein! — Seine Proklamation, ein famoses Stück!

Dienstag, den 19. September 1848.

Besuch von Rosenkranz; noch kein Ministerium; die Nationalversammlung hielt kurze Sitzung und setzte die nächste auf Donnerstag an, wo sie einen Antrag an den König berathen will. Unglaublichkeiten aller Art von unsern heillosen Ministern; auf was für Dinge diese Alfanzen verfallen, was für Menschen sie hervorsuchen! Es herrscht die Verwirrung, der Widerspruch, die Schwäche mit Gelüsten Stärke zu sein, der Aberwitz, die Phantasterei. Was für Vorschläge werden gemacht, in welcher Weise das Ministerium auftreten soll! Staatsstreiche werden angerathen, die Sprengung der Nationalversammlung, der Belagerungsstand von Berlin, die Vernichtung der Preßfreiheit und Klubs, der Angriff gegen Berlin, die gnädige Verleihung einer schwachen Konstitution, gar keine, und dann wieder das völlige Nachgeben, den Wünschen der Nationalversammlung entgegenkommen, die Armee reformiren c. Die Reaktion wartet mit Ungeduld, daß ihr das Volk Anlaß geben soll loszuschlagen —, aber damit im Gegensatze wartet auch das Landvolk auf den Anlaß, die Edelleute zu verjagen und sich in die Güter zu theilen! Diese Gefahr wollen die Leute nicht sehen! — Herr Justizrath Schleiden kam und sah noch Rosenkranz; er ist voll Grimm über den Waffenstillstand, sagt, die ganze Geschichte sei voll schmutziger Heimlichkeiten, erzählt mir, wie schlecht auch militairisch der Krieg geführt worden, und daß Wrangel nichts weniger sei als ein Feldherr. Und man macht ein Wesen, als ob der größte Krieg voll Heldenthaten beendet wäre, stiftet ein eignes Ehrenzeichen, giebt Feste!

Später kam Hr. Major von Bincke, den ich seit dem März nicht wiedergesehen hatte. Er scheint ganz wohl zu sein, von seiner früheren krankhaften Aufregung nichts zu wissen. Er erzählte mir alle seine Schicksale mit dem Prinzen von Preußen, dem er fortwährend, so wie der Prinzessin, ganz ergeben ist. Gegen Königsmarck ist er sehr aufgebracht und meint, derselbe sei das Unglück des Prinzen gewesen. Bincke bringt mir auch eine kleine Druckschrift über Gemeindeverfassung, worin er ziemlich aristokratisch redet; er will konstitutionelle Monarchie, aber keine demokratische keine Urwahlen, möchte den König abdanken sehen ꝛc.

Vom neuen Ministerium noch nichts Gewisses, doch nennt man Pfuel als Minister-Präsident, den Grafen von Dönhoff als Minister der auswärtigen Angelegenheiten, außerdem noch viele Namen!

Schlägereien und Plünderungen gestern Abend in der Karlsstraße durch Soldaten verübt.

In Frankfurt am Main Unruhen und große Spaltung im Parlament. Die Linke will ausscheiden und sich abgesondert auf eigne Füße stellen.

Mittwoch, den 20. September 1848.

Unter den Linden bis zum Schlosse standen die hiesigen Truppen in Parade; der General von Wrangel ritt die Front herunter, die Soldaten waren zum Hurrah kommandirt, der General von Thümen ritt hinter Wrangel und stachelte sie mit gräßlichen Gebärden und Degenschwingungen heftigst dazu an, was den lächerlichsten und widrigsten

Anblick gab. Die Zuschauer bewiesen sich sehr kalt, ein dünnes Hurrah von Jungen machte sich kaum hörbar. Am Schlosse hielt Wrangel den Offizieren und Bürgern eine Anrede, drohend und schmeichelnd, von der einige Sätze Beifall erhielten. Als er davonritt, im Galopp, von glänzendem Schwarm der Generale und Offiziere gefolgt, liefen wieder Jungen neben seinem Pferde und riefen Hurrah, es schien ihm aber wenig zu gefallen, denn er gab die Sporen und eilte schnell aus ihrem Bereich.

Ueble Eindrücke von Wrangel's Anstellung und Proklamation; die Linke der Nationalversammlung will dagegen auftreten, nöthigenfalls die Versammlung verlassen und ein Manifest an die Nation richten. — Man erwartet von der Regierung das Allerschlimmste, man macht sich zum Kampfe bereit, der Anblick der Truppen und Wrangel's hat nur erbittert. Ich sah eine Mutter weinen, weil ihr Sohn nach Hause gegangen war, weil er Kugeln gießen wolle! Vergebens sagt man dem Volk, es solle sich ruhig halten, es könne jetzt nichts ausrichten gegen die Uebermacht, es werde zerschmettert werden, in 24 Stunden können gegen 40,000 Mann beisammen sein, ein stiller Widerstand werde die Regierung zum Nachgeben zwingen; der Muth und die Kampflust sind sehr groß, die „Reform" und die „Zeitungshalle" zeigen die unerschrockenste Kühnheit. —

Nachmittags kam Bettina von Arnim, las mir ein neues Schreiben an den König vor. Ich theilte ihr den Brief von Schön mit. Ob hier in dieser Verwirrung noch einige Hoffnung sei? Hoffnung für den rathlosen König? Geringe! —

Keine Nachricht von Pfuel! Kein Ministerium! — Aber die Nachrichten aus Frankfurt am Main sind arg und erschrecken. — In Potsdam wird man bange sein, und vielleicht überdreist werden!

In den Klubs ist große Thätigkeit. G. holte mich ab und kam aus dem demokratischen Klub, wo Jung gesprochen hatte, gegen die Militairreaktion, gegen Wrangel's Proklamation, im Beisein von mehr als hundert Soldaten, rothen Husaren, Jägern ꝛc., die laut ihren Beifall gaben. Es scheint in der That, als ob die Stimmung der Soldaten sich verändre; die Offiziere sehen sich nicht mehr ihrer Mannschaft sicher, sie möchten sie daher eiligst gegen das Volk gebrauchen, ehe sie völlig unbrauchbar wird.

Donnerstag, den 21. September 1848.

Die „Spener'sche Zeitung" bringt einen Erlaß von Schreckenstein an den kommandirenden General in Königsberg (ohne Zweifel an alle andern eben so ergangen), worin alles eingeschärft wird, was die Nationalversammlung verlangt, vom 13. September! Welche Albernheit, alles zu thun und doch abzugehen, weil man es zu thun für unmöglich erklärt! Ein Geschichtchen aus der Kinderstube, vom eigensinnigen Fritzchen, für Campe's Kinderbibliothek! — Dr. *, der aus der Nationalversammlung kommt, bringt die Nachricht, daß Pfuel durch ein Schreiben das Ministerium auf morgen ankündigt, ferner die Nachrichten aus Frankfurt am Main, daß der Fürst Lichnowsky vor dem Frankfurter Thore, wohin er hinausgeritten, um den Feind zu erkunden, durch Turner und Bauern mit fünf Schüssen getödtet worden, unglücklicherweise hatte General von Auerswald ihn begleitet und theilte dieses Loos; letztern bedauert man, den frechen Naseweis Lichnowsky bedauert niemand. — Ich ging aus; — dann wieder zu Hause; die Ruhe der Stadt entsprach meiner Stimmung nicht.

Bettina von Arnim kommt, erzählt mir Gerüchte über mich, dann von Pfuel, was er morgen bringen werde, Amnestie ꝛc. S. kam, er hat einen großen Theil von Deutschland bereist, aller Boden ist vulkanisch, Süden und Westen neigt zu Republik. Dann kam General von Willisen aus Paris; ich blieb bald mit ihm allein. Der Minister von Auerswald hat ihn gerufen, aber zu spät!

Ränke wegen Abdankung des Königs, größte Gefahr!

Abends bei **. — General von Pfuel. Er setzte sich neben mich und sprach mit Lächeln von seinem Ministeramt, es könne nur acht Tage dauern, er opfre sich, er habe nicht ausweichen können ꝛc. Klug genug ist er, um die Gebrechen der Stellung einzusehen. Schon klagt er über den Hof, über seine Kollegen. — Pfuel bringt morgen noch keine Amnestie, sie würde später kommen, man mache noch Schwierigkeiten!

Freitag, den 22. September 1848.

Besuch von Weiher. Allerlei Mittheilungen. Was man alles hört! „Das zweite Garderegiment ist unrichtig", sagte ein geringer Mann. Ganze Bataillone bezeichnet man, die gegen das Volk nicht fechten würden. Es giebt Leute, die an provisorische Regierung denken und sich nach Mitgliedern derselben umsehen! Die Demokraten sind im Ganzen hier sehr für den König.

Ausgegangen. Unter den Linden kühne Anschläge gegen Wrangel, vom demokratischen Klub, vom konstitutionellen, sogar der Weinhändler Louis Drucker macht seinen Spaß gegen ihn. — Auf dem Gendarmenmarkte starke Gruppen vor der Nationalversammlung, trotzige Gespräche! Ich treffe Bakunin, der mir sagt, daß er heut Abend nach Schlesien abreist, um an der russischen Grenze mit Polen und Russen sich zu besprechen und ihnen dringend abzurathen, jetzt nichts zu unternehmen. Mit Dr. Goldstücker, mit Hrn. Müller, dem Schwager Mundt's, gesprochen, Hr. Sander aus Dessau trat heran, Hr. Eichler ꝛc. — Weiher kam aus der Versammlung; er sagte, jetzt nehme die Sitzung eine langwierige Wendung, man suche geflissentlich die Zeit hinzubringen, um für heute die Kirchmann'schen Anfragen (wegen Wrangel) zu verhindern oder doch die Abgeordneten müde zu machen ꝛc.

Nachmittags ausgegangen, starke Gruppen auf dem Gendarmenmarkt. Aufregung in der Stadt. Alle Klubs thätig. Die Demokratie will keinen Kampf beginnen, aber den angebotenen aufnehmen, sie ist voll Muth, rechnet auf ihre Stärke und auf den Abfall der Soldaten. Ganz ohne Organisation scheint sie auch nicht.

Die Mehrzahl der Rohstäbler waren heute auf dem Schloß versammelt, in Potsdam alle Truppen marschfertig.

Sonnabend, den 23. September 1848.

Hr. von Weiher führte mir Hrn. Berends, Abgeordneten der linken Seite, zu. Ein frischer junger Mann von einunddreißig Jahren, von reinster Gesinnung ohne Arg. Wir sprechen über die Tageslage.

Abends bei **. — Spät erst kam Sternberg und sagte, es herrsche die größte Aufregung unter den Offizieren, sie brennen vor Begier auf das Volk einzuhauen, sie lechzen nach Blut und fürchten nur, es möchte übermorgen nichts daraus werden!

Soldatenbrief aus Teltow hier in das Haus, wo ich wohne, es hieße, sie würden wieder auf Berlin losgehen, aber die Soldaten dächten jetzt anders! Ein Soldat hier sagte zu einem Volksmann: „Wenn's losgeht, so schießen wir hoch, und ihr nehmt nur unsre Racker von Offizieren auf's Korn, so ist uns beiden geholfen."

Sonntag, den 24. September 1848.

Ich habe die Nacht wenig geschlafen, der öffentliche Zustand lag mir immerfort auf der Seele. Welchen Ausgang soll diese deutsche Verwirrung finden? Freiheit zuletzt, das ist mir gewiß, aber Freiheit auf Gräbern, auf Trümmern! Und vorher langer Bürgerkrieg. Dies wäre keineswegs nöthig, die Regierungen könnten es vermeiden, aber ihre Unredlichkeit reißt alles in gemeinsames Verderben. Die Aristokratie hat noch die ganze Macht, aber sie verwendet sie zum Uebel. Die Konstitutionen sind eine Komödie, das fühlt, das sieht das Volk, und sein Mißtrauen ist entschieden, nichts reizt gewaltiger zu Wuth und Rache, als das Gefühl, betrogen, genarrt zu sein.

Besuch beim schleswig-holsteinischen Gesandten Dr. Schleiden. Die dänische Regierung hat bei Ernennung der schleswig-holsteinischen provisorischen Regierung den Wortlaut des Waffenstillstandes verletzt. Klage beim Grafen von Dönhoff deshalb.

Ich wollte zu Bettinen von Arnim gehen, sie begegnete mir und wir gingen nun lange unter den Linden; Rosenkranz gesellte sich zu uns, wir sprachen alles durch, mit patriotischer Leidenschaft.

Zu Hause hatte Caritz nach mir gefragt, er zieht noch heute aus, ich soll ihn in seiner neuen Wohnung nicht vergessen. Daß er zu morgen ausgezogen sein wird, ist doch auffallend, er hatte noch sechs Tage hier zu wohnen und zieht heute, am Sonntag. Es scheint, er ahndet Unruhen und Kampf.

Später kam Weiher, erzählte mir seinen Auftritt auf dem Casino mit dem Obersten von Schulz, dem Jesuiten, dem weiland Redakteur des weiland „Politischen Wochenblattes", der hier ein Gemetzel sehen möchte.

Alle Welt erwartet zu Morgen eine Krisis, viele Leute sind in gräßlicher Furcht. Ich glaube doch, die Sache wird sich noch hinziehen. Seltsam, ein Sieg der Waffen nützt auf keiner Seite, die Reaktion führt er zum Untergang, die Demokratie setzt er in Verlegenheit, sie müßte die Republik verkünden, provisorische Gewalt einsetzen, und dazu ist nichts reif.

In Frankfurt am Main bereitet man die größten Unterdrückungsmaßregeln und bietet Truppen von allen Seiten auf.

Gestern, zum erstenmale seit dem März, wurde ein Zeitungsblatt mit Beschlag belegt, Nr. 220 der „Zeitungshalle", doch fand man nur noch wenige Abdrücke. Das Blatt enthält nicht mehr, als alle Tage in ihm, in der „Reform" und in der „Nationalzeitung" steht. — Laune, Willkür!

Heute sind die letzten Pferde aus dem Pallaste des Prinzen Karl nach Potsdam abgeführt worden, alle Zimmer sind ausgeräumt, Möbel, Bilder, Geräthe, alles ist fort. Seit mehreren Wochen dauert das heimliche Fortschaffen. Ueber siebzig Pferde waren da. Es ist ausgemacht, man erwartet Kampf, Beschießung, Plünderung, man richtet sich dazu ein. Auch in Sanssouci stehen immer Wagen bereit zur Flucht. Welch ein Zustand!

Sonntag, den 24. September 1848. Abends.

„Das ist der glücklichste Mensch", sagt Goethe, „der das Ende seines Lebens mit dem Anfang in Verbindung setzen kann." Mich dünkt, ich kann mich in diesem Betracht glücklich nennen. Alles, was meine Jugend erfüllte und reizte, ist mir auch im Alter lieb und erquicklich, die klassischen, die historischen Studien, Homer, Horaz, Ovid, Xenophon, Platon, Seneca, Cicero; meine Versuche sind zu Arbeiten geworden, die auch von Andern geschätzt werden, mein Drang nach mannichfacher Lebensanschauung hat Befriedigung gefunden; die Hauptsache meines Lebens, die Gewinnung Rahel's, halt' ich für ein Glück, mit dem keines, gar keines für mich in Vergleichung steht, und nachdem ich sie allzu früh verloren, war es ein lebendiger Trost, in ihrem theuren Nachlaß eine lebenslange, erhebende Beschäftigung zu haben. Und nun das politische Leben! Meine Jugend wurde von der französischen Freiheit beseelt, ich focht mit, als das französische Joch abgeworfen wurde; lange Jahre vergingen dann im heimischen Druck, ich rang wider ihn mit allen Kräften meiner Lage, meines Talents, aber war ergeben, in meiner Lebenszeit das volle Licht der Freiheit in Deutschland nicht mehr hoffen zu dürfen. Da erleb' ich in meinen alten Tagen auch das noch! Zwar krank und nicht fähig zu mitthätiger Anstrengung, aber frischen Geistes und Herzens. Für den Augenblick ist das Licht getrübt, es leidet von unreinen Stoffen, die man immerfort hineinwirft; aber es wird sich reinigen und heller leuchten als je, ich habe festen Glauben. Ich war darein ergeben, in stiller Ruhe mein litterarisches Tagewerk zu vollenden, so weit es ginge, die gesammelten Stoffe auszuarbeiten, ich verzichtete auf kräftigere Lebensschwingen, aber diese sind gekommen; ich fühle neues Leben, ein solches, wie es dem Manne gebührt, und auch im Unmuth, im Zorn und Schmerz fühl' ich den erhöhten Werth solchen Lebens. Die Brust erglüht für Vaterland, Volk, Freiheit und Staat! Und wie auch die Würfel noch fallen, ich sage Heil! Heil! daß ich dies erlebe!

———

Montag, den 25. September 1848.

Auf dem Gendarmenmarkt große Volksmenge; ich höre, daß die Hauptsache schon entschieden ist, Pfuel hat einen neuen Armeebefehl vom 23. erlassen, den er mittheilt und der die Linke wie die ganze Versammlung befriedigt. Das vorgestern noch Unmögliche wurde also noch am nämlichen Tage möglich? Nein, erst gestern, der Erlaß ist vordatirt, er wurde erst gestern beschlossen, nachdem hier die Regierung durch den Telegraphen erfahren, daß Struve mit 3000 Freischärlern in's Badische eingefallen ist, diese Nachricht ist erst heute Mittag in's Publikum gelangt. Alles ist aber froh, daß der Kampf hier vermieden, die Krisis erledigt ist. Nur die Militairaristokratie schimpft und sprüht Gift, sie wollte Gemetzel um jeden Preis! Pfuel wird von ihr am meisten zu leiden haben.

Briefwechsel zwischen Rimpler und Wrangel. Letzterer hat den Minister von Pfuel zur Rede gestellt, dieser ihn beschwichtigt.

Die Nationalversammlung war stark mit Konstablern besetzt, sie mußten auf Befehl des Präsidenten alle sogleich fort. Ich sah ihren Befehlshaber Heiß auf der Straße in großer Beschämung und Tücke.

Man versichert mich, mehr als je hätte das Volk den Kampf aufnehmen können, in der Bürgerwehr sei viel kriegerische Lust, das Volk habe Waffen und Munition im

Ueberfluß. Ganze Bataillone der Truppen haben ihre Volksgesinnung förmlich angezeigt. Soldaten haben bürgerfreundliche Reden gehalten, die Truppen aus Schleswig sind gegen Wrangel verstimmt, sie erzählen viel Mißliebiges und sehen mit Erstaunen die Kraft und den Muth hier des Volks.

Nachmittags langer Besuch von Dr. Oppenheim. Ein heller Kopf, einsichtig, eifrig, muthvoll.

Die Bürgerwehr wird alarmirt, wegen eines Angriffs auf die Gefängnisse. Es ist die Bruno Bauer'sche Parthei, die einige Betrunkene zum Lärm aufregt. Unbedeutend. Die Demokratie hat nichts damit zu thun. —

In Voltaire's „Philosophischem Wörterbuch" gelesen. Unerschöpflicher Witz, Scharfsinn, Belesenheit! — Im Ovidius. —

Man sagt, die Todesstrafe abzuschaffen, stehe die Regierung deßhalb noch an, weil die Reaktion das Beil noch erst nach dem Siege gebrauchen wolle! Sie könnte es leicht zu ihrem Schaden aufbewahren!

Ich hörte sagen: „Der König ist furchtsam und rachsüchtig; die Polen mußten zusammengeschossen werden aus Rache für die Demüthigung, die er hier durch sie am 19. März erlitten; die Berliner sollen gezüchtigt werden, zur Strafe der Schmach, die sie ihm mit den Leichen angethan." Das ist gewiß nicht in seinem Gemüth!

———

Dienstag, den 26. September 1848.

Nach einer fast schlaflosen Nacht unwohl aufgestanden. Einiges geschrieben, am Fortsetzen durch die Augen gehindert. — Ausgegangen, bei Hrn. Karl Dunder, bei Hrn. Abgeordneten Berends; niemand zu Hause. — Brief aus Frankfurt am Main vom bremischen Bürgermeister Smidt, durch den hamburgischen Syndikus Dr. Banks, der nach Kopenhagen gesendet wird. Merkwürdige Aeußerungen von Smidt, doch weiß auch er im Augenblicke nicht, was zu thun. Geistvolle Denkschrift vom Februar über das Bundeswesen, die angegebenen Rathschläge hätten ohne den Sturm nicht eingeleuchtet, nach seinem Ausbruche sind sie zu spät.

Mittwoch, den 27. September 1848.

Der „Staatsanzeiger" bringt einen Aufruf des Reichsverwesers, der nicht undeutlich ankündigt, daß er Freiheitsbeschränkungen für ganz Deutschland beabsichtigt. Wie begierig werden die hier aufgenommen werden; ihnen wird man gleich und völlig gehorchen! Wir spielen dann wieder Bundestag. Die Folgen werden schrecklich sein. Nichts kann die Republik besser befördern! Der Augenblick wird leicht der Gewalt gehören, aber die Zukunft um so sichrer der Freiheit. Und Preußen — früher so widerspenstig, dann so willig, wenn es Unterdrücken gilt — verliert allen Glauben, nimmt allen Hohn und alle Schmach auf sich, ist verloren für immer! Könnte es den Unterdrückungsmaßregeln widerstehen —, alles deutsche Volk wäre ihm gewonnen. Ich dächte, es wäre der Mühe werth!

Donnerstag, den 28. September 1848.

Ich lag noch zu Bette, als General von * kam; er brachte Nachricht von Unruhen in Köln, von wachsendem Bauernaufstand in Schlesien. Ich theilte ihm meine Befürchtungen in Betreff der Maßregeln des Reichsverwesers mit, die wir begierig annehmen und damit in der Meinung des Volkes allen letzten Halt verlieren würden. Er stimmte mir völlig bei. — Ich überlegte mit ihm die Möglichkeiten eines Bestehens von Preußen, dasselbe dünkte uns an Dynastie, Staatsgröße und Geschichte unauflöslich geknüpft; aber kein Heil ohne die kühnsten Fortschritte, ohne Eroberungen von Freiheiten und Ländern! Die Demokraten sind jetzt für den König, der König würde durch richtige Schritte sie in ganz Deutschland gewinnen.

Bei der Nationalversammlung ist es ruhig.

* sagte mit Nachdruck, die Auflösung des Gardekorps sei unerläßlich, dasselbe sei der eigentliche Verderb des Heeres, die Schule des Uebermuthes, der Sammelplatz der Hoffahrt. —

Herr von Weiher besuchte mich. Struve mit vielen der Seinigen gefangen und erschossen. Gewaltmaßregeln des Reichsverwesers, die allgemeine Empfehlung hier schon angenommen! —

In Goethe gelesen und in Voltaire. — Adalbert Rördansz, „Ein Freiheits-Martyrium", über den Transport der gefangenen Berliner am 19. März nach Spandau, schändliche Vorgänge in zuverlässigen Aussagen! Abscheuliche Soldaten und noch abscheulichere Offiziere! —

Ich soll Abgeordneter der Nationalversammlung werden, man bietet mir die Stelle an, man sagt mir, meine Wahl sei unzweifelhaft, wenn ich sie wolle. Ein Mitglied der Listen (Zacharias) tritt aus, wegen schlechter Gesundheit. Ach, derselbe Grund hindert mich einzutreten! Ich kann nicht!! Aber das Zutrauen freut und ehrt mich auf's höchste. —

Das Gesetz zum Schutze der persönlichen Freiheit (unser Habeas corpus) ist endlich veröffentlicht.

Freitag, den 29. September 1848.

Besuch von Weiher, Nachrichten aus Beamten- und Offizierskreisen. Die Nationalversammlung wird den Ministern neuerdings zu Leibe gehen, wegen Abschaffung der Todesstrafe; der König will durchaus nicht in diesen Beschluß willigen. Der vorige Minister Milde sagt jetzt, der König pflege beim Vortrag alles gutzuheißen, was die Minister wollen, kaum aber seien sie in Berlin zurück, so kommen Billette oder Boten, die alles wieder zurücknehmen und in Frage stellen; man meint, der Prinz von Preußen oder Leopold von Gerlach oder sonst ein Einfluß wirke dann immer hinterdrein. Die Minister verstanden offenbar ihre Sache nicht. Die jetzigen verstehen sie eben so wenig. Es ist eine schändliche Quälerei.

Gegen Abend die Frau Ministerin von ** eine Stunde bei mir. Durch sie hör' ich alles, was man in Potsdam und in gewissen Adelskreisen auf dem Lande denkt. Haß gegen den König, Verfluchung Hansemann's und Arnim-Strick's. Hoffnung auf den Prinzen von Preußen. Standeshoffahrt in ungebeugtem Stolze, Festhaltenwollen alles Uebergewichts über das Volk. — Vom Fürsten Lichnowsky sprach sie doch schlecht, er habe in den Märztagen die zweideutigste Rolle gespielt, von ihm sei das Gerücht verbreitet worden, die Neuschateller Schützen seien zum Volk übergegangen, auf dem Schlosse habe er versichert, die Truppen wankten, sie würden abfallen u. s. w. Vom Könige erzählt sie mir, daß er noch seine Späße treibe, wie er sie als Kronprinz getrieben. Vor einigen Wochen kam die Hofdame Fräulein von der M. in Sanssouci von einem Spazirgange zurück und fand ihr Zimmer ganz in Unordnung, viele Möbeln umgeworfen, andre von ihrem Platze gerückt, Bücher und Papiere und allerlei kleines Geräth umhergestreut. „Ah", sagte sie, „ich weiß schon, der König ist hier gewesen." So war es.

Ich blieb zu Hause und las in Goethe's Briefen an Frau von Stein, deren erster Band endlich erschienen ist. Bewegtes, stilles, unschuldiges, reiches Leben! Aber die Briefe sind diesmal nicht die Sache selbst, nur das Fernglas, durch das man sieht und nun die weite, prachtvolle, reiche Landschaft erkennt. Wenn je, so muß man hier Gefühl und Verständniß mitbringen. Mir war so frisch, als läse ich in heitrer Gegenwart das eigne Leben, und doch mit der Gewißheit des fernen Vergangenseins, also tief schwermüthig. —

Die Minister sind wegen des Belagerungsstandes von Köln hart angegriffen worden, besonders von d'Ester; sie konnten nichts Haltbares erwiedern, sie drehen sich in Unsinn und Lügen herum.

———

Sonnabend, den 30. September 1848.

Vieles mit ** gesprochen. Die gefährliche Ausrede der Minister, sie hätten wegen Abschaffung der Todesstrafe noch gezögert, weil sie warteten, was in Frankfurt am Main beschlossen werden würde! — Was Preußen zu thun hätte in dieser Krisis. Aber alle staatsbildenden Gedanken sind in unsern letzten Königen erloschen, wir bedürften des großen Kurfürsten, Friedrich's des Großen, selbst die beiden Könige zwischen jenen könnten noch gelten. Der jetzige König hat nur romantische Ideen, sonderbare, verderbliche, er wird nie mit dem Volke gehen. Da auch kein andrer Fürst es thut, so halt' ich sie alle für verloren. — Ich zeichne den politischen Gang vor, den man nehmen sollte; man muß nur die Zielpunkte fest im Auge halten, dann erreicht man sie. Hessen-Kassel und Hannover müssen unser sein, sie sind zu haben! Ein großartiges Mediatisiren muß vor sich gehen, durch das Volk, Preußen braucht nur zu leuchten, so wenden sich alle Blicke zu ihm. Die Kaiserkrone ist ihm sicher, sobald es nur will. Nur immer großartig und frisch, das Uebrige findet sich. Die Gegensätze muß man nicht vermitteln und versöhnen, man muß sie behaupten als Gegensätze, und beherrschen. — Ja, ja! Sagen wir's dem Adler an der Schloßterrasse, dem alten Fritz auf der Kunstkammer, sie hören's vielleicht; ein Lebender hört's gewiß nicht! — * * ging, etwas erschüttert.

Der Wiener Hof verräth die Magyaren und richtet sie zu Grunde. Oesterreich hält zusammen in seinem Heere; noch! —

In Goethe's Briefen gelesen, mit Erbauung und Erfrischung. Die Welt freilich wird die kleinen Zettel schlecht vertragen; was aber verträgt sie, was man ihr nicht mit ätzender Schärfe einreibt? —

Der preußische Staat ist seit dreiunddreißig Jahren auf Warten gestellt, er ist unvollständig, hat klaffende Lücken auszufüllen, — jetzt könnte er zu dem kommen, was ihm gebührt, jetzt könnte er in thätiges Amt eintreten, — und er versäumt's! Am Ende behält er nicht einmal sein Wartegeld!

Sonntag, den 1. October 1848.

Die deutsche Zentralgewalt, wie man sie in Frankfurt eingerichtet hat, ist nicht nur ein Unsinn, sondern wird auch zum Gräuel. Diese Reichsminister, Leute wie Schmerling, Peuker, verfahren wie dumme Despoten, sie häufen Schuld auf Schuld und werden ihr endlich selbst erliegen.

Der Reichsverweser ist dabei ziemlich gleichgültig, er ist nur der Knotenpunkt — würde Pfuel sagen —, in welchem alle Regierungsränke und Kniffe zusammenlaufen. — .

Bei der in Charlottenburg stattgehabten Konfirmirung des Prinzen Friedrich Wilhelm hat die Mutter, Prinzessin von Preußen, besonders viel und eifrig mit dem General von Wrangel sich unterhalten und dabei auch etwas geweint; der König hat nur, so bemerkte man, mit den anwesenden Pfaffen gesprochen. —

Einiges geschrieben, für die „Reform" und für die „Nationalzeitung". — Ausgegangen. Bei Kranzler Zeitungen durchgesehen. Besuch beim Minister von Canitz; über eine Stunde; vieles besprochen. Von Metternich merkwürdige Züge. Canitz freut sich des Einschreitens der Zentralgewalt, sieht willig jetzt ihr die preußischen Truppen untergeordnet, sagt, daß uns die Kourage jetzt von Frankfurt postfrei zugesandt wird, wünscht, daß wir sie gehörig gebrauchen, nicht gegen die Freiheit, nicht gegen die Volksrechte, aber gegen die Anarchie, die Auswüchse der Freiheit, die Wühler! Er sieht nicht, daß ohne diese Außenwerke der Freiheit sie selbst verloren ist, daß diese Zustände die Folgen des vorigen Zustandes sind, die Gewährleistungen des Künftigen! Er will zu viel mit Truppen machen, er hat kein Verständniß für das Volk! Schade! — Für Preußen wollen er und ich dasselbe politische Ziel, aber auf entgegengesetzten Wegen. „Die Menschen verstehen einander nicht", sagt Goethe. —

Nachmittags fuhr ich mit Ludmilla in den Friedrichshain, ich wollte die Märzgräber gern einmal sehen. Zeichnungen hatten mir ein falsches Bild gegeben, ich fand alles ganz anders, als ich mir es vorgestellt. Der Anblick der erhöhten Gräber, in dichten Reihen ein Viereck bildend, war freundlich; eine Fülle von Blumen und Kränzen zeugte von der eifrigsten Pflege, Kreuze, Grabsteine und Inschriften fehlten nicht. Die stärkste Wirkung machten die Grabstätten ohne Denkmal und Inschrift, durch eine bloße Nummer schlicht bezeichnet, unter denen die unbekannt gebliebenen Todten liegen, für die kein Name zu ermitteln war. — Die kolossale Büste Friedrich's des Großen nimmt sich nicht sonderlich aus. — Wir fuhren im schönsten Herbstabendsonnenschein zurück. —

Struve's Erschießung war voreilig gemeldet; er ist erst später nah der Schweizergränze verhaftet worden und erwartet sein Schicksal in Karlsruhe.

—

Montag, den 2. Oktober 1848.

Ich habe doch jetzt bisweilen die Stimmung, daß es ganz gut wäre, wenn ich mich zur Ruhe legte, die Empfindung, daß mein eigentliches Leben vorüber ist, daß ich nur ein Nachleben führe, ein Leben, nicht mehr der That, sondern der Betrachtung, und daß auch diese weiterhin nur abnehmen kann, geistig wie körperlich. Solche Stimmung und Empfindung hab' ich in meinen besten Momenten, wo ich mich am wenigsten getrübt und gehemmt finde, im Eindruck des goldensonnigen Herbsthimmels, der Goethischen Briefe, der reinsten, in sich befriedigten Geistesbetrachtung, in einem Elemente persönlicher Befriedigung, die mich angenehm müde macht.. Regen hinwieder Trübnisse mich auf, bieten sich Kämpfe und Anstrengungen an, ist Tagesunlust zu überwinden, Widriges abzuweisen, dann will ich nichts von Ruhe wissen, dann will ich dem irdischen Leben auch irdisch angehören, dann will ich so weit ich noch kann meine Schuldigkeit thun.

Mit großer Innigkeit las ich weiter in den Briefen Goethe's an Frau von Stein; das Buch ist nicht für jedermann, die Leute werden stutzen und die Köpfe schütteln, und wohl gar meinen, solche Zettel hätten auch sie hunderte geschrieben und empfangen, es ist aber nicht wahr. Das Buch veranlaßte mich, die Gedichte Albrecht's von Haller hervorzusuchen, und ich las eine ganze Zeit darin, vieles wußt' ich noch auswendig; das gab dann wunderbare Gegensätze, zwischen Haller und Goethe ist die Kluft von mehr als einem Jahrhundert, und doch giebt es Brücken genug, die von dem Einen zum Andern führen.

Ich habe meine Jugend mit Litteratur nähren müssen, die größtentheils älter war als meine damalige Zeit; nicht nur ruhte die Autorität der Empfehlung auf den ältern Büchern, sondern diese als abgesetzte waren auch leichter zugänglich, auf dem Trödel, in Versteigerungen, auf Rumpelkammern. So hab' ich mich gewaltig mit Haller, Gottsched, Rabener, Georg Friedrich Meier und Andern geplagt, und zehrte an vertrockneten Brotrinden, während die schönsten weißen Wecke frischgebacken mir im Bäderladen unerreichbar dalagen. Es hat aber auch das sein Gutes gehabt.

Einiges geschrieben für die „Reform" und die „Nationalzeitung".

General * * kommt aus der Nationalversammlung und berichtet mir das Vorgefallene; das Ministerium, obwohl ungeschickt und schwankend, hat große Mehrheit. — Wichtiger Beschluß des Zentralausschusses in Frankfurt am Main, daß jedes deutsche Land seine eigne Verfassung haben soll; Folgen für Oesterreich, das wahrscheinlich ausscheidet, dann neue günstige Aussichten für Preußen; wird es sie benutzen? — Leider ist es zu bezweifeln. —

Der Baron von Stockmar war hier und ist heute Mittag abgereist, der englisch-koburgische Intrigant! Ob er sich die Einwilligung geholt, daß er Reichsminister für die auswärtigen Angelegenheiten werden soll? Das wäre ein großes Unglück! Ich soll darüber nachdenken, wen man statt seiner wählen könnte, aber nicht Canitz! Ich soll mit Pfuel sprechen, Graf Schwerin wäre vorzuschlagen, nur ja nicht Arnim-Suckow, der in Paris als eine Art Kriegserklärung gelten würde, aber in Frankfurt immer drängt und lungert! Heilloser Zustand! Früher hatte man von Frankfurt auch in solchem Falle gefragt, man gab hier keine Antwort, stumte, da wurde es Heckscher, der für uns allerunglücklichste! Soll es wieder so werden?! — Ich rede aber mit Pfuel nicht.

Langer Besuch Abends vom Grafen von **. Er war gestern in Potsdam. Aus ihm spricht die größte Erbitterung. Sein Zorn verletzt mich nicht so, wie die Lauheit von Andern, von ihm ist nichts Andres zu erwarten.

———

Dienstag, den 3. Oktober 1848.

Der Baron von Stockmar hatte hier den Auftrag von Seiten der Zentralgewalt, den König aufzufordern, alle seine diplomatischen Verhältnisse in die des Reiches eingehen zu lassen. Auf Nebenwegen, durch einen Günstling, einen Intriganten wird dergleichen betrieben! Fürerst ist ablehnende Antwort ertheilt worden. — Das Reichsministerium hat hier angefragt, ob man nicht gern sehen würde, daß durch die Zentralgewalt die Klubs und Volksversammlungen beschränkt, die Plakate ganz verboten würden? Nur allzu gern, hat man hier geantwortet! —

Pfuel sitzt im Ministerium — von 5 Uhr Nachmittags

bis Abends 10 Uhr ist gar nichts Seltenes. — Das Ministerium verbringt die meiste Zeit mit Nebensachen, die mit größter Weitläufigkeit ordnungslos verhandelt werden. — Jeder Minister hat noch persönliche Geheimnisse, Hintergedanken, kleine Ränke, die er den Kollegen vorenthält, woraus denn Mißtrauen und Zwietracht entsteht. Jetzt will das Ministerium die Abschaffung der Todesstrafe beim Könige dadurch erzwingen, daß es daraus eine Kabinetsfrage macht; einige Minister aber meinen, nur der Justizminister solle mit seinem Austritt drohen, wozu Kisker aber keine Lust hat.

Brief aus Königsberg vom Staatsminister von Schön, der wieder nach Ideen seufzt! Auf ihn ist nicht mehr zu rechnen. Rosenkranz brachte mir den Brief und sprach sehr klar über den würdigen Greis.

Mittwoch, den 4. Oktober 1848.

Noch im Bette bekam ich den Besuch * *'s. Er vertraute mir als noch tiefstes Geheimniß, daß Camphausen Reichsminister für die auswärtigen Angelegenheiten werden soll. Seine Ansichten über Preußens Verhältniß zu Deutschland. Seltsame Umstellung, ich werde mehr und mehr zurückhaltend für Preußen, * * mehr hingebend, vielleicht aus denselben Gründen. Soviel ist gewiß, daß Preußen sich mehr und mehr in Nachgiebigkeit verwickelt und bald ganz umstrickt sein wird; die Polizeistrenge, die bundestagsähnliche Handhabung der Reichsgewalt, die sogenannte „Kourage", die man von dort empfängt, gewinnt die Herzen der Regierenden. Nachher wird es anders kommen, und man wird wünschen wieder los zu sein! Die Demokratie hingegen will jetzt ein selbstständiges, ein vorherrschendes

Preußen, lehnt sich an das preußische Volk und — wenn er will — an den König. (Aber er will nicht!) — Ganz im Sinn meiner Schrift. —

Es giebt noch Leute, die da meinen, Oesterreich, auch das abgesonderte, nicht deutsche, müsse doch in Deutschland den Vorrang behalten und auch die Reichsgewalt von ihm herstammen. „Das heißt", erwiedere ich, „wir sollen nicht einmal die Ehre haben, von der ursprünglichen Macht abzuhängen, sondern von der abgeleiteten, anstatt von dem Mutterstaate, von der Kolonie!" —

Die Ermordung des Grafen von Lamberg auf der Pester Brücke bestätigt sich. Die Magyaren büßen schrecklich für ihren Uebermuth und nehmen nun auch furchtbare Rache. So niederträchtig und schmachvoll ist kaum jemals eine Nation von ihrer Regierung verrathen worden, als die Magyaren durch Oesterreich! —

Ein Aufstand in Ellwangen durch Rau ist in sich wieder aufgelöst. Rau soll ein gutmüthiger, liebenswürdiger Mensch sein.

Drei Tage Berathung in Wittenberg abseiten der protestantischen Fanatiker und Jesuiten, — Hengstenberg, Bethmann-Hollweg, Senfft-Pilsach, Göschel, Stahl ꝛc. In jetziger Zeit weniger gefährlich, doch muß man auf Schelmenstreiche gefaßt sein und die Burschen im Auge behalten. —

Briefchen von Humboldt, aus Potsdam; er hat sich für K. verwendet, ist selber bedroht, und arbeitet wohl, aber mit geringeren Kräften und trübem Gemüth. —

Aus Schlesien kommen Flüchtlinge hier an, unter andern der Baron von Stillfried, den die Bauern verjagt haben.

In Diderot gelesen, im Xenophon.

Donnerstag, den 5. Oktober 1848.

Ausgegangen, nach dem Leipziger Platz zu Staatsrath Rosenkranz, der mir die Urtheile Schön's über die neuen Minister mittheilt. Ich geb' ihm Aufschlüsse über Pfuel's Karakter, sehr zum Lobe des Menschen in ihm. Ueber die Schläfrigkeit der Geschäftsführung. Der König will die Amnestie für die Polen nicht geben, wenigstens Unterschiede festhalten, die Geistlichen und Edelleute anders behandeln als die Bürger und Bauern. Die Minister verlangen aus Posen Berichte von den Behörden, um auf diese gestützt dringender die Amnestie zu verlangen. Welche Umwege! — Der Zentralgewalt will man ein Reichsministerium aus lauter Preußen bilden, dann auch mit ihr gehen, natürlich um sie als Polizei zu benutzen! Man will vier bis fünf Heeresmassen in Deutschland aufstellen, als Knotenpunkte, aus denen man das Volk züchten kann! Also mehr Truppen! Wird nicht endlich das Geld fehlen? Noch haben die Regierungen dessen, das bethört sie. Wenn aber die Steuern nicht eingehen, was dann? — Sie bringen es auf's äußerste! —

Als ich nach Hause ging, begegnete mir General von Pfuel; er schrie mich gleich an, wollte mich nach Hause bringen, vorher aber soll' ich noch mit ihm auf und ab gehen. Wir gingen dem Wilhelmsplatze zu, er sprach im Tone des tiefsten Schmerzes. Er kam eben aus der Nationalversammlung. „Es wird nicht lange dauern", sagte er, „und ich wollte, es wäre schon vorüber. Ich bin wie gehetzt. Die Stunde, wo ich in British Hotel mit Dönhoff esse, ist meine einzige Erholung, gleich nachher wieder Sitzung, alle Tage, bis in die Nacht hinein; ich kann niemanden sprechen, keine Depesche lesen, dann die Vorträge beim Könige, es ist zum Verzweifeln! Aber das Hauptübel ist in Potsdam, der König will nicht, hemmt alles." Er bekannte, das ganze Ministerium sei von Haus aus unparlamentarisch, weil ganz außerhalb der Nationalversammlung gewählt, es stehe auf Wollen, es scheine nur eben erst etwas Zutrauen zu gewinnen, das aber von Potsdam her schnell wieder zerstört werde. Man versage dort die Amnestie für die Polen, die Abschaffung der Todesstrafe, und was man endlich zugestehe, komme so spät, daß es doch nur abgedrungen erscheine, man kein Verdienst dabei habe, keinen Dank. Ich rathe ihm, schleunigst Geschwornengerichte einsetzen zu lassen, der Justizminister solle Waldeck, Temme, Kirchmann und andre Juristen einladen, den Entwurf zu machen, in zwei Tagen könne er fertig sein; Pfuel möchte es wohl, blickt aber verzweifelt zum Himmel! Auch er ist jetzt hingetrieben zur Unterordnung unter Frankfurt! Auf seine Kollegen kann er sich wenig verlassen, sie bilden keine politische Einheit; er für seine Person will durchaus gesetzlich bleiben, fremde Dummheiten nicht vertreten, Gewaltsamkeiten nicht billigen. Beim Scheiden vor meiner Thüre sagte er mir schmerzlich bewegt: „Ich bin zwischen zwei Mühlsteinen, und der eine Mühlstein ist in Potsdam!" Er that mir in der Seele leid. —

Nachmittags wurde auf dem Gendarmenmarkt in feierlichem Zuge, der vom Dönhofsplatze herkam, das neue Bürgerwehrgesetz — ein schwarzumflorter Esel trug es zwischen den Ohren mit großer Inschrift — von Bürgerwehrmännern verbrannt. Konstabler zogen den kürzern. Das Horn ertönte. Reden auf der Treppe des Schauspielhauses. —

Nachricht, daß die Ungarn gesiegt haben; daß Freiligrath in Düsseldorf freigesprochen worden.

Freitag, den 6. Oktober 1848.

Die Konstabler, die gestern auf den Gendarmenmarkt rückten, um die Verbrennung des Bürgerwehrgesetzes zu hindern, wurden in die Flucht geschlagen, flohen hierhin und dorthin, ihr Major Heintz einer der eiligsten. Der Eselzug hatte schon auf dem Alexanderplatz begonnen. Die Sache ging ganz vom Volk aus. —

Ich muß doch anmerken, daß der General von ** mir neulich sagte, der König würde den Grafen von Arnim-Boytzenburg nie mehr zum Minister nehmen, er hasse denselben, seit dieser ihn verleitet, der sogenannten Breslauer Deputation, die nur eine zufällige Vereinigung von Unbevollmächtigten war, die Freiheiten scheffelweise zuzuwerfen, die „breiteste Grundlage" u. s. w. Natürlich reue das den König bitterlich, überhaupt sei nicht der 18. oder 19. März, sondern der 21. der unglücklichste Tag der preußischen Monarchie. (Vorher hatte die Aristokratie noch die größten Hoffnungen, der große Grundbesitz, die hohen Beamten, die Standesherren, dachten noch an ein adliches Oberhaus.)

Merkwürdiger Aufsatz in der „Reform", von Dr. Oppenheim; er will ein deutsches Demokraten-Parlament in Berlin. —

Abends beim Minister von Canitz; nur er und seine Schwägerin und Tochter. Er ist sehr erbittert, mehr als früher gegen alle Menschen, gegen die alten Minister und die neuen, gegen die Frömmler, die Kunstbuseler, die Verfassungsgegner — von denen freilich sogar er selbst beschuldigt wird, durch Förderung des Vereinigten Landtags alles jetzige Unglück herbeigeführt zu haben —, gegen den Grafen von Arnim, gegen Bodelschwingh, gegen Auerswald und Pfuel, gegen unsre Nationalversammlung, gegen den Reichsverweser ꝛc. Seltsam, wie fest man in ergriffenen Meinungen steht! Er will den Italiänern kein Recht zugestehen, frei und selbstständig zu sein, sie sind österreichische Unterthanen, sonst nichts; aber die Kroaten haben alles Recht, gegen die Ungarn aufzustehen! Er höhnt den ältern Willisen, daß er den Polen Freiheit gönnen wollte, und Willisen vergiebt ihm die Aufopferung von Krakau nicht. Er läßt niemanden gelten, aber auch niemand läßt ihn gelten, und es scheint, seine Rolle ist ausgespielt! Der Abend verging nicht nur leidlich, sondern angenehm. Wir hatten einige scharfe Erörterungen, aber aufrichtig, wahr, ohne Leidenschaft. —

Ueber die Beschlüsse der Nationalversammlung, wiefern sie gelten? Die Antwort ist sehr leicht, sofern sie mit dem Grunde und Triebe übereinstimmen, aus denen jene berufen worden, sonst nicht! Die Nationalversammlung darf keine Rückschritte machen; sie darf die Freiheit, aus der sie stammt, nicht mindern, nur mehren. Sie darf z. B. keine Staatsreligion aufstellen, keine neue Standesunterschiede schaffen, keine Volksrechte kränken. Sie ist eine Vertretung des Volks, keine Herrscherin!

Sonnabend, den 7. Oktober 1848.

Kräftige Maueranschläge über die Soldaten. Beispiele von reaktionairen Offizieren namhaft gemacht. —

In der Nationalversammlung wurde die Aufhebung des Jagdrechtes ohne Entschädigung beschlossen. —

Nachmittags ging ich allein aus, unter die Linden, wo ich eine gute Weile dem Volksgetreibe zusah. Soldaten lasen die Maueranschläge, gingen mit Bürgern spaziren, hörten in Gruppen zu, die sich um einzelne Sprecher

versammelt hatten. Es ging alles ruhig her, und sehr
anständig; so verhielten sich auch zahlreiche Arbeiter, die
auf den Bänken saßen, bei verwildertem Ansehen, ganz
ehrbar, sogar höflich; kein rohes Wort hört' ich während
des Spazirganges. Die augsburger „Allgemeine Zeitung"
giebt von dem Aussehen unserer Stadt und besonders der
Linden eine ganz falsche Schilderung. —

Trübe Aussichten. Der Minister des Innern, Eichmann,
scheint den Vorschriften des Reichsministeriums eifrig zu
gehorchen; die Unterdrückung der Freiheit wird versucht
werden, aber nicht gelingen, nur wird der Versuch uns
und jene viel kosten, und es ist für uns kein Trost, sondern nur ein Weh mehr, daß die Gegner zuletzt am
schlimmsten fahren werden. Wir möchten den Kampf mindern und mit geringerem Siege zufrieden sein, jene zwingen
uns den vollständigsten auf. Denn daß die Revolution
am Ende siegt, wenn auch erst nach vielen Jahren, ist
unwiderleglich gewiß, dafür bürgt die Weltgeschichte. —

In Frankfurt am Main benimmt die rechte Seite sich
schändlich! In Wien übt das Ministerium an den Ungarn
den treulosesten Verrath. In Paris herrscht der Säbel.
In England werden die Chartisten verurtheilt. Von den
Polen schweigt man, doch dauern in Posen die Quäle-
reien fort. —

In Fehler gelesen, in Grote. —

Bakunin wird von Breslau weg und aus ganz Preußen
verwiesen; wenn er wiederkehrt, soll er an Rußland ausgeliefert werden! Solche Drohung wagt man schon! —

General von Pfuel hat vertraulich gesagt, die reinste
und vernünftigste Staatsform sei allerdings die Republik!
Er selbst sei in abstracto ein Republikaner! —

Pfuel hat noch seinen alten Witz. Er wohnte der

Verfassungskommission in einer ihrer Sitzungen bei, schlummerte aber etwas ein; als er wieder aufwachte, wollte er wissen, was denn verhandelt werde? — Wir sind noch bei Abschaffung des Adels, hieß es. — „Der stirbt ja", versetzte Pfuel, „einen recht schweren Tod!"

Sonntag, den 8. Oktober 1848.

Besuch vom General *. Wir sprechen über die Lage der Sachen. Er ist gegen den Beschluß über die Jagd, gegen die Amnestie!! Ueber die Linke, wen ich davon kenne? Berends hat mich Einmal besucht, Waldeck wollte heute mich kennen lernen; dann kenn' ich noch Jung, den hab' ich besucht vor drei Monaten schon. Was die Linke wolle? Freiheit, nicht Umsturz, aber sie fühlt, daß überall schlechter Wille waltet, darum führt sie Krieg und muß ihn führen. Ein Ministerium der Linken, und zwar der äußersten, wäre das richtige! Selbst der König könnte kein besseres finden, er bräche dem Gegner den äußersten Flügel ab und brächte ihn auf seine Seite. Drei Bedenken walteten, sagte *, daß ein solches Ministerium die noch 15 bis 20 Millionen, die vorräthig seien, nutzlos den Arbeitern spendete, die vorhandenen Waffen dem Volk austheilte, das Heer zerstörte — neu gebildet werden soll es aber —; wenn für diese drei Dinge Sicherheit gegeben würde, so könne ein Ministerium der Linken leicht möglich werden. Ich rathe, solche Bedingungen gar nicht auszusprechen, kein Mensch dächte an dergleichen, es sei eitle Furcht! Ich sage wiederholt, für alle Uebel gäbe es Rettung, so wie man sich in's Große werfe, Preußen an der Spitze in Deutschland würde das Meiste, über das man jetzt klagt, gar nicht mehr spüren. Ueberhaupt solle man den Tag nicht zu wichtig nehmen.

Man soll auf's Ganze sehen, auf das was bleibt, nicht auf das was verdunstet. Die Demokraten wollen hier zusammenkommen, man lasse sie doch! Von den ärgsten Reden, die sie halten, wird über's Jahr nichts mehr übrig sein, aber übrig bleiben wird die Thatsache, daß Berlin die deutsche Hauptstadt ist. Er sah das vollkommen ein.

— —

Montag, den 9. Oktober 1848.

Besuch von Dr. Mundt, er kommt aus der National-versammlung, wo man einige Flickereien an dem Bürger-wehrgesetz vornimmt und das Jagdgesetz weiter verhandelt. Er ging aus Langerweile fort aus der Versammlung. Bald kam auch Dr. Oppenheim, verwundert, daß wir noch nicht die Neuigkeiten aus Wien wußten; ein französischer Kourier brachte sie heute früh, und Arago kam selber mit ihnen zu Oppenheim: Blutiger Kampf in Wien, Sieg des Volkes, der Kriegsminister Latour gehängt, der Kaiser geflohen, der Reichstag permanent und stellt seine Forderungen. Daneben Jellachich wieder geschlagen. Die Truppen, die von Wien ihm zu Hülfe sollten, wollten nicht; dies der Beginn des Kampfes. Wir besprechen das Ereigniß. —

Ich ging aus, brachte das Extrablatt zu *, wo ich mit Grenier zusammentraf, der von mir kam. Lamentation über Latour. Aber sind die Tausende, die der Verräther in den Tod schickte, für nichts zu rechnen? Und wie viele Hunderte armer Polen hat man grausam mit Shrapnels zusammenschießen lassen? Euer Mitleid hat nur Eine Schneide, auf der Rückseite ist es stumpf. Ich spele auf solche Rührung, die dem Federhute gilt! —

Abends Besuch von Weiher. Ueber die Ereignisse. Ich will in der letzten Wendung der Sachen in Wien nur erst einen Uebergang sehen, nichts Entscheidendes; morgen kann Jellachich dort sein, später andre Truppen, noch später die Russenmacht einschreiten. Wer weiß! Alles steht in Frage, ist wechselnd und schwankend. Aber die Wirkung ist dennoch ungeheuer, auch von der flüchtigen Erscheinung. —

Inzwischen bringen die Reichsminister in Frankfurt am Main einen schmachvollen Gesetzvorschlag zur Sicherung des Parlaments, mit schändlichen Strafen für jede Beleidigung eines Mitglieds, mit Unterdrückung aller Volksversammlungen binnen fünf Meilen in der Runde! Die Frankfurter sollen erklären, daß sie eine Versammlung, die sich so sichern muß, nicht mehr auf ihrem Gebiete haben wollen! Ob die Wiener Nachrichten den Reichsverweser und seine Minister nicht etwas scheu machen werden? — Canitz sagte neulich, es sei dem Erzherzog Johann nie zu verzeihen, daß er Oesterreich verlassen habe, da hätte seine Pflicht ihn festhalten müssen, allein er habe es wieder wie bei Wagram gemacht, seine Schuldigkeit nicht gethan. —

In Feßler gelesen, im Thukydides die Abschnitte über Harmodios und Aristogeiton, und des Kallistratos Hymne.

Dienstag, den 10. Oktober 1848.

Ein gewesener Offizier kam zu mir, klagte mir seine bittre Noth, daß er mit den Seinigen hungere; seine Papiere zeugten für ihn, noch mehr sein feines, gutmüthiges Wesen; aber einem Geheimen Rath und Träger des Ordens pour le mérite glaubte er zum Gehör sprechen zu müssen und dies dadurch am besten zu thun, daß er sich als eifrigen Reaktionair darstellte. Ich sagte ihm, er solle es gut sein lassen, und gab ihm, was ich irgend konnte, mit dem Beifügen, es geschähe nicht seiner politischen Gesinnungen wegen, sondern um seines Unglücks willen, das ohne Wahl der Parthei den Menschen treffe. —

Besuch beim Fürsten von Wittgenstein, er ist sehr schwach und scheint wenig Gedächtniß mehr zu haben; er kann jeden Tag auslöschen. Sein eigentliches Leben ist mit dem des vorigen Königs zu Ende. Sein Alter war hart und traurig. —

Besuch des Ministers von Canitz; die Vorfälle in Wien regen ihn auf als ob es hiesige wären; er begreift den Gang der Geschichte nicht mehr, das Lesen im Tacitus — er hat ihn vorgenommen — hilft ihm nichts, er sieht alles aus falschen Gesichtspunkten, wie Gentz will er immer nur Einzelne, Häupter und Leiter sehen, nur mit diesen zu thun haben, er verkennt das Leben der Masse, die Ideen, die sich in ihr verkörpern. Immer kommt er auf Kralau, diese Geschichte wurmt ihn, er möchte sie durch alle mögliche Gründe wegvernünsteln und vermag es nicht. —

Ich blieb zu Hause, in guter heitrer Stimmung; wenn ich die untergeordneten und durch ihre Geringheit selbst bösen und falschen Leute meide, erspar' ich mir viel Aerger; wenn mich die Gemeinheit, mit der umzugehen schon ein Opfer für mich ist, nicht aufreizt und empört, so fühl' ich mich mild und ohne Haß, kann vieles mir Widrige entschuldigen, bedauern; auch die Aeußerungen, denen der Zufall mich aussetzt, lassen mich gleichgültig; bei jenen Leuten nur werd' ich aufgebracht, eigentlich über mich selbst, daß ich mich in ihre Gemeinschaft begebe, denn es ist wirklich ein Hinabsteigen; die rechten Aristokraten sind sie doch nicht, mit denen werd' ich ganz gut fertig, sobald sie nur wirklich die rechten sind, nicht die Nachzügler-Sorte, die noch nichts ist, sondern gern etwas werden möchte. —

Ludmilla war bei Neander's. Mit seinen Augen geht es Gottlob besser, auch der Schwester Befinden ist gut; sie waren grade am 18. September in Frankfurt am Main von Soden angekommen, die Droschke, worin ihr Gepäck gefahren wurde, diente nebst diesem zu den Barrikaden! Doch bekamen sie's unversehrt wieder. —

Mittwoch, den 11. Oktober 1848.

Besuch von Weiher. Dieser Mann zeigt sich in dieser Zeit von bester Seite, treu der Gesinnung, die er eine Weile während er am Hof lebte zu verläugnen schien, eifrig in seinem nächsten Kreise, ohne Selbstsucht und Eigennutz. Wir sprechen über hiesige Verwicklungen und über die Ereignisse in Wien. —

Armselige Polen-Amnestie, theilweise! Eine Jämmerlichkeit.

Ausgegangen. Bei Kranzler Zeitungen gelesen. Auf dem Gendarmenmarkt mit Verkäufern gesprochen. Hr. Professor Dirichlet ging eine gute Strecke mit mir, langes Gespräch mit ihm. — Dann bei Wittgenstein eine Stunde, ich fand ihn um vieles besser, er sitzt im Lehnstuhl, steht auf und geht umher. Auch sein Gedächtniß war frischer. Sonst lehnt er alle Politik entschieden ab, mit mir sprach er nichts als Politik, und mit ungewöhnlicher Offenheit! Der arme König, sagte er, folge schlechtem Rath; ob denn Adolph von Willisen nicht helfen könne? Der habe doch sonst des Königs Ohr und seine Stimme bringe durch! Achselzucken über Leopold von Gerlach, Radowitz und Camphausen. Er billigt sehr, daß ich mich auf keinen Ministerposten eingelassen. Den Reichsverweser kennt er sehr gut, sechs Jahre hat er jeden Sommer in Gastein seinen Platz am Mittagstische — „Ein rechter Hundefraß, doch das ist eine Sache für sich" — neben ihm gehabt, auch die Frau und der

Graf von Meran aßen mit; der Erzherzog ist liebenswürdig und gescheidt, aber schwerlich ein Staatsmann, dazu der Schmeichelei überaus zugänglich und herrschsüchtig! Er hätte in Wien bleiben sollen; was er wohl jetzt zu den österreichischen Geschichten sage? Dort soll er helfen, aber nicht Preußen mediatisiren, „ja, es ist doch wahr, unser König ist mediatisirt, ganz mediatisirt, und läßt sich's gefallen!" Zuletzt sprach der Fürst noch sehr klug über sich selbst; seine Krankheit und sein Alter seien ihm ein Schutz gewesen, nicht in Verwicklungen zu kommen, die er sonst nicht hätte vermeiden können; er habe seit acht Monaten hart gelitten, aber wenn dies ihn vor jenem Uebel bewahrt habe, so wolle er zufrieden sein. Er habe die größte Zeit seines Lebens in Wohlstand, Ansehn und Einfluß zugebracht, er sehe nicht ein, warum er nicht auch eine Zeitlang — wenn er noch länger lebe — auch in Unbedeutenheit und Bedrängniß leben könne? Er sei übrigens von Natur sehr gelassen, besonders bei Sachen, die er nicht ändern könne. —

Der „Staatsanzeiger" bringt den Beschluß der Frankfurter Nationalversammlung, der das infame Gesetz zu ihrer Sicherheit mit unbedeutenden Aenderungen annimmt. Was wird diese Infamie für Folgen haben? Das preußische Ministerium wird alles gehorsam annehmen und ausführen, dadurch den Staat als völlig mediatisirt darlegen, und dem Könige, der die Preußen dem brutalen Buchstaben fremder Gewaltherrschaft überläßt, das letzte Ansehn rauben. Welche Infamie, in der Zeit grade, wo man sich schändlich und ehrlos aufgeführt, sich selbst außer allem Tadel setzen zu wollen! Der eben gestohlen hat, erklärt den für einen Dieb, der ihn so nennt. Pfui, Reichsverweser, Reichsminister, Pfui „edler" Gagern, ihr seid jetzt keinen Pfifferling mehr werth, und weh euch, wenn euch die Volksrache trifft! Ich halte jetzt einen Sturm auf Frankfurt am ersten für möglich. —

Die Gewaltsmenschen wußten noch nichts von Wien! — Umwandlung der Kabellenhäuser! Gering und dürftig. —

Aus Wien nur Gerüchte, nichts Erhebliches. —

In Fehler gelesen, in Schneller, Französisches, Griechisches. —

Donnerstag, den 12. Oktober 1848.

Der Minister Camphausen von Frankfurt am Main hier angekommen. Da werden schöne Reichsverwesereien getrieben werden! Wir stecken in lauter Ränken und Schlichen! —

Besuch bei Dr. Oppenheim. Er sagt mir, daß der Entwurf gegen die Preß- und Redefreiheit schon in der Fach-Kommission der Nationalversammlung mit großer Mehrheit verworfen sei. —

Die Nationalversammlung hat mit großer Mehrheit das „Von Gottes Gnaden" abgeschafft! Der König giebt in der Sache der Abschaffung der Todesstrafe den Grundsatz zu, behält sich aber Veränderungen in der Fassung vor, das heißt der Entwurf soll nochmals verhandelt werden. Lauter Kleinliches und Halbes! — Die Linke ist schon ganz zufrieden mit Pfuel, er giebt in der Hauptsache nach. —

Nachmittags kam Bettina von Arnim wieder. Gespräch über Wien, über die Lage des Königs. Nichts zu thun! —

Abends kam Hr. von *, der wegen der Bülow-Kummerow'schen Agitation hier ist. Anderthalbstündiges Gespräch, ohne Zank, vertraulich. Er theilt mir mehrere wichtige Sachen seiner Parthei mit; der König soll fort, der Prinz von Preußen an dessen Stelle! Der Minister von Bonin muß die Hansemann'schen Sachen wider Willen fortsetzen, sonst käme es zum Bauernaufstand. Anekdote: Ehe der König Camphausen und Hansemann rufen ließ, wollte er ein Ministerium durch Alvensleben und Binde bilden lassen; jener war willig, sagte aber, Eine Bedingung müsse er machen, daß der König vorher abdanke, denn mit ihm ging' es nicht mehr. Der König fuhr heftig empor: „Wie können Sie mir so was sagen!" —

Bei Gerresheim war eine Volksversammlung, in der Dr. Lassalle darauf antrug, die Rechte der Frankfurter Versammlung für Volksverräther zu erklären, die Linke abzurufen. Das ist Antwort dem Erzherzog Johann! —

Jellachich steht eine Stunde von Wien!! Die Wiener greifen zur Wehr!

Zum 12. Oktober 1848.

Die Revolution von 1789 begann mit freudiger Begeisterung, entwickelte sich in Gerechtigkeit und Großmuth. Bald aber mußten ihre offenbaren und geheimen Feinde, die Reaktionaire im Innern und die auswärtigen Höfe, sie durch tückische, nie ruhende Angriffe zu stärkerer Kraftäußerung, zur verzweifelten Nothwehr zu zwingen. Die Revolution wurde durch ihre Feinde in Maßregeln der Schärfe und des Schreckens getrieben, das Blut floß in Strömen, auf Richtplätzen, auf Schlachtfeldern. Die Revolution mußte blutig werden, sie wollte es nicht; sie mußte erobern, was sie auch nicht wollte, sie mußte es, denn man ließ ihr keine Ruhe, sie mußte sich wehren.

Sehen wir doch denselben Gang der Dinge in Deutschland! Traurig, aber es ist so! Unsre Revolution begann mit Mäßigung und Großmuth, die am 18. und 19. März vom Volk Besiegten durften ruhig abziehen, keinem auch noch so verhaßten Menschen wurde nach dem Siege ein Haar gekrümmt, keinerlei Rache gesucht. Doch diese Großmuth ist der Revolution übel vergolten worden. Ein unfähiges Ministerium nach dem andern hat an den Volksrechten gebröckelt, gerissen. Ein treuloser Anschlag nach dem andern die Freiheit zur Täuschung zu machen gesucht. Noch heute steht Alles in Frage, nichts ist sicher, nichts verbürgt, die verrätherischen Angriffe zeigen sich von allen Seiten. Die Emigration in Koblenz, der Vertrag von Pillnitz, waren der französischen Nation nicht feindlicher, als es uns die Treulosen sind, die sich in Frankfurt eingenistet haben. Diese deutschthümelnden Großmäuler, welche sich aufsperrten, um Völker zu fressen, aber nur ihren vergifteten Pesthauch ausdampfen, sie sind schuld an dem elenden Zustand, in den das deutsche Vaterland gefallen ist. Sie sind schuld, daß die Sache der Freiheit entartet, sie sind schuld an allen Gräueln, die wir leiden; sie allein durch ihre Gleißnerei, ihre falschen Begierden, ihre Selbstsucht und Feigheit. Sie treiben das Land zur Nothwehr, denn es sieht seine Ehre in einem schmachvollen Waffenstillstand verrathen, seine Freiheit unsichern Händen anvertraut, ja mit Frechheit verkümmert, zertreten. Die Frevel, welche durch jener Leute Unfähigkeit und Verrath hervorgezwungen sind, durch ihren Hohn und Uebermuth, wollen sie dem Volke, der Freiheit zur Last legen, und ohne Scheu sprechen sie schon deren Unterdrückung aus. Schon ist überall in Deutschland rohe Gewalt im Schwunge, überall Blut geflossen. Die wahren Urheber dieser Blut- und Mordszenen sind diejenigen, die unsre Freiheit antasten, unsre Volksrechte verkümmern. Die Feinde der Revolution bringen ihr die Wehr auf, die sie vermeiden möchte!

Das Volksgefühl läßt sich nicht irren, es weiß, woher das Unheil kommt; ihm und dem Richterstuhl der Geschichte ist kein Sündenbock vorzuschieben! —

Aus Frankfurt am Main schreibt man, der Entwurf eines Gesetzes, betreffend den Schutz des Parlaments und der Beamten der Zentralgewalt, welcher Entwurf nicht nur das ganze Frankfurter Gebiet, sondern auch die nächsten Länderstrecken des unverlierbaren Rechtes der Volksversammlungen im Freien gewaltsam berauben will, macht auf alle Deutschgesinnten einen so widrigen Eindruck, daß man darauf antragen wolle, ein Parlament, das solcher drakonischen Gesetze zu seiner Sicherheit bedarf, vom frankfurtischen Gebiete weggehen zu heißen. Seine Anwesenheit wird durch jene Maßregel für jeden Ort, den sie trifft, eine Kalamität. Mag es sehen, wo es sonst ein Unterkommen findet. Am besten thäte es, sich in der Luft irgendwo anzubauen, Aristophanes könnte die Risse zu der neuen Stadt liefern. —

Was wir im Deutschen für schöne Ausdrücke haben! **Volksvertretung, Volksvertretung in Berlin, in Frankfurt am Main**; ja wohl Vertretung, und das Volk und die Freiheit fühlen die Tritte. **Reichsverwesung**, ja ja, Verwesung des Reichs; wir sind glücklich in Ausdrücken, die Sache kann nicht wahrer bezeichnet werden.

———

Freitag, den 13. Oktober 1848.

Gestern vertraute mir noch Hr. von K., von den hiesigen Truppen seien die Husaren und das vierundzwanzigste Fußregiment größtentheils von dem Volke gewonnen, wenigstens auf sie für die Regierung gar nicht mehr zu rechnen. Ich wollte zweifeln, er aber bestätigte mir es nachdrücklich!

— Daß in Wien so viele Truppen, erst Grenadiere, dann auch von den Fußregimentern und selbst Kürassiere zu dem Volk übergegangen, bestürzt hier die Leute am meisten. Man weiß hier gar nicht mehr, wie man die Truppen behandeln soll, Nachgeben und Schmeicheln lockern die Zucht und Strenge ruft Widersetzlichkeit hervor. —

Held bringt mit seinem Anhange in alle Klubs ein und sucht sie zu stören. Um zu wirken, muß er fortwährend die Maske der Volkssache tragen und daher demagogisch reden und schreiben; indem er dem Hofe dient, nutzt er doch der Demokratie. —

Nachrichten aus Wien, keine entscheidende Vorfälle. — Pfuel in der Nationalversammlung über den Belagerungs= stand von Posen, verspricht in acht Tagen Auskunft! — Umlaufschreiben Kisker's an die Staatsanwalte, Verbrechen zur Strafe zu bringen gegen das freie Wort und die freie Presse. Kleinliche, elende Maßregeln! Auch das Gesetz zur Sicherheit der Frankfurter Nationalversammlung ist jetzt vom Reichsverweser förmlich veröffentlicht, eine Schande und Schmach der Deutschen! — Die alte Zeit will zer= schlagen sein, sie drängt sich zum Beil heran. —

Bei * sah ich Hrn. Alberte Brisban, den Nordameri= kaner, eben hier angekommen! Er erwartet und hofft eine völlige Umbildung des Gesellschaftszustandes, meint aber, daß noch jahrelange Verwirrung und namenloses Elend den Weg dazu bahnen müsse. Ueber Frankreich, England, die Vereinigten Staaten, Fourier, die Saint= Simonisten ꝛc. —

Die Zeitungen bringen auch Abends noch nichts Ent= scheidendes von Wien. —

Es ist merkwürdig, daß weder in Frankreich, noch in Deutschland, noch in Italien der Umschwung der Dinge sogleich, wie sich hoffen ließ, zu neuer, fester Freiheitsform führt. Bei uns in Deutschland und in Italien ist die Unvollkommenheit des Umschwunges schuld an seiner Unfruchtbarkeit, in Frankreich scheint der Umschwung zwar vollkommen, aber es ist nur Schein; aber auch dort ist die Reaktion vorherrschend in allen Lebenseinrichtungen und Verhältnissen, auch dort ist das Alte in seinen Wirkungen übermächtig. Die politische Revolution ist nur das Außenwerk, eine gesellschaftliche muß im Innern vorgehen. Dazu gehört lange Zeit, und die Bewegung wird noch oft hin und her schwanken.

In der ersten französischen Revolution versuchte man das Alte gewaltsam auszuscheiden; es kam sachte wieder. In der neuesten versucht man das Neue gewaltsam auszuscheiden, die Proletarier gehen in die Verbannung, statt des Adels nach Koblenz; aber sie sitzen noch zahlreich fest, und die Verbannten werden auch wiederkehren!

Sonnabend, den 14. Oktober 1848.

Ich versuchte allerlei zu thun, konnte aber nichts lange fortsetzen. Körperliches Unbehagen und Spannung des Gemüthes ließen mich nicht zur Ruhe kommen. Die neuern Nachrichten aus Wien sind nur immer trüber, bedenklicher. Jellachich und Auersberg sind vereint und können die Stadt jeden Augenblick in Brand schießen; es heißt sogar, es geschehe schon! Der Kaiser ist in Brünn, beharrt in seiner Weigerung, und von allen Seiten marschiren Truppen gegen Wien. Ob das Volk sich halten kann, wer weiß es? Vielleicht ist jetzt schon der Schlag geschehen, das Volk zerschmettert, der Reichstag versprengt, die Reaktion im vollen Gange, sie wird es an blutiger Rache nicht fehlen laſſen. Die verblendeten Tſchechen, vor nicht langer Zeit den Kanonen von Windiſchgrätz erlegen, halten es jetzt mit ihm und ſeiner Parthei. Die Magyaren ſäumen zu kommen, ihr Sieg iſt das Unglück von Wien!

Iſt Wien gefallen, ſo haben wir hier ſchöne Dinge zu erwarten! Die Reaktion lauert nur auf den Anlaß; ſie wird hier noch grauſamer ſein und auch gegen den König anbringen.

Aber, iſt Wien gefallen, dann wehe dem Hauſe Lothringen! Dann kann es mit Oeſterreich völlig aus ſein! Und der Fall von Berlin wird das Unglück der Hohenzollern, dann bricht der preußiſche Staat! —

Die „Zeitungshalle" räth neue Urwahlen an, für Berlin und für Frankfurt, beide Nationalverſammlungen veruntreuen ihren Beruf, verrathen das Volk. Die Anmaßungen der Reichsgewalt ſind empörend, es iſt Frechheit und Hohn dabei. Nein, ſolches Deutſchland erkenn' ich nicht an!

Sonntag, den 15. Oktober 1848.

Noch nichts Entſchiedenes aus Wien. Unterhandlungen, zweideutige, das Volk wird durch Hinhalten abgemüdet, die feindliche Kriegsmacht aber wird verſtärkt. Sonderbar ſtehen die Sachen; ſiegt die Hofparthei, bezwingt ſie den Volksaufſtand, legt ſie Wien in Trümmern, ſo fällt das Kaiſerhaus um ſo gewiſſer; giebt ſie nach oder wird beſiegt, ſo iſt für dieſes noch Hoffnung.

Ausgegangen. Unter den Linden alles voll Menſchen, die von den Zelten zurückkamen, wo ſchon um 9 Uhr Volksverſammlung war. Man ſagte mir, die Wiener Sachen und die Bürgerwehr ſeien beſprochen worden, von Ottenſoſer, Hexamer ꝛc.

Der „Staatsanzeiger" bringt Nachrichten aus Wien, aus denen sich keine Klarheit ergiebt. Seltsam ist es, daß Auersberg den Schwarzenbergischen Garten und das Belvedere mit allen Truppen verlassen hat, und zwar sehr eilig; doch ist er nicht weit gezogen, nur bis Inzersdorf; ob er den Angriff der Wiener fürchtete, oder das Anrücken der Magyaren? Reichstag, Bürger und Volk, sehr muthig. —

Der König wurde beim Ein- und Ausgange des Domes vom Volke mit eifrigem Lebehoch begrüßt. Es ist darin die aufrichtige Gesinnung, die ihm wohlwill, im Gegensatze des Prinzen von Preußen und der Reaktionaire, die wider den König sind. — In Bellevue hat der König zu dem Hrn. Rimpler und den Abgeordneten der Bürgerwehr gesagt: „Vergessen Sie nicht, daß ich es bin, der Ihnen die Waffen gegeben hat; ich hoffe, daß mein Volk so treu als tapfer sein wird." Nicht sonderlich geschickt, und nach dem Spruch an Gagern in Köln gemodelt. Soll darin vielleicht auch eine Anspielung sein auf die Umtriebe, welche die Reaktion angezettelt und auch gegen den König richtet? Sehr zu bezweifeln, der König weiß diese Dinge schwerlich in ganzem Umfang, oder glaubt sie nicht. — Abends viel Schießen in den Straßen; keine Beleuchtung.

Montag, den 16. Oktober 1848.

Die Nachrichten aus Wien lauten bedenklicher als je; Auersberg ist zwar abgezogen, aber steht mit Jellachich vereint, und Windischgrätz wird mit Truppen erwartet. Wenn die Truppen nicht abfallen oder auseinandergehen, so steht es mit den Wienern schlimm. Hier stockt alles

Eigne in Erwartung der dortigen Wendung; Hof und Volk fühlen, daß ihre Sache dort schwebt.

Zu den Abgeordneten der Nationalversammlung hat der König gestern gesagt: „Danken Sie Gott, daß Sie noch einen König haben, und daß er noch stark von Gottes Gnaden ist, werd' ich Ihnen zeigen!" Die Abgeordneten der Bürgerwehr murrten, als er Ihnen sagte, daß sie die Waffen von ihm hätten, und eine Stimme soll laut gesagt haben, sie hätten die Waffen nicht von ihm! Auch hat der König geäußert, er sei ein Hohenzollern, das solle man nicht vergessen. Man scherzte sogleich, auch der eben verjagte Fürst von Sigmaringen sei ein Hohenzollern, und zwar von der ältern Linie. Kurz, der gestrige Tag brachte nichts Gutes!

Gräfin von Ahlefeldt gesprochen, die aus Holstein zurückgekommen ist.

Bettina von Arnim kam. Was vom Könige noch zu hoffen sei? Nichts. Was für ihn noch zu fürchten sei? Alles. Der Prinz Adalbert war bei Bettinen, um Abschied zu nehmen, er geht nach Frankfurt am Main, in der Sache der deutschen Flotte!

Besuch von Hrn. Wehl. Der Generalmarsch für die Bürgerwehr wird geschlagen, auf dem Köpnicker Felde soll es zwischen Arbeitern und Bürgerwehr schon zu blutigem Kampfe gekommen sein. Unter den Linden habe man mehrere Leichen getödteter Arbeiter vorbeigetragen. Die Bürger scheinen voreilig die Schußwaffe gebraucht zu haben. Seit 2 Uhr Nachmittags dauerte der Kampf, um 3 Uhr ging hier die Trommel, die Bürger griffen hurtig zu den Waffen.

Nach 5 Uhr ging ich aus, überall war zahlreiche Bürgerwehr aufgestellt. Auf der Hauptwache sprach ich Hrn. Hirschfeld, am Schlosse den Geh. Kommerzienrath Beer.

Zu Hause fand ich Hrn. Wehl und Hrn. Gottschall; dieser kommt von Breslau und eilt nach Hamburg, wo sein „Jastrow und Snitger" gegeben wird.

Den Abend nach dem Thee lange Zeit in meinen Zimmern umhergegangen, unter den größten Erwägungen. Wunderbar sind die Wege, durch welche die Geschichte geht. Wir Deutschen müssen durch eine harte Schule jetzt, eine Schule jedoch nur ist es! Wir sollen Volksthum erst lernen, denn wir wissen es noch nicht. Was in Wien jetzt vorgeht, die Verwirrung, die der Reichsverweser anrichtet, alles wirkt dahin, die Hindernisse unsrer Volksentwicklung fortzuschaffen, die kleinen Staaten, den Glauben an das Königthum 2c. Ich hätte die Schule milder gewünscht.

Dienstag, den 17. Oktober 1848.

Die „Reform" spricht heute mit erstaunenswürdiger Kühnheit, mit Drohungen gegen die Reichsgewalt und gegen die Fürstenmacht in Oesterreich und Preußen, mit entschiedener Aufforderung zum Handeln, sobald der Reichsverweser Preußen oder andre Truppen gegen die Wiener senden wollte. Der Artikel ist voll Einsicht und Feuer.

„Und wenn sie in Ungarn und Oesterreich die Republik verkünden, wenn sie in Preußen vielleicht dasselbe thun, werden dann die Russen nicht einschreiten?" — Das glaub' ich selbst, und darauf scheint es mir auch abgesehen, eine so große Masse europäischer Völker kann und soll nicht aus dem Spiele bleiben, das wäre unnatürlich, auch für sie wird eine neue Entwicklung bereitet. Die Geschichte arbeitet immer im Großen. Ich habe bei unsren neuesten Ereignissen keinen Augenblick die Polen und Russen vergessen, obgleich sie eben jetzt pausiren. Auch die Engländer vergeß' ich nicht; sie werden auftreten, wenn man's am wenigsten erwartet. — Einstweilen liegt Deutschland tief im Argen. —

Besuch von Weiher. In Schlesien großer Hang nach Oesterreich; in Böhmen und Mähren sind alle Robotten schon abgeschafft, in Schlesien noch nicht. — Den Grafen von ** gesprochen, der auf einen Tag hier ist. „Das ist recht, die Bürgerwehr muß Schaden leiden, damit sie sich mit dem Militair gegen den Pöbel vereinigt und der zusammengeschmissen wird!" Und wenn sie sich nun mit dem Pöbel verbrüdert? — „Dann sind wir Alle verloren. Dann können wir nur auf die Russen hoffen. Na, wenn nur erst die Kunte da ist, wie wollen wir uns freuen!" Sachte, sachte! Wer weiß! —

Bei Kranzler Zeitungen durchgesehen. — Als ich in strömendem Regen nach Hause ging, waren die Arbeiter mit zehn bis zwölf Fahnen auf der Treppe des Schauspielhauses und wollten ihre Klagen bei der Nationalversammlung anbringen. Der Abgeordnete Waldeck und Andre versprachen ihnen Genugthuung und beruhigten die Menge.

Gestern war es drauf und dran, daß Militair gegen die Arbeiter beordert worden wäre. Es wurde noch zur rechten Zeit verhindert. Die Demokraten boten alles auf, die Bürger und Arbeiter aufzuklären, daß die Reaktion ihren Zwiespalt wünsche, daß sie aber verbrüdert sein müßten. Die Demokraten boten sich zu Leitern und Rathgebern an; die Bürgerwehr soll ihre schlechtgesinnten Führer abschaffen; das Volk auf seiner Hut sein. — Die Leichen in's Schloß gebracht, unter geistlichem Gesange. — Die Konstabler unerwartet mit Schießgewehr bewaffnet. — Manche Leute behaupten, das Militair würde sich mit den

Arbeitern und dem größern Theile der Bürger vereinigt haben. — Ein Schlossermeister in meiner Nähe rief gestern einem Offizier der Bürgerwehr, der ihn aufforderte, eiligst zu kommen, mit Heftigkeit entgegen: „Was? Gegen die Arbeiter, ich bin selbst einer, und will mich nicht gegen sie brauchen lassen!" Der Offizier versetzte: „So ist es ja nicht gemeint, wir wollen ja mit ihnen uns verbrüdern!" „Das ist was anders", sagte jener, „da komm' ich gleich."

Pfuel hat vor mehreren Tagen dem Könige gesagt, derselbe betrete einen Boden, wohin er ihm nicht folgen könne, er müsse um seine Entlassung bitten. Da lenkte der König gleich freundlich ein. Pfuel sagt, es sei furchtbar, was man mit dem Könige aussteht!

Gräßliches Schimpfen von Offizieren gegen den König.

Mittwoch, den 18. Oktober 1848.

Etwas geschrieben, ohne rechte Stimmung, die Lage der Dinge in Wien hält mich in großer Schwebe, dort wird unsre Sache mitentschieden. Die Einmischung der Russen steht auf's neue in Frage, wenn Ungarn republikanisch wird.

Die Nationalversammlung ist über die Arbeiter-Petition, welche Waldeck und Berends unterstützten, zur Tagesordnung übergegangen.

Schändlicher Bericht des Polizeipräsidenten von Barbeleben, ganz gegen die Wahrheit zum Nachtheil der Arbeiter. Alles Behördenthum!

Pfuel ist in großer Aufregung, er versichert mit Thränen in den Augen, daß das Ministerium es redlich meine, und will auch für Bonin und Eichmann bürgen; die aber sind bestimmt wider ihn und ganz reaktionär, sie machen sich über ihn lustig, und machen ihm weiß, was ihnen gut dünkt. Pfuel klagt bitterlich über den König, der nicht zu leiten sei und immer von der Richtung abspringt, über die man sich mit ihm verständigt habe.

Man rechnet, daß in Berlin über 50,000 Arbeiter sind.

Graf von Breßler, verhaftet wegen Austheilung von Geld an Arbeiter, die er zum Barrikadenbau aufhetzte, ist gleich wieder freigegeben worden!

Donnerstag, den 19. Oktober 1848.

Der Magistrat und die Stadtverordneten nicht besser wie die Nationalversammlung bei Gelegenheit der Frage über die Leichenbestattung.

Und nichts Erhebliches aus Wien! Immer dieselbe Spannung! Doch scheinen die Ungarn jetzt endlich zu kommen. — Die Tschechen in Prag lassen es die Deutschen jetzt entgelten, daß diese früher sie beleidigen und unterdrücken wollten; sie verzeihen eher dem Windischgrätz, als den Frankfurter Deutschthümlern. Beklagenswerth!

Freitag, den 20. Oktober 1848.

Geschrieben, für den Druck. Dann kam Geh. Rath Rosenkranz und besprach mit mir die Lage der Sachen; hat gute Meinung und regen Geist. — Der Minister von Bonin hat sich versteckt, um die Abgeordneten der Arbeiter nicht zu empfangen; es hieß, er sei verreist! Schwarze Gespenster, die Arbeiter wollten ein Blutbad anrichten!! Der Minister Eichmann tückisch und hinterlistig. — Und dieses Ministerium grade ist das nachgiebigste! — Dr. Goldstäcker kam und wir sprachen von Schön;

wenn er kommt, so soll er sich zur Linken setzen, sag' ich, zur äußersten Linken, da kommt er zur Geltung.

Auf dem Opernplatze große Vorbereitung zum Leichenzuge der am 16. im Kampfe Gefallenen, die Gewerke mit ihren Fahnen ꝛc. Dr. Spiker sagt hartherzig, daß er keinen dieser Leute bedaure! Unter den zehn Todten ist ein Maurer, der getroffen wurde, als er ruhig beim Essen saß; ein junger Mensch fiel in der Bude, wo er seine Waare feil bot, also zwei gewiß Unschuldige!

.—

Sonnabend, den 21. Oktober 1848.

Ich ging trotz des Regens aus, sah mir auf dem Gendarmenmarkte den Volksverkehr an. Ich war wiederum sehr erstaunt über die zunehmende Bildung und Sittigkeit der untern Klassen, ich hörte kein schlechtes Wort, aber manches gute; auch erlauschte ich einige politische Aeußerungen, die sich auf die Nationalversammlung und ihre Behandlung der Arbeitersache bezogen, sie waren guten Sinnes, voll geduldigen Vertrauens und nicht übertriebener Erwartungen. Was vernahm ich dagegen in diesen Tagen, theils unmittelbar, theils mittelbar, für rohe, brutale Ausdrücke aus vornehmen Kreisen, unbarmherzige schändliche Wünsche, gemeine, schlechte Denkart! Wahrlich, die Bildung schwindet oben sichtbar ein, oder vielmehr der Firniß, der sie vorstellte, und darunter sind die nichtswürdigsten, rohsten Gesinnungen, die häßlichste Selbstsucht. Nächst den Vornehmen sind die Gelehrten am meisten mit von dieser Art, mancher berühmte und gelehrte Professor zeigt eine Denk- und Sinnesweise, braucht Ausdrücke, die man jetzt von keinem Karrenschieber und Gassenkehrer mehr hört. Hr. *, Hr. †, Hr. — und Andre sind in dieser Weise völlig Pöbel.

L. war in der Nationalversammlung. Tapferkeit der Linken, besonders Waldeck's und Jung's, schändliches Benehmen des Hrn. von Meusebach, des Präsidenten Grabow, des Ministers Eichmann.

———

Sonntag, den 22. Oktober 1848.

Pfuel hat seinen Abschied gefordert. (Am 21. schon bekommen, auf weit früheres Begehren.) Er ist heute nach Ranbow abgereist.

Den Leuten in Potsdam schwillt der Kamm wegen der Nachrichten aus Oesterreich.

Wien scheint eng umschlossen zu werden, die Magyaren kommen nicht! Windischgrätz ist zum Feldmarschall ernannt. Große Ränke und Schliche. Hier am Hofe will man wissen, Jellachich habe die Bewegung gegen Ofen nur gemacht, um desto sicherer auf Wien zu gehen, auch sei er von den Ungarn nicht geschlagen worden. Die Kamarilla in Potsdam hält jetzt alles bei uns möglich, sie verstärkt ihre Thätigkeit auf's äußerste.

Inzwischen seh' ich überall das Werk der Auflösung fortschreiten. In deutschen Landen, in Böhmen, Mähren, Oesterreich. In Italien regt es sich wieder. Und in Paris nimmt das Philisterthum so die Oberhand, daß nothwendig die Republikaner sich auflehnen müssen.

In Fichte gelesen, in Voltaire; und mancherlei preußische Geschichtssachen.

Montag, den 23. Oktober 1848.

Der General von Pfuel fuhr am 21. nach Potsdam, schrieb dort bei seinem Sohne sein Entlassungsgesuch, ging damit nach Sanssouci und kam freudig mit der Entlassung zurück, „aus Gesundheitsrücksichten" steht darin! Sein Nachfolger soll der Graf von Brandenburg werden, ein beschränkter Mensch, voll Dünkel und Aufgeregtheit. Der König soll seit das „von Gottes Gnaden" ihm abgesprochen worden, gar kein Maß mehr kennen, voll Wuth und Haß erfüllt sein. Er hat seine Mißstimmung auch wieder in dem Dank an die Bürgerwehr zu erkennen gegeben, die er belobt, am 16. brav gewesen zu sein, und die er erinnert, daß er ihr das Vertrauen und die Ehre erzeigt habe, ihr Waffen zu geben! Die Ehre? der gedemüthigte König, der bei der Leichenschau gehorsame? Und jederman weiß, daß die Bürger sich die Waffen genommen. Der König, dem man in der letzten Zeit alles fleißig zugetragen, was ihn kränken und reizen kann, tobt und schimpft wie noch nie; er will — heißt es — Rache, blutige Rache, er will Berlin mit Feuer und Schwert züchtigen und schreckliches Gericht halten.

Abendbesuch von Weiher; über die Gerüchte von Wien, daß die Stadt mit Sturm genommen sei, in Brand stehe ꝛc. und über die Folgen eines solchen Ereignisses für uns. Von der Stimmung in Potsdam, den dortigen Personen und Mitteln; man will die Kontrerevolution versuchen, man wird es mit Uebermacht thun, mit Truppen und Geld ꝛc. Einfluß der Generale Leopold von Gerlach, von Rauch, von Prittwitz ꝛc. Dagegen sagt Humboldt: „Wie kann jemand Einfluß haben bei einem humoristischen Könige?"

Die Bürgerwehr hat schon gegen die ihr vom Könige

gewordene Belobung protestirt durch öffentlichen Anschlag. Der „Staatsanzeiger" bringt noch nichts Entscheidendes aus Wien. Nur das Zurückgehen der Ungarn scheint gewiß. —

In Fichte gelesen, im Cicero.

Zum 23. Oktober 1848.

Als Pfuel seine Entlassung einreichte, sagte der König: „Ein General der Infanterie und Ritter des Schwarzen Adlerordens verläßt seinen König nicht." Pfuel erwiederte, auf dem Schlachtfelde werde er stets dem Könige zur Seite bleiben, aber als Minister solle er seine Ueberzeugung aussprechen und vertreten, da müsse er ausscheiden, wenn seine Denkungsart den Handlungen, die man von ihm verlange, widerspräche. Der König wollte von dem Abschiede nichts hören. Doch sagte er später, er wolle den Grafen von Brandenburg berufen, was Pfuel davon halte? Dieser sagte dem Könige, der Graf sei in keiner Weise dazu geeignet, verstehe gar nichts von Staatssachen, und habe überdies die öffentliche Meinung ganz wider sich; er werde gar kein Vertrauen erwecken. Der König gab das alles zu, meinte aber zuletzt, es sei doch gar ein schöner Name! Da zuckte Pfuel mit den Achseln und schwieg. —

Der König sagte jedem folgenden Ministerium, das vorige habe ihn betrogen, verrathen. So sagte er von Camphausen zu Rudolph Auerswald, von diesem zu Pfuel, von Pfuel zu Manteuffel!

Ein Fürst, ein regierender, ist ihm ein höheres Wesen, das er zu seiner eignen Klasse rechnet, ein höherer gottbegnadigter Mensch; alle andern Leute, wenn auch sonst vornehm und ausgezeichnet, sind ihm dagegen ein bloßes

Gesindel. Für jene hat er alle Aufmerksamkeit und Sorgfalt, die andern behandelt er achtlos. Man muß es nur sehen, wie er Abends in Unruhe und Zorn geräth, wenn ein geringerer Gast zufällig in einen Lehnstuhl zu sitzen kommt, oder ein Prinz auf einen gewöhnlichen Stuhl sich setzt; er ruht auch nicht, bis er die Abänderung bewirkt hat.

———————

Dienstag, den 24. Oktober 1848.

Besuch bei Dr. Oppenheim, wo Hr. Bamberger sich einfindet, ein Abgeordneter aus Mainz zum übermorgenden Demokratenkongresse hier. Wir besprechen den Zustand der Dinge hier, den in Wien. Die „Reform" sprach heute warnend, zeigte den veränderten Ton, in welchem Minister und Behörden reden, und daß man jeden Augenblick auf einen Ueberfall gefaßt sein könne. Diese Meinung ist hier sehr verbreitet, man meint, es könne das Hofmanifest schon bereit liegen, man fürchtet sogar, die Regierung könne den Demokratenkongreß plötzlich umstellen, die Hauptpersonen festsetzen, die Andern verjagen. — Ansichten über die Folgen eines Falles von Wien.

Pfuel hat auf den Wunsch seiner Kollegen, und wahrscheinlich auch mit Zustimmung des Königs, noch auf mehrere Tage die Geschäfte behalten, daher seine Entlassung noch nicht angekündigt ist. Der König sprach vom Grafen von Brandenburg, Pfuel stellte ihm aber vor, daß er diese Wahl für keine gute halten könne, daß schon der bloße Name schaden müsse. — Ein Gerücht sagt, Professor Leo aus Halle sei in Sanssouci beim Könige gewesen und habe den schlimmsten Einfluß auf ihn geübt; — natürlich im Sinne Leopold's von Gerlach, des Generals von Rauch x.

Nachrichten aus Wien, das ganz von kaiserlichen Truppen umstellt ist, melden nun doch unerwartet den Anmarsch der Ungarn! —

In Fichte gelesen, im Cicero. — Schleswig-Holsteinische Aktenstücke ꝛc.

In der Nationalversammlung wurde heute der Antrag Walbeck's, daß die Frankfurter Beschlüsse erst hier den Abgeordneten vorgelegt werden müßten, durch Mehrheit für nicht dringlich erklärt und an eine Kommission verwiesen. — Merkwürdige Abstimmung, in der die eine Stimme wechselt (von Riebe.) —

In der Nationalversammlung ist nun die Schändlichkeit völlig aufgedeckt, daß in dem Augenblick, als der ältere Willisen mit den Friedensaufträgen des Königs und der Minister in Posen auftrat, der General von Colomb aus dem Kabinette des Königs den Befehl erhielt, mit den Waffen gegen die Polen loszugehen! Und diese — Minister, Auerswald, Camphausen, Arnim-Strich, Hansemann, haben zu solcher Schändlichkeit geschwiegen, sie sich gefallen lassen! — Darum auch verbot der König, daß Willisen seine Rechtfertigung drucken ließe, darum schickte man ihn als unbequemen Zeugen in's Wette fort!

Mittwoch, den 25. Oktober 1848.

Nachmittags Besuch vom General Adolph von Willisen, der mir seine Schrift: „Ueber die Heer- und Wehr-Verfassung" bringt.

Professor Leo hat beim König in Sanssouci gegessen, das ist alles, der König hat ihn eigentlich gar nicht gesprochen. Aber auch das bloße Zeichen ist schlimm, daß ein Wütherich wie Leo zum Könige gebracht wird.

Später kam Hr. Brisbane und ein anderer Nordamerikaner Hr. Dana. Ueber die deutsche Revolution und ihr Eigenthümliches. Ich sage, sie sei ein Guerillakrieg, im Gegensatze der großen Hauptschlachten, welche in der französischen Revolution vorwalten.

Ein junges abliches Fräulein kam neulich zu einer ältern Freundin und sagte unter anderm: „Ach Gott, nun ist es doch wieder nichts geworden, der Kampf ist beigelegt zwischen Arbeitern und Bürgerwehr, die Truppen sind nicht in die Stadt gerufen worden! Es ist doch recht traurig!" — Liebes Kind, versetzte die Freundin, wie kannst Du nur so sprechen, solch ein Blutbad herbeiwünschen! — „Aber", versetzte das Fräulein, „sie sagen ja Alle, das sei unsre einzige Hoffnung, und Vater und Mutter sind ganz traurig, daß es wieder zu nichts gekommen." Das ist doch sprechend genug.

Donnerstag, den 26. Oktober 1848.

Nachmittags Lärmblasen der Bürgerwehr; man sagt, es sei am Zeughause unruhig, weil wieder Waffen in Kähnen fortgeschafft werden. Es heißt, man wolle die Stadt gewöhnen, beim Allarm gleichgültig zu bleiben, um so leichter würden dann einmal die Truppen hereinbrechen und der Belagerungszustand ausgesprochen werden, dann sei es mit Plakaten, Tagesblättern, Klubs und Volksversammlungen plötzlich aus, dann packe man ein paar hundert der ärgsten Kanaillen und hänge sie auf, wenn sie nicht vorher im Getümmel unversehens zusammengehauen werden ꝛc. Die Reaktion denkt und betreibt nichts andres, als diese Umkehr. Ich bin noch heute erstaunt und erschrocken über all die Unmenschlichkeit und Verruchtheit, die man in den obern Klassen ohne Scheu gegen die untern ausspricht; von Thieren möcht' ich so nicht reden! Jeder Arbeiter, jeder Arme, wenn er nicht in der Uniform steckt, ist schon an sich ein Racker, ein Galgenstrick, der im Elend umzukommen verdient, oder durch den Säbel; seine Frau und Kinder sind eine verfluchte Brut; dieses Lumpengesindel soll weder Recht noch Freiheit haben, es soll stumm verhungern und die Vornehmen nicht belästigen, die sich in Wohlleben und Hohn aufblähen! Und diese Vornehmen wollen wohl gar zum Theil auf Jesus Christus stolz sein! Glauben sie, daß sie vor ihm bestehen werden? Ihr Anrufen dieses Namens ist größere Lästerung als je Freigeister auf ihn häufen konnten. Auch ist mir nicht zweifelhaft, daß in den Aristokraten und ihrer Wuth und Härte zehnmal mehr Teuflisches ist, als in allen noch so gräuelhaften Ausbrüchen des Volksgrimmes. Jene haben die Bildung, den Besitz voraus, und das lebenslang ausgeübte Unrecht schmachvollen Druckes, das Volk hingegen, ungebildet und verwahrlost, hat ein Unrecht abzuwerfen, eine Schmach zu rächen; ist es ein Wunder, wenn es hierbei maßlos wird? —

Aus Wien noch immer nichts Zuverlässiges! Doch scheint die Stadt völlig eingeschlossen, und vielleicht ist der Angriff schon erfolgt. Und die Ungarn? —

In der Frankfurter Nationalversammlung geht es schändlich her, in der hiesigen kaum besser. Auf der rechten Seite sitzen wahre Gassenbuben, ein Meusebach, Baumstark ꝛc. Doch ringt die linke Seite mit manchem guten Erfolg. — Der Präsident Grabow dankt ab. —

Der Demokratenkongreß hat heute seine Sitzungen begonnen. Ueber zweihundert Abgeordnete sind gekommen. Georg Fein wurde zum Vorsitzenden ausgerufen.

Freitag, den 27. Oktober 1848.

Nach der „Breslauer Zeitung" ist nicht mehr daran zu zweifeln, daß Windischgrätz die Stadt Wien zu beschießen angefangen hat.

Von einer Bombardirung Wiens ist noch keine Nachricht hier. Man hat sich kanonirt und plänkelnd versucht, weiter noch nichts. Man erwartet hier Wiens Unterwerfung.

Ich prophezeihe, bald werde in Deutschland das Geld fehlen, der Staatsbankrott bevorstehen. Freilich jetzt noch schwimmen wir im Gelde, aber wir verschwenden es auch gehörig. Wartet nur! —

Nachmittags war ein dreijähriger allerliebster Knabe bei mir, dessen frühreife Klugheit und naive Derbheit mich ungemein erfreute; er merkte auch bald den Spielkameraden in mir, und wollte immer wieder zu „dem Mann".

Sonnabend, den 28. Oktober 1848.

Professor Mundt war bei Pfuel und hat angefragt, wie das Ministerium das Verhältniß zu Frankfurt behandelt wünsche. Er schreibt für das Ministerium! Pfuel gestand, daß er nichts Rechtes anzugeben wußte! —

Um 1 Uhr Besuch vom Geh. Rath Walded, von Weiher begleitet. Walded erschien mir im günstigsten Lichte, kraftvoll im Denken und Gesinnung, ein ehrenfestes, starkdurcharbeitetes, festes und bewegliches Gesicht. Er sprach mit Klarheit und Festigkeit, immer aus der Sache; nichts Persönliches mischte sich ein, nichts Schmeichelhaftes oder sonst Absichtliches. Er blieb über eine Stunde, und wir besprachen die wichtigsten Anliegen. Mich dünkt, die Linke hat einen guten Führer an ihm. —

Nachmittags kam *. Er hätte gern Walbeck bei mir gesehen. Ueber den König; derselbe zögert das Jagdgesetz zu verkünden, weil er dasselbe als einen Eingriff in das Eigenthum betrachtet; indeß wird er es doch wohl ausgeben müssen, dergleichen ist schon mehr vorgekommen. Ueber Pfuel; in der Zerstreutheit vergißt er oft, daß er Minister ist, hört mit Beifall die Reden der Linken, nicht ihr zustimmend, schüttelt öfters bei den Behauptungen der Rechten verneinend den Kopf; dergleichen gefällt dann sehr und versöhnt ihm viele Gemüther, die ihm grollen. —

Nichts aus Wien. — Der Demokratenkongreß hat ein dürftiges Aussehen. — Unsre Abgeordneten der rechten Seite in der Nationalversammlung haben sich schändlich aufgeführt, einen zurückgezogenen Antrag aufgenommen, um dann gegen ihn zu stimmen! Ehrlos, bubenartig.

———

Sonntag, den 29. Oktober 1848.

Sendung und einige Zeilen von Dr. Carriere aus Gießen. Sein Gedicht „Die letzte Nacht der Girondisten" in sechzig Stanzen, im „Morgenblatt", 204—210.

In der Zeitung nichts Neues aus Wien. Doch scheint Windischgrätz wieder troßig zu sein und die Wiener auf einigen Punkten tapfer gefochten zu haben.

Graf von Styrum aus Schlesien mit andern Abgeordneten, als Vertreter von siebenhundert Rittergutsbesitzern, wollen den König bringend bitten, doch ja das Jagdgesetz zu sanktioniren, weil sie sonst ihres gesammten Eigenthums, ja ihres Lebens nicht mehr sicher wären.

———

Zum 29. Oktober 1848.

Der König wollte das Jagdgesetz durchaus nicht unterzeichnen; er nannte es eine Ungerechtigkeit, eine Rechtsverletzung, deren er sich nicht schuldig machen werde. Dem Grafen von Warlensleben gab er darauf sein Königliches Wort und seinen Handschlag. Mittlerweile kamen aus allen Gegenden Bitten und flehende Gesuche der Edelleute, besonders aus Schlesien förmliche Abgeordnete, die den König bestürmten, das Jagdgesetz eiligst zu veröffentlichen, sie seien Alle ihres Lebens nicht sicher, der König werde sie retten durch Genehmigung des Jagdgesetzes! In diesem Sinne sprach der Graf von Styrum flehentlich zu dem König, Namens von siebenhundert schlesischen Edelleuten. (Graf von Yord sprach dasselbe seufzende Verlangen dringend gegen mich aus, in der Hoffnung, ich würde dem Ministerpräsidenten von Pfuel davon sagen, — dieser war aber schon nicht mehr an der Spitze der Geschäfte, nur noch zum Schein Minister.) Genug, der König unterzeichnete das Jagdgesetz, am Tage nach dem Versprechen, das er dem Grafen von Warlensleben gegeben hatte. Dieser sandte sogleich dem Könige den Kammerherrnschlüssel und seine preußischen Orden zurück.

———

Montag, den 30. Oktober 1848.

Mit Ludmilla den schönsten Spazirgang gemacht. Ueber die Linden und durch den Thiergarten, dann die Dessauer Straße zu Ende in's Freie, wo Bauten und Erd- und Wasserarbeiten betrieben werden; ein werdender Marktplatz, ein schönes Wasserbecken, himmelblau, dahinter eine frisch grünende Wiese, die ganze Gegend von goldnem Sonnenschein überflossen. Ich sprach mit einem Aufseher der Arbeiten, nachher mit den Arbeitern bei der Ramme, die mir sehr gefielen, rüstige, schöne junge Männer mit frischen Gesichtern von gutem Ausdruck, und die angestrengt ihr Werk förderten. Sie gaben mir verständige Auskunft, bescheiden und freimüthig, und brachten mir ein Hurrah, nach schon eingeführter Sitte, wofür ihnen eine kleine Erfrischung gereicht wird. Ich sprach auch noch mit andern Erdarbeitern, und überall fand ich guten Sinn. Nirgends hört man unanständige Worte, sieht man Betrunkene. Und wie arbeiten sie! und das in jedem Wetter! Wie hart werden diese braven Leute in der Regel behandelt, wie schändlich verläumdet! —

Bernstorff'sche Depesche aus der Gegend von Wien. Der Angriff hat ernstlich begonnen, aber erst am 28. früh, und mit großem Verluste der Kaiserlichen, die Wiener schlagen sich heldenmüthig, werden aber ohne Zweifel erliegen. Der „Staatsanzeiger" giebt die Nachrichten, ohne die Quelle zu nennen.

Dienstag, den 31. Oktober 1848.

Ausgegangen mit Ludmilla. Als wir durch das Schloß gingen, marschirte im Hof ein Bataillon Bürgerwehr auf, wegen der Monsterpetition für Wien, die heute der Nationalversammlung soll gebracht werden; gleich darauf geriethen wir in einen Zug derselben mit Fahnen, der zum Gendarmenmarkte einlenkte. Es fielen drohende Redensarten, von Aufhängen und Zuschlagen. —

Drei Abgeordnete zum Demokratenkongresse sind hier wegen der vorgestern bei den Zelten gehaltenen Reden verhaftet worden. —

Nachmittags kam General von Pfuel. Neueste Nach-

richt aus Wien durch eine Depesche des Grafen von Bernstorff: In der Nacht vom 28. zum 29. starker und allgemeiner Angriff von Windischgrätz, die sämmtlichen Vor-
städte erstürmt, in der Jägerzeile (Landstraße, sagt die
Zeitung) gegen dreißig Barrikaden binnen drei Stunden
von den Truppen genommen. Die innere Stadt hält noch,
unterhandelt, feuert aber auch. Die Ungarn haben sich
zurückgehalten. Ferner, Radetzky hat neuen Waffenstillstand
auf zwei Monate. Ferner, Cavaignac hat einem Freunde
vertraut, daß Louis Bonaparte unzweifelhaft Präsident
werde; dann, wenn die Deutschen nicht durch Einigkeit
imponirten, werden die Franzosen uns sicher mit Krieg
überziehen! —

Ueberdies verkündete Pfuel mit Lustigkeit: „Heute haben
wir den Adel abgeschafft, die Orden, die Titel!" Und er
wollte sich todtlachen darüber! — Er sagt, der König habe
sich unermeßlich geschadet durch seine Aufreizung über die
Abschaffung des von Gottes Gnaden. Ich bemerke ihm,
daß Kaiser Ferdinand selbst jetzt es abgelegt läßt. — Pfuel
mißbilligt die heutige Petition nicht, insofern sie den Sinn
hat, die Nationalversammlung aufzufordern, daß sie die
Zentralgewalt angehe, durch den Fall von Wien nicht die
Freiheit gefährden zu lassen.

Abends lärmten Horn und Trommel, die Abendsitzung
der Nationalversammlung war vom Volk umlagert, alle
Zugänge mit Fackeln beleuchtet, es durfte niemand heraus,
man zeigte Stricke, mit denen die volksfeindlichen Abgeordneten gehängt werden sollten. Bürgerwehr war im Schauspielhause. Nach und nach kam auch von außen so viele,
daß die Ausgänge frei gemacht werden konnten. Doch
ging es nicht ohne Verwundungen ab. Die Versammlung
hat die Aufforderung an die Zentralgewalt beschlossen. —

Um 10 Uhr kam ein Hausbewohner vom Schauplatze her und erzählte mir, was er gesehen.

1848.

Das Geschrei wegen der Vernagelung der Nationalversammlung war offenbar absichtlich, erkünstelt, betrügerisch. Niemand ist aufgefunden worden, der die Nägel und Stricke wirklich gesehen hätte, alle wußten nur durch Hörensagen davon, die Sache ist eine Fabel. Wahr ist es, daß der Abgeordnete d'Ester einmal aus der Versammlung herauskam, sich an die Gruppen wandte, die umher standen, und ihnen zurief, sie sollten diese und diese Ausgänge bewachen und keinen Abgeordneten hinauslassen, der sich der Abstimmung feig entziehen wolle. Das hat Hr. Adolph Streckfuß gehört und als übertriebenen Eifer mißbilligt. Bald aber fanden sich andre Leute, die das Volk aufhetzten, man müsse alle die Kerls, die nicht gut stimmten, gleich todtschlagen, neue Barrikaden errichten ꝛc., lauter Dinge, die den Truppen Anlaß und Berechtigung sein sollten, einzurücken und die Stadt zu besetzen. Da diese reaktionaire Absicht unverkennbar, so faßten Streckfuß, von Hochstetter und August Braß einen solchen Aufwiegler und brachten ihn auf die Wache. Anfangs gab er sich einen falschen Namen, aber bald mußte er sich als ein Adlicher bekennen, der als Reaktionair bekannt war. Er wurde an die Polizei abgeliefert und sollte vor Gericht gestellt werden, bekam aber in der Stille seine Freiheit, und von ihm war nie mehr die Rede.

(Nach der Erzählung von A. St., Berlin, 9. November 1857.)

Zum Oktober 1848.

Noch im Februar 1853 sagte der Abgeordnete von Brünneck in der Ersten Kammer, als man ihm vorhielt, auch er sei vor Striden im Oktober 1848 durch die Reaktion gerettet worden, mit Nachdruck, er habe damals nichts von Striden, aber auch nichts von rettenden Junkern gesehen; die seien damals ganz anders beschäftigt gewesen.

Mittwoch, den 1. November 1848.

Mit Ludmilla ausgegangen über den Gendarmenmarkt. Diesmal waren in den Straßen nicht eben angenehme Gruppen von übelaussehenden, erhitzten Leuten, welche die gestrigen Vorfälle besprachen. — Besuch bei *; Dr. Hermann Franck, der mich hatte besuchen wollen, kam hin; er ist seit kurzem wieder hier und machte gestern als Bürgerwehrmann die Sachen mit. Striche hat er keine gesehen, doch sagte man, es seien deren drohend gezeigt worden. Zwischen die Bürgerwehr und das Volk drangen unbewaffnet die Maschinenbauer, wie sie es früher angekündigt hatten, um jeden Zusammenstoß zu verhindern, man verhielt sich von beiden Seiten freundlich, aber ein neu hinzukommendes Bataillon Bürgerwehr machte sehr unrecht einen Angriff auf diese Unbewaffneten, was große Erbitterung erregte. Diese Ungeschicklichkeiten der Bürgerwehr wiederholen sich zu oft, als daß man nicht Absicht voraussetzen sollte. Es gab noch harte Stöße und auch Stiche. (Einer der Maschinenbauer getödtet, neun schwer verwundet!)

Plakat des demokratischen Klubs, der die schwache Maßregel der Nationalversammlung wegen Wien heftig tadelt und der Zentralgewalt und ihren Ministern ganz offen Hohn spricht. Die Kühnheit ist wirklich sehr groß und ganz ohne Verhältniß der Mittel, die man hat sie zu unterstützen. —

Der König hat das Jagdgesetz verkündigen lassen. Warum nicht gleich? warum so langes Sperren? —

Ein kühner Artikel in der „Zeitungshalle" heute greift den König selber an und sagt, bei der konstitutionellen Fiktion seien wir noch nicht; die wahre Lage der Dinge wird offen ausgesprochen, das falsche Wesen der Oberbeamten scharf bezeichnet. — Soldatenunruhen, Offizieranmaßung, Reaktionsversuche werden aus allen Gegenden gemeldet. —

Mich dünkt, die Demokraten verstehen ihre Sache schlecht; sie sollten erst auf der Stufe des konstitutionellen Königthums festen Fuß fassen, ehe sie weiter steigen; auf der hätten sie Tausende von Gesinnungsgenossen, die ihnen jetzt entgegen sind, hätten schöne Verschanzungen, die ihnen jetzt fehlen. Der Katholizismus ist auch erst durch das Lutherthum erschüttert worden, ehe der freie Geist gegen beide auftreten konnte. Wie sie klüglich ihre Zeitung nicht „die Revolution", sondern bescheiden „die Reform" nennen, sollten sie auch von Republik nicht sprechen. Aber es ist wahr, sie wollen nicht klug sein, sondern offen und kühn, und bisher ist es ihnen genug damit gelungen. —

Die Nachrichten aus Wien sind auch heute nicht entscheidend; der Gemeinderath hat sich am 30. unterworfen, aber die Besetzung der innern Stadt ist noch nicht gemeldet. Auch ist die Sache mit den Ungarn noch ganz dunkel. Der Kaiser soll in Olmütz immer in der Kirche sein und weinen. In Brünn aber ist ein Aufstand ausgebrochen, das Militair entwaffnet, man will den Wienern helfen, in österreichisch Schlesien auch, desgleichen in andern Gegenden. — Wie es auch sei, die Hofparthei wird ihres Sieges nicht froh werden. Bald werden die Tschechen, bald selbst die Kroaten mit ihr Händel haben.

Donnerstag, den 2. November 1848.

Die Nachrichten aus Wien geben dem Hofe Muth, er schreitet zur That. Pfuel bekommt nun wirklich seine Entlassung und zeigt dies der Nationalversammlung an, dieselbe empfängt ein Schreiben des Grafen von Brandenburg, der König habe ihn mit Bildung eines neuen Ministeriums beauftragt. Gleichzeitig eine Bekanntmachung an den Straßenecken von Eichmann, gestrigen Datums, denn heute ist er nicht mehr Minister, daß den Behörden befohlen sei, so wie die Bürgerwehr nicht rechtzeitig und vollständig ihren Beruf erfülle, die Truppen herbeizurufen. Große Entrüstung in allen Gruppen! Die Nationalversammlung beschließt eine Adresse und Deputation an den König, protestirt gegen Brandenburg, gegen Eichmann's Verfügung. —

Bei Kranzler die Zeitungen durchlaufen, eine kurze Zeit auf der königlichen Bibliothek. — Hrn. Grenier gesprochen, dann Cieszkowski, Hofrath Förster, Professor Michelet. — Ich ging wieder auf den Gendarmenmarkt. Die Nationalversammlung hatte ihre Sitzung wieder aufgenommen.

Gegen Abend mußt' ich wieder auf die Straße. Der Gendarmenmarkt wimmelte. Rimpler hatte einen Anschlag gegen Eichmann's Verfügung drucken lassen, protestirt gegen den Eingriff; auch eine Adresse an die Bürgerwehr, stets fertig zu sein und dem Vaterlande in so großer Krise nicht zu fehlen. Die Nationalversammlung berathet, die Rechte benimmt sich wieder niederträchtig, reißt aus, um die Versammlung beschlußunfähig zu machen! Der Präsident Philipps recht brav. —

Wir gehen weiter in die Stadt hinein. Auf dem Rückwege finden wir Volk und Bürgerwehr dicht gedrängt auf dem Gendarmenmarkt. Eine Deputation ist nach Potsdam zum Könige, die sehr ernste Adresse — sie weist auf das Unheil in Oesterreich hin — ist schon im Druck zu haben. Wenn die Deputation zurück ist, beginnt die Sitzung wieder. Vielleicht spät in der Nacht! —

Die Zeitungen melden den Fall Wiens, doch so kurz und neben so widersprechenden Gerüchten, daß Viele noch zweifeln. Bettina von Arnim hatte schon Mittags mir die Nachricht hinterlassen, Windischgrätz sei von den Wienern gefangen.

In dem Eindrucke dieser Dinge mußte man sich der Nachtruhe hingeben! Ich fand sie spärlich! —

Pfuel wurde vorgestern aus der Sitzung durch Jacoby und Jung geleitet und trat bei letzterm ein, der dicht am Schauspielhause wohnt. Bis nach 1 Uhr in der Nacht blieb Pfuel hier und machte mit den beiden Männern, wie diese mit ihm, sehr gute Bekanntschaft. Am Hof ist man wüthend darüber!

———————

Freitag, den 3. November 1848.

Aus Wien nur die alten zweifelhaften Nachrichten. — Unsre Krisis hier hielt die Nationalversammlung bis 1 Uhr in der Nacht vereinigt; die Deputation sollte erst den König gar nicht sehen, sah ihn dann doch, bekam ausweichende Antwort, Jacoby richtete das scharfe Wort an den König: „Das ist das Unglück der Könige, daß sie die Wahrheit nicht hören wollen", worauf der König sich wandte und wegging. Heute Ministerrath. Die Vormittagssitzung wird bald abgethan und eine Nachmittagssitzung der Nationalversammlung angesetzt. —

" kam Nachmittags, die Sitzung war schon aus, das Ergebniß ziemlich beruhigend. In der ganzen Krisis soll gar keine Absicht sein, das Zusammentreffen von Pfuel's Abdankung und Eichmann's dummer Bekanntmachung mit dem Falle Wien's nur Zufall sein. Der König hat erklärt, Brandenburg würde ein konstitutioneller Minister sein, und der Präsident Unruh sagt außerdem, ein Gespräch, das er mit Brandenburg gehabt, sei sehr befriedigend ausgefallen. Aber wer wird an Eichmann's und Bonin's Stelle kommen? Manteuffel?! wer an Dönhoffs? — Mir fällt eine Last von der Brust, daß ich erfahre, der Schein sei ein falscher, daß feige Ränke vom Hofe her gespielt werden sollten. — Pfuel hat keinen Anlaß gehabt, in diesem Augenblick abzutreten, er hat plötzlich den Einfall ohne Verabredung ausgeführt und erst an die Nationalversammlung, dann an den König geschrieben. Nur das kann ihn bestimmt haben, daß er gehört, der König habe sein Verweilen bei Jung, so wie sein Votiren für Robbertus' Antrag mit bitterer Schärfe getadelt. In der That macht man aus beiden Sachen Pfuel'n ein großes Verbrechen, sagt, er sei toll geworden, ein Republikaner ꝛc. Die Volksseite entläßt ihn mit Bedauern und in größten Ehren. —

Die Familie †, Frau von * und Tochter, Frau von ** ꝛc. sind alle schmerzlich erbittert und ganz unglücklich über die Abschaffung des Adels. Viele Adliche wollen jetzt enger als je zusammenhalten, sich gegen den Bürgerstand abschließen, ihre Vortheile nur ihresgleichen zuwenden. Ja, wenn sie einig wären! Aber die Selbstsucht ist größer als der Körperschaftssinn!

Sonnabend, den 4. November 1848.

Nachricht von der Nationalversammlung; kein Ministerium, aber Brandenburg scheint nicht aufgegeben, und die Angabe wegen Grabow's bestätigt sich nicht, wohl aber ist von Kirchmann und Robbertus die Rede. Die Stimmung ist matt; man wagt es, Jacoby'n wegen seiner tapfern Worte an den König zur Rede zu stellen! Dagegen empfängt er auch Glückwünsche und Zustimmung von vielen Seiten. —

Endlich Gewißheit, daß Windischgrätz Meister von Wien ist; doch ist das Ereigniß so düster, daß selbst die Hofparthei nicht darüber frohlocken mag. Ein Rundschreiben Wessenberg's sagt ausdrücklich, daß die Freiheit unangetastet bleiben soll; die Aristokraten sehen dabei keinen rechten Gewinn. Eben so geht es den Slawen, es wird ausdrücklich erklärt, daß kein Volksthum über das andere gesiegt haben soll. Bethörte Tschechen, die dem Verwüster Prags gegen Wien Recht gaben! —

Hier bei uns ist die Reaktion thätiger als je, statt der abnehmenden Cholera wird sie zur fressenden Seuche, besonders in den mittleren Beamten, die nun sehen, daß ihr Heil noch immer in den alten Händen bleibt; Magistrat, Stadtverordnete, Universität, Akademie, Gerichtswesen, Verwaltung, alles schreit reaktionair, huldigt den Ministern, der Zentralgewalt, sofern sie polizeilich geworden. Dazu die enthüllte Geringheit der Demokratenverbündung! —

Wir haben nicht Eine Million Thaler nach Frankfurt gesandt, sondern zwei Millionen. Preußische Abgeordnete schreiben von dort, das habe dem Parlament ungeheuer imponirt, dies Geld und die Truppen, die man angeboten, seien mit Zentnergewicht in die Stimmung gesunken; man erkenne die Macht und die Bedeutung Preußens darin, und daß ohne Preußen kein Heil sei. Aber wen gewinnen wir damit? die Volksgesinnung? noch lange nicht! Die Stimme der Reichsgewalt, sofern sie uns braucht, und ihrer schuftigen Anhänger, die zum Theil uns und alle die Freiheit hassen. —

Unsre Abgeordneten der Rechten hier benehmen sich schändlich! Augendiener, tückische Verräther und schamlos! Sie begehen ihre Niederträchtigkeiten ganz offenbar! — Die kleinen Blätter „Kladderadatsch", „Krakehler" ꝛc. sind ihre Züchtiger.

Sonntag, den 5. November 1847.

Kümmerliche Nachrichten aus Wien, Verlegenheiten der Regierung, die nicht weiß was sie thun soll, die ihre Feinde nicht recht finden kann. —

Ueber unsre Minister nichts Zuverlässiges. Vermuthungen. —

Die Hofparthei, Eichmann und Bonin, und Andere, sind außer sich über Pfuel. Das thut ihm gut bei der Volkspartei; er hat das Glück, daß man ihn rühmt. —

Um 8 Uhr bekam Jacoby wegen seiner Worte an den König einen großen Fackelzug, der sich vom Alexanderplatze her in Bewegung setzte. Alles ging ruhig vorüber. Das Schloß war stark von Bürgerwehr besetzt, die Gitter verschlossen. Eine Katzenmusik für Eichmann unterblieb. —

Pfuel schrieb seine Entlassung in der Nationalversammlung ohne Rücksprache mit seinen Kollegen. Diese erfuhren den Vorgang auf der Straße, als sie zur Versammlung gingen. Sie wußten nichts, und auch jetzt nicht, ob der König einverstanden sei — er war es nicht —, ob sie mit in den Abschied eingeschlossen seien ꝛc.

Montag, den 6. November 1848.

General von * besucht mich und spricht über die Krisis des Tages. Brandenburg hat zwei Leute willig gefunden, Manteuffel und Ladenberg, mit ihm Minister zu sein. * begreift nicht, warum er nicht gleich ablehnt. Der König treibt die Nationalversammlung wider ihren Willen auf eine gefährliche Spitze. Soll sie den Brandenburg dulden? das darf sie kaum; soll sie ihn zurückweisen? dazu hat sie kaum die Macht. Neue Vorstellungen werden nicht fruchten, auf Drohungen und Volksunruhen wird die Reaktion sogleich mit Belagerungsstand antworten, mit Auflösung oder Verlegung der Nationalversammlung.

Abends Hr. von Weiher mit Hrn. Dr. Zabel, Redakteur der „Nationalzeitung". Großes Gespräch. Dr. Zabel voll Einsicht und gutem Willen; gefällt mir sehr.

Pamphlet von Lord Brougham über die neuesten Revolutionen. Diese Schrift empört mich durch die Anmaßung, mit der das seichteste Gewäsch, die gemeinste Denkart und niedrigste Ansicht darin sich kund giebt. Wie ist der Mann bankrott!

Hier sind Abgeordnete aus mehreren kleinen Ländern, die mit den Mitgliedern unsrer Linken in tiefstem Geheim berathen; sie haben den Vorschlag, ihre Fürsten auf Pension zu setzen und Land und Leute mit Preußen zu verbinden, sofern ihnen verbürgt würde, daß ein demokratischer Staat wirklich zu Stande kommt und bestehen wird, denn sonst wollen sie freilich nicht ihre Selbstständigkeit und ihre jetzige Freiheit opfern. Welch ein Fingerzeig für den König, wenn er ihn verstünde und befolgte! — Selbst aus Baden kommen solche Stimmen. —

Dienstag, den 7. November 1848.

Ausgegangen, zu Kranzler. — Lange Unterredung mit dem Major von Vincke. Er redet ganz reaktionair, schimpft auf die kleinen Unordnungen, auf die scheinbaren Gefahren der Abgeordneten, meint, dies müsse vor allem abgestellt werden, eigentlich will er aber nur damit den Beginn der Militairherrschaft, und gesteht mir, die Abgeordneten möge seinetwegen alle der Teufel holen. —

Abends Besuch vom Abgeordneten Dr. Karl Grün. Vieles durchgesprochen. Er ist etwas entmuthigt, ich keineswegs! Es geht alles schlecht, das ist wahr, aber um besser zu gehen. Ueber den Zustand der Partheien, ihre Kräfte. Ich sage, das Alte hat alle Macht im Einzelnen, ist in jedem besondern Fall siegend, aber im Allgemeinen durchaus nicht, und darum auch wieder im besondern Falle nicht immer. Umgekehrt ist es mit der Volks- und Freiheitssache, die hat nur das Allgemeine.

Es gehen die widersprechendsten Gerüchte, bald giebt der König nach, bald wird die Nationalversammlung aufgelöst, nach Frankfurt an der Oder verlegt oder nach Schwedt. — Die Reaktion drängt zu einem Staatsstreich, zum Einrücken Wrangel's, und vorbereitet wird die Sache immer mehr. Das Zeughaus ist so gut wie geleert, der Schatz grossentheils nach Magdeburg geschafft, Pläne zur Besetzung und Behauptung Berlins liegen fertig. In diesen Tagen waren alle Truppen in der Umgegend bereit, die hiesigen in den Kasernen festgehalten, diese auf mehrere Tage verproviantirt; die Offiziere thaten alles, um die Truppen zu stimmen, Geld, Schnaps, Bier, wurden ausgetheilt, daneben auch Munition, man liest der Mannschaft Aufrufe vor, sogar einen Radetzky'schen! Genug, bei jedem Anschein einer Krise wird der Arm zum Schlage gehoben;

ob endlich der Tag wirklich kommt, wo der Schlag fällt?

Die Aufforderung in der „Reform", die Truppen nach Berlin zu ziehen, macht die Militairhäupter sehr stutzig; sie werden irr' in ihrer Zuversicht auf die Truppen, welche die Demokratie rufen mag. Die Truppen erkennen in den Volksfreunden keine Feinde mehr.

Furchtbares Gedicht an den König, er sei ein Scheusal, ein Verräther, er müsse sterben! Fliegendes Blatt.

Gedicht von Freiligrath auf den Fall Wiens, von glühendem Unwillen erfüllt.

Einer der schönsten Züge unsrer Zeit ist der Beschluß der Maschinenbauer, sich bei jeder Krise unbewaffnet zwischen Volk und Bürgerwehr aufzustellen, um den Zusammenstoß zu verhindern. Und in diesem edlen Berufe haben sie leider gleich zuerst auch ein Todesopfer schon geliefert!

————

Mittwoch, den 8. November 1848.

Besuch vom Grafen von Keyserling: „Nun, heute geht's los! Wenn die Nationalversammlung nicht die Minister annimmt, so wird sie nach Brandenburg verlegt und die Truppen rücken nach Berlin." Das ist ganz gewiß, daß die Kasernen hier verproviantirt und den Soldaten scharfe Patronen mitgetheilt sind, vorläufig dem Manne 15 Stück. — Es ist dies das sonderbarste Verhältniß; ein paar Regimenter sind in der Stadt, Schreckenstein vermehrte sie nach Belieben, andre Truppen zogen durch, das Zeughaus hat eine Besatzung von Soldaten, niemand könnte das Einrücken aller Truppen Wrangel's hindern, und dennoch lauert man ängstlich auf einen Vorwand und versucht allerlei Kniffe, um es in's Werk zu setzen! Die Sache erklärt sich nur daraus, daß die Heftigen der Parthei ein ruhiges Einrücken gar nicht wollen, sondern ein stürmisches Einschreiten, mit Blutvergießen und Rachenehmen. —

Wieder zu Hause, und Besuch vom Generallieutenant von Both. — Both hat vom hiesigen Kommandanten General von Thümen gehört, der König wolle oder solle Hrn. Habicht aus Dessau zum Ministerpräsidenten machen. Ist das Ironie? —

In Mecklenburg Unruhen auf dem Landtage. Die polnische Grenze in Posen wird durch den Reichskommissair General von Schäffer (kürzlich noch hessendarmstädtischer Gesandter hier) gezogen, warum nicht durch einen Preußen? Schlimme Dinge das!

Die Nationalversammlung hat heute Mittag eine Sitzung ohne Minister gehalten. — Heute Abend aber bringt das Staatsministerium Brandenburg seine eigne Ernennung in die Sitzung. Die Ernennung steht im „Staatsanzeiger". Nun wird es Schwierigkeiten geben! Caligula ließ sein Pferd zum römischen Konsul aufnehmen. Warum soll Brandenburg nicht zum Minister ernannt werden?

Donnerstag, den 9. November 1848.

Besuch von Weiher. Ich gehe mit ihm aus. Bei Hirschfeld erfahre ich die erste Nachricht von der heutigen Sitzung, daß der Staatsstreich geschehen, daß man sich ihm widersetzt! Beim Schauspielhause zahlreiche Bürgerwehr und Gruppen. Ich spreche den Major von Binke, den General von Willisen. Der General von * hat ein Aussehen, das mir nichts Gutes weissagt, ich scheue mich, an ihn manche Fragen zu thun. Ich muß vermuthen, daß Truppen im Anmarsche sind — in den Kasernen hier sind

5000 Mann — um die Nationalversammlung mit Gewalt auseinander zu treiben. Was weiter folgen wird, weiß der Himmel. Der heutige Tag kann — nicht heute, noch morgen, aber vielleicht übers Jahr — dem Könige die Krone kosten! —

Der Hergang der Dinge steht in den Zeitungen. Brandenburg tritt auf wie Polignac vor achtzehn Jahren in Paris, erbärmlich. Der Präsident von Unruh zeigt Karaktergröße, nimmt jenem das Wort, führt die Sitzung weiter mit Würde und Kraft, die Versammlung ist wunderbar einig und fest, bis auf etwa sechzig bis siebzig Mitglieder der Rechten, die sich mit den Ministern entfernen, die Auerswalde, Milde, Kühlwetter, Meusebach ec., die sich dadurch mit ewigem Schimpf beladen. Die Versammlung faßt ihre kräftigen Beschlüsse und tagt bis 2 Uhr. Um 6 Uhr Abendsitzung, bis um 7 Uhr; neues Beharren, neue Entschlossenheit. Auf morgen um 9 Uhr die nächste Sitzung. —

Man sagt, der König habe Rimpler'n befehlen lassen, durch die Bürgerwehr die Nationalversammlung auseinander zu treiben, und Rimpler habe geantwortet, er werde sie mit der Bürgerwehr schützen und nur den Bajonetten weichen.

Viele Stimmen wollten, die Nationalversammlung solle die Minister nicht fortlassen, sondern verhaften. Unruh ließ die Bureau-Beamten, denen der neue Minister von Manteuffel schon gestern befohlen hatte, den Saal sogleich nach Verlesung der Vertagung zu verlassen, durch seinen Befehl festhalten. Schönes Benehmen von Bornemann, Gierke, Robbertus, den gewesenen Ministern. Manifeste an die Provinzen, jeder Abgeordnete schreibt an seine Wähler. — In der Bürgerwehr spricht sich der beste Geist aus, sie zeigt großen Muth und seltne Ausdauer. Plakate der Demokraten, das Volk solle sich ganz ruhig halten. Es ist in der Stadt die größte Stille. —

Man erwartete schon zu Mittag den Anmarsch der Truppen, dann zum Abend. Man begreift die Zögerung nicht. Vielleicht kommen sie in der Nacht, und ich bin ganz gefaßt darauf, daß morgen Berlin mit Truppen überschwemmt und in Belagerungsstand erklärt ist. Dann hören Klubs, Vereine, Gruppen, Zeitungen, Mauerschriften auf! Aber die Nationalversammlung muß den Belagerungsstand gutheißen, dem Gesetze nach! Sie will nöthigenfalls einen andern Sitzungssaal suchen, allenfalls nach Breslau ziehen und ihren Widerstand überall erneuen und geltend machen. —

Nachmittags kam Hr. Grenler zu mir und brachte mir die neusten Angaben. — Graf von Keyserling kam und fragte, ob ich hier bliebe? (Gewiß!) Sein Koffer sei gepackt, um nach Charlottenburg zu flüchten. — Eine Menge von Leuten flüchten, besonders alte Militairs, sie sehen ein gräßliches Blutbad voraus, dessen erste Opfer sie sein könnten, worin sie sich durchaus irren. Der Kommandant von Berlin, General von Thümen, soll einer der ängstlichsten sein. —

Die ganze Krisis erweckt mir den entschiedensten Ekel. Es kann nur eine Schweinerei herauskommen, ob der König nachgebe oder siege, er wird verlieren auch im Sieg; die Nationalversammlung zwar gewinnt jetzt unendlich, aber auch sie geräth in großes Gedränge, wenn sie den König besiegen muß. Endlose Verlegenheiten und Verwirrungen! Und dann die elende Nachahmung Oesterreichs, die das Beispiel mit Kremsier geben mußte! Jammervoll, um drauf zu spielen!

Freitag, den 10. November 1848.

Wenig geschlafen, immer unsre Lage überdacht, nach allen Seiten. Die Ueberzeugung befestigt sich, daß unser

Preußen nicht seiner eignen Kreisung folgt, sondern einer größern, daher nicht allein Zweck, sondern auch Mittel ist; ein Bataillon, das in die Schlacht geht, soll nicht siegen als dieses Bataillon, sondern zum Siege wirken des ganzen Heeres, und muß dabei vielleicht zu Grunde gehen; auf dieses letztere scheint es allerdings bei uns abgesehen! —

Frühe Morgensitzung der Nationalversammlung, ein Theil der Abgeordneten war die ganze Nacht mit dem Präsidenten im Saal. — Schreiben Brandenburg's an Unruh, unbeachtet bei Seite gelegt. — Schreiben Barbeleben's, des Polizeipräsidenten, an Rimpler, er solle mit der Bürgerwehr die Abgeordneten austreiben, muthige Zurückweisung durch Rimpler, der dem abgeschmackten Kerl sein Unberechtigtsein vorhält. Erklärung der Nationalversammlung, daß sie kein Blutvergießen will, den Bajonneten wird sie weichen mit Protest, die Bürgerwehr ebenso. —

Ausgegangen. Auf dem Gendarmenmarkte den Major von Vincke gesprochen, mit Dr. Goldstücker lange gegangen. — Die Sitzung dauert immerfort, Bürgerwehr hat das Schauspielhaus wie gestern umstellt — nach den Linden; mit Hrn. Arago und Cremieux gesprochen, mit dem Grafen Cieszkowski, der in die Sitzung eilt.

Besuch von Bettina von Arnim, die sehr angegriffen aussieht. —

Statt um 12 Uhr Mittags, wie es angesagt war, kamen die Truppen erst nach 4 Uhr in die Stadt, von allen Seiten zugleich, so mündeten auch von allen Seiten zugleich starke Truppenzüge nebst Geschütz auf dem Gendarmenmarkt; Wrangel hat die vier Straßenwände vollständig besetzt, zwischen seinen Truppen und der das Schauspielhaus umstellenden Bürgerwehr bewegt sich ungehindert das Volk in dichten Massen, die dem Rimpler wiederholte Bravo's rufen, Wrangel'n schon ausgelacht haben. Eine gefährliche Stellung. Es scheint, man rechne darauf, daß mit der Dämmerung Unfug eintreten werde, dann hat man Anlaß zum Schießen und Einhauen. Uebrigens will man die Abgeordneten ermüden, wo nicht gar aushungern, sie anzugreifen macht man noch keine Anstalt. Trauriges Beginnen! Nach keiner Seite gut —

Die Truppen sind unter tiefem Schweigen des Volks eingezogen; einige Damen, die aus dem Hause des Grafen von R. mit weißen Tüchern wehten, wurden durch Hohngelächter der Leute, die unten standen, fortgescheucht. —

Der seltsame Zustand auf dem Gendarmenmarkte dauerte einige Stunden; Wrangel wollte oder durfte nicht Gewalt gebrauchen. Die Abgeordneten vertagten endlich ihre Sitzung bis morgen 9 Uhr, und gingen nach Hause; sollen sie morgen — wie fast gewiß — den Saal verschlossen finden, so wollen sie die Aula zum Sammelort haben, wenn nicht auch diese verschlossen sein wird! Nach ihrem Auseinandergehen zog die Bürgerwehr ab, eben so gingen die Truppen in ihre ersehnten Quartiere. Es war scharfkalte Luft. —

Arge Reden fielen im Volke vor. Es fehlte nicht an Leuten, die den Prinzen von Preußen über den König erhoben.

Am 5. November starb in München der Freiherr von Hormayr, im 67sten Jahre; in andrer Zeit wäre das ein Ereigniß gewesen, bei dem man verweilt hätte! —

Schlimme Nachrichten aus Wien. Windischgrätz läßt hängen und erschießen. Jetzt geht es gegen Ungarn. —

Im Suetonius gelesen, in Voltaire. —

Bassermann hier als Reichskommissarius! — Moritz Hartmann aus Frankfurt am Main von der Linken an die Linke hier gesendet.

Zum 10. November 1848.
(Von einem Augenzeugen.)

„Ich war auf den Gendarmenmarkt geeilt, wo die Hauptentwicklung vorgehen mußte. Nach langem Harren rückte Wrangel an, der stumm oder mit Zischen aufgenommen wurde. Vier bis fünfmal ritt er mit seinem ganzen Gefolge um den Platz herum, was die Veranlassung zu vielen Spottreden gab. «Er geht wie die Katze um den heißen Brei», hieß es hier. «Nein», sagte man dort, «er schämt sich, drum will er warten, bis es dunkel ist.»

Finster wurde es dann auch wirklich. Im Sitzungssaale der Nationalversammlung aber entflammte das Licht und ergoß seinen Schein über die Menge, die in einer Art rührender Feierlichkeit harrte. Ich sah Leute, die Thränen in den Augen hatten. Gesprochen wurde nur leise. Neben mir hörte ich einen alten Mann, der zu zwei jüngern Leuten gewendet sagte: «Das ist ein großer Tag, den könnt ihr euch merken wie euer Geburtsfest.» Dann, als ein Umstehender über die Widerstandslosigkeit klagte, schüttelte er dreimal langsam den Kopf und sprach: «Jeder redet, wie er's versteht. Die Sache aber liegt so: Berlin ist der Kopf, der denkt; die Provinzen sind die Glieder, die handeln. In acht Tagen wird man wissen, warum wir uns nicht widersetzt.»

Bald darauf wurde es lebhaft. Rimpler wurde mit tausendstimmigen Hochs empfangen und zu Wrangel begleitet, der auf die Frage, warum er hier mit seinen Soldaten stehe, jene lächerlich-martialische Antwort gab, die heute in den Zeitungen steht. Sie wurde vielfach belacht und zur Zielscheibe des Witzes gemacht. Royalistisch gesinnte Personen schüttelten die Köpfe darüber, wie über das ganze Verfahren dieses preußischen Mars. Man sah

in seinem Stehen und Passen wieder eine halbe Maßregel. Statt die Versammlung aufzulösen mit Gewalt der
Bajonnete, wie es doch eigentlich sein sollte, begnügte man
sich damit, sie sich verlagen zu lassen.

Sie that dies etwas nach 5 Uhr. Mit einem nicht
enden wollenden Hoch begrüßt, begab sie sich paarweise
aus dem Hause, in das sie heute zurückzukehren versuchen
wird."
                                                   F. W.

Wrangel hielt bei den Fischtinen, nächst dem Hotel de
Brandebourg. Hier hatten die Diplomaten ein paar Zimmer gemiethet, zum Zusehen. Die Verhöhnung Wrangel's
war fürchterlich: „Ach, reiten Sie uns unser schönes Gras
nicht nieder!" schrieen die Jungen. Eine Art Hanswurst
tanzte ihm stets vorauf und machte tausend Possen, bot
ihm auch zehnmal die Hand, die Wrangel annahm! —

Eben so erzählte General von Prittwitz dem General
von **, er sei Zeuge gewesen, wie Wrangel verhöhnt
worden und wie das Volk die etwa ihm zuwinkenden
Damen drohend verscheucht habe.

                Sonnabend, den 11. November 1848.

Gestern Abend hat das Haus noch acht Mann Einquar-
tierung bekommen, gute freundliche Leute, die unbefangen
sagen, sie möchten nur erst wissen, wie es mit ihnen steht.

Ich ging mit Ludmilla aus, über die Linden, wo
Maueranschläge aller Art, von den Behörden, von Klubs,
von Einzelnen, alle drückten die Mahnung zur Ruhe aus,
aber mit Ernst und Entschlossenheit. Fliegende Buchhändler wie sonst, Spott gegen Wrangel 2c. Vor dem
Hotel de Russie eine große Volksmenge, die Nationalversammlung hält dort Sitzung, Hurrah's werden ihr gebracht.

Im Schlosse noch Bürgerwehr, nur zwei Schildwachen für Wrangel vom Militair. Ich frage, warum so wenig Gewehre vor der Wache? „Wir haben zwanzig Mann nach dem Hotel de Russie geschickt, zum Schutze der Nationalversammlung, bis die dazu berufenen Bataillone ankommen." Die Studenten wollten ihr die Aula geben, der Präsident von Unruh aber lehnte es ab, da der Rektor Ritzsch die Schlüssel weigerte; die Schützengilde hat das Schützenhaus, die Stadtverordneten haben das Kölnische Rathhaus angeboten.

Die Soldaten sind in größtem Erstaunen über den friedlichen Zustand, keine Reibung gegen sie, kein Auftritt! Der ganze Hergang hat etwas Außerordentliches. Auch sagt man schon, der König sei tiefgerührt über diesen würdigen Ernst und wolle nachgeben. Ich glaub' es nicht! — Nachgeben, am Ende ja, wenn nichts mehr hilft, aber nicht jetzt! —

Nachmittags Besuch vom General *. „Zuerst eine Frage! Haben Sie vorgestern unter den Linden eine Rede gehalten?" — Ich? wie kommen Sie darauf? Keine Spur! — „Der König sagte gestern zu mir: «Ihr Freund Varnhagen hat gestern unter den Linden das Volk beprediget.» Ich sagte, gewiß nicht, denn mein Freund Varnhagen begeht keine Unschicklichkeit. Worauf der König sagte: «Ich hab's von einem Augenzeugen.»" Ich muß bemerken, daß man dergleichen Lügen dem Könige nicht meinetwegen sagt, sondern um *'s willen, um dem zu schaden. — Wir besprechen die Lage der Dinge, welche * ziemlich so sieht wie ich; er hält den Sieg der Nationalversammlung, wenn diese nur ausharrt und keine Mißgriffe begeht, für unfehlbar, dem Könige wenig Aussicht des Gelingens. Wir halten besonders die Einmischung

des Reichskommissairs Bassermann für ein grenzenloses
Unheil, wenn man sich dahinter stecken wollte. — Vor
allem müsse jedes neue Ministerium darauf bringen, daß
die Umgebung (Kamarilla) des Königs gewechselt werde,
mit diesen Gerlach, Rauch, Massow ꝛc. sei nicht auszu-
kommen. Hat doch in Oesterreich das eben ernannte Ministerium dergleichen Forderung gestellt. — Die Reaktion
hat hier jetzt freien Lauf und wird es so treiben, als sie kann. —

Der „Staatsanzeiger" bringt eine Königliche Proklamation, voll Unwahrheiten, Verdrehungen, leerer Redensarten, hochtönender Versicherungen, im Angesichte der entgegengesetzten Thaten. Die Bürgerwehr soll aufgelöst und
entwaffnet werden, als die ihre Waffen zu ungesetzlichen
Zwecken mißbraucht habe!

Die Wirthschaft geht immer weiter. Düstre Aussichten.
Ich kann mich kaum durch Lesen in Saint-Martin und
den eben empfangenen zweiten Band der Goethischen Briefe
an Frau von Stein etwas beruhigen zur Nacht. — Wäre
ich nur zwanzig Jahre jünger, oder wenigstens gesund!

Die Königswache und mehrere andre Wachen waren
schon heute von Soldaten besetzt. Rimpler soll seinen
Oberbefehl niedergelegt haben, deßgleichen die meisten Majore.

Die Königliche Proklamation ist ein schönes Thema für
dialektische Vorlesungen! Das Volk ist zwar nicht geeignet,
die kritische Zerlegung in's Einzelne zu verfolgen, aber es
fühlt im Ganzen die Falschheit, die schlechten Vorwände,
die Arglist, die Unwahrheit und fühlt mit Erbitterung und
Haß den Sinn des Ganzen, oder vielmehr den Unsinn!

Zum 11. November 1848.

Als Wrangel'n ein Major (Leblanc?) die Meldung
brachte, daß alles ruhig sei, erwiederte jener mit plumper

Lustigkeit: „Zum Teufel, mein Lieber, es wäre mir angenehmer zu hören, Sie wären gehangen; dann wüßte ich gleich, was ich zu thun hätte!"

Sonntag, den 12. November 1848.

Besuch von Welker. Zeitungsnachrichten, Gerüchte. Die Bürger sind in höchster Erbitterung, viele haben die Nacht über in Berathung zugebracht. Man spricht von Verhaftbefehlen gegen Rimpler und Unruh, gegen die ganze Nationalversammlung. In Frankfurt an der Oder Unruhen, in Breslau — so heißt es — Aufstand. Viele Leute sprechen von offner Gegenwehr. Steuerverweigerung steht in Aussicht. Aber nichts schreckt die Reaktion, sie fühlt sich im Vortheil und wird ihn gebrauchen, bis er in ihren Untergang umschlägt. —

Bassermann ein Schuft! Das also ist der Freisinn des alten Badeners? — Sie sprechen von Anarchie, ja, die ist da, aber in der Regierung, da wühlet fiel und die Bewegung im Volke ist nur die schwache Nachwirkung davon.

Besuch von Bettina von Arnim, über eine Stunde.

Ich ging noch vor Tisch aus. Unter den Linden ist angeschlagen, daß die Bürgerwehr aufgelöst sei, dicht daneben, daß Wrangel vom demokratischen Klub als Volksverräther erklärt ist; auch ein Anschlag der Nationalversammlung erklärt die Auflösung der Bürgerwehr für ungesetzlich, alle diejenigen, die dazu gerathen oder helfen, für Verräther. Man muß gestehen, der Muth ist groß, der all dieses wagt, im Angesicht von 20,000 Soldaten! Die Bürger müssen mit aller Anstrengung abgehalten werden, daß sie nicht den Kampf versuchen.

In den Straßen ziehen starke Truppenabtheilungen

umher, ganz gerüstet, schweigend, ganze Kompanien und Bataillone, das Volk sieht sie an, alles ist ruhig.

Nachmittags kam Graf von Keyserling, er hatte eben auf dem Schlosse Wrangel gesprochen, der ganz lustig und grimmig war und nur wünschte, daß der Augenblick käme die Waffen zu gebrauchen. Dieser Zustand der Ruhe macht ihn ganz ängstlich und mißtrauisch; in der Nacht empfing er die Meldung, die Bürger wollten die Soldaten im Schlaf überfallen und entwaffnen, und gleich erließ er den Befehl, alle Truppen sollten angezogen sein und wach sitzen!!

Ich ging aus; allerlei Gruppen, besonders las man eifrig die Anschläge, deren einer, vom demokratischen Klub ausgehend, die Soldaten gradezu auffordert, Wrangel'n und seinen Offizieren nicht mehr zu gehorchen.

Auf der Bank war ein Bataillon von 900 Mann zur Besatzung.

Was soll daraus werden? fragt jedermann. Niemand weiß eine Antwort. Ich aber weiß, daß gewiß etwas dazwischen kommt, was die Gestalt der Dinge ändert. Die Regierung erscheint dem Volk als Feind. Der Haß gegen den König steigt ungeheuer. —

Als ich nach Hause ging, waren die Plakate, wodurch für Berlin und zwei Meilen umher der Belagerungsstand ausgesprochen wird, schon angeschlagen; es war schon dunkel, aber beim Schein der Laterne wurde der Zettel gelesen, von dichten Gruppen. Die Folgen des Belagerungsstandes wurden in vielen Punkten einzeln aufgezählt, alles von Wrangel unterschrieben. Hohngelächter, Schimpfworte, Unmuthsausbrüche hörte ich; von einem jungen Menschen vor der Bank, den etwa fünfzig andre eifrig anhörten, die bestimmtesten Aufforderungen, Wrangel und

Brandenburg zu tödten, nicht die Soldaten, aber die Generale und Offiziere, die müsse man auf's Korn nehmen, den schuftigen Ministern nur kurzweg den Hals umdrehen.

Heute Abend im „Staatsanzeiger" eine matte Bekanntmachung des Staatsministeriums gegen die Nationalversammlung und elende Betheurungen seines reinen Strebens! —

Heute Nachmittag um 3 Uhr war noch eine Volksversammlung bei den Zelten durch Karbe ausgeschrieben. Vor der Hand die letzte!

Abends, den 12. November 1848.

Der Anfang dieser Winterszeit erinnert mich unwillkürlich an den Beginn des Winters von 1812. Unsre deutsche Sache schien damals so gut wie verloren, Napoleon stand auf dem Gipfel des Ruhmes und der Macht, alle Deutschen folgten seinen Fahnen, Preußen und Oesterreich hatten ihre Truppen ihm übergeben, er drang siegend in Rußland vor. In Berlin war französische Besatzung, alle Festungen, vom Rhein bis zur Weichsel in französischer Hand, an Aufstände war nicht zu denken, die tapfersten Vaterlandskämpfer standen in weiter Ferne bei Spaniern und Russen, die deutschen Fürsten waren Napoleon's Knechte, die deutschen Länder von französischer Polizei überwacht. Wir schienen hoffnungslose Thoren, doch nie waren unsre Hoffnungen größer, thätiger; und wie haben sie sich erfüllt! — Eben so ist es jetzt, die deutsche Freiheit ist überall schwer getroffen, sie scheint völlig verloren, Oesterreich, Preußen und die Zentralgewalt wetteifern in rohen und tückischen Schlägen und alles gelingt ihnen. Wien, Frankfurt, Berlin endlich — geknechtet, Mailand deßgleichen, die Reihe kommt an Pest; Frankreich zerrissen und ohne Lust zum Kriege. Unsre Lage sieht wirklich verzweifelt aus. Worauf sollen wir rechnen? Unsre Nationalversammlung versprengt, verfolgt, haucht ihre letzte Gluth in ohnmächtigen Seufzern aus, der Belagerungsstand nimmt uns alle Waffen, unterdrückt alles politische Leben, die Presse, die Rede verstummt, die Reaktion, im Besitze aller Vortheile, wird sie schonungslos geltend machen; gegen diese Heeresmacht hier ist kein Widerstand möglich, auf ihren Abfall ist in keiner Weise zu rechnen, ich erwarte nicht den Aufstand der Provinzen, die Behörden werden auch dort nur schärfer auftreten, die Nationalversammlung wird keinen Bürgerkrieg entzünden, sondern auslöschen wie ein Licht, und wenn neue Wahlen Statt finden, können sie gar wohl im Sinne der Reaktion ausfallen. So ständen denn die Sachen wirklich verzweiflungsvoll! Und dennoch sind meine Hoffnungen groß und zuversichtlich, wie kaum jemals vorher. Nie schien mir die Freiheit gewisser siegreich, als heute Abend, wo eben der Belagerungsstand verkündet worden ist. Nur ist das, was vorher nahe schien, in unbestimmte Ferne gerückt, und mehr als vorher muß ich darauf verzichten, den neuen Tag noch zu erleben. Doch kommen wird er unfehlbar. Ich weiß nicht wann noch wie, aber der dunkle Vorgrund zeigt in der Ferne hellen Schein! — Vor kurzem noch, wie mächtig, wie fortschreitend schien die Freiheit! Mailand war befreit, Ungarn selbstständig, Wien erhob sich zum zweitenmale, wie mächtig schienen wir, wie entsetzlich den Regierungen, — nicht mächtiger und entsetzlicher scheinen uns diese jetzt! Und wie schnell hat sich alles verändert, wie bald kann sich wieder alles ändern!

Wir haben die Freiheit der Polen nicht geachtet, wir

haben uns über die Slawen erhoben, Deutsche freuen sich über Prags Niederlage! Wir sollen lernen, daß wir nicht besser sind, daß auch wir, noch eben so stolz und prahlerisch, in neue Knechtschaft fallen können. Und wir sollen noch viel mehr lernen, **durch die Revolution für sie**. Wenigstens wird es nicht an Leuten fehlen, die sich aus den Vorgängen wichtige Nutzanwendungen für die Zukunft merken!

— —— —

Zum 12. November 1848.

Sämmtliche Minister wohnen und arbeiten im Gebäude des Kriegsministeriums, das von mehr als 2000 Mann Soldaten besetzt und ganz zur Vertheidigung eingerichtet ist. Der Oberstlieutenant von Griesheim aß heute mit ihnen dort zu Mittag. Man sprach lustig von den Tagesangelegenheiten. Als man vom Tische aufstand, sah man nach der Uhr, es war grade 5; nun eben, hieß es, geht der Belagerungsstand an, jetzt eben wird er auf dem Schloßplatz unter Trommelschlag verkündigt! Darauf erhoben sich Alle und füllten die Gläser und stießen fröhlich auf die Gesundheit des Belagerungsstandes an. — Ein schöner Zug! —

Der gewesene Minister Gierke, welcher der Nationalversammlung treu geblieben, sagte zu einer Dame: Er habe in seinem Leben nicht so gut geschlafen, als in der Nacht nach dem muthigen Entschluß der Nationalversammlung in der Abendsitzung — der letzten im Schauspielhause; nie habe er ein besseres Gewissen gehabt.

—— ———

Montag, den 13. November 1848.

Ich ging aus, fand bei Krauzler die „Nationalzeitung", die also doch erschienen ist und auch mir noch später gebracht wurde, sie enthält die durchdachtesten, schlagendsten Sachen und spricht mit größter Kühnheit. — Ich lenkte um die Katholische Kirche zum Opernplatz ein, von allen Seiten zogen starke Soldatenschaaren heran, schwenkten unerwartet, veränderten Front, trieben die Gruppen auseinander, alles zu Ehren des Belagerungsstandes! Bei der Universität schlug der Hauptmann einer Schaar mit dem Säbel unter die Leute und mit der Faust einen Mann in's Genick. Die wandernden Schaaren zogen auch beim Zeughaus vorbei und in den Lustgarten; die Schloßgitter waren verschlossen, nur auf Erlaubnißkarten ging man aus und ein. — Ich sprach Frau von **, die mit Bewunderung von der Nationalversammlung sprach, sehr viel von der Majorswittwe! Der Belagerungsstand erfuhr scharfen Tadel. Man sagt, auch der Prinz von Preußen habe ihn mißbilligt, sich mit seinem Bruder darüber gezankt und sei, weil er nicht abermals den Haß des Volkes auf sich laden wolle, nach Weimar gereist.

Zu mir kamen Dr. Oppenheim und Hr. Stadtrichter Martini, Abgeordneter zum deutschen Parlament aus Westpreußen. Ich hatte das Glück, beide sehr trösten zu können. Ich hörte leider von ihnen, daß Robert Blum und Fröbel in Wien standrechtlich erschossen worden! (Fröbel ist wunderbarerweise begnadigt.) Ueber die Absichten des Königs, über die Aussichten der Nationalversammlung.

Graf von Keyserling kam, mir zu sagen, daß Berlin von Truppen umstellt sei, um Zuzüge aus den Provinzen abzufangen, daß man dreihundert Freischärler aus Mecklenburg entwaffnet, daß man Fremde nicht nach Berlin lasse. Die Militairs fürchten, der König werde nachgeben, zugleich sind sie ängstlich wegen der Truppen, die nicht recht zu wollen scheinen.

Nachmittags kam Bettina von Arnim nebst Fräulein Gisela und dem Professor Cybulski, den ich in vielen Jahren nicht gesehen. Alles besprochen; hoffnungsvoll für das Gute, aber wenig für den König! Wir bedauern ihn, können ihn aber nicht entschuldigen!

Ein Junge in der Jägerstraße rief laut einen Zettel aus: „Bekanntmachung ohne Wrangel's Erlaubniß!" Ich kaufte ihn. Die furchtbarste Feindschaft und Verhöhnung gegen Wrangel, unterschrieben vom Kammergerichtsassessor Wache, vom Drucker Fähnbrich! Diese Verwegenheit ist beispiellos, ich muß sie bewundern!

Aber die Truppen fangen wirklich an nicht zu gehorchen. Auf dem Dönhofsplatz sollten sie einen Haufen Menschen angreifen, als sie dicht heran waren, setzten sie Gewehr beim Fuß und sagten: „Was sollen wir die Leute denn angreifen, sie stehen ja ganz stille und thun nichts!" Von zwei Augenzeugen. Aehnliches hat der Bürgerwehrmann Kolbe von zweien Schaaren bei dem Anfang der Linden gesehen.

Montag, den 13. November 1848.

Morgennebel, grauer Himmel; Belagerungsstand, denn der gehört mit zum Wetter! —

Die Nacht verging in tiefster Ruhe, auch heute Morgen ist es todtenstill. Gestern Abend aber, an den Ecken, wo die Leute gedrängt die Wrangel'schen Erlasse laut ablasen, fielen noch furchtbare Reden vor. „Von den Verräthern soll keiner seinen Geburtstag nochmals feiern, die sind gerichtet." Ferner: „Der feige Bösewicht, der eitle Narr und schändliche Betrüger soll uns nicht mehr mit Redensarten berücken, stinkender Lug geht aus seinem Maul." An einer andern Stelle hieß es: „Spart nur euer Pulver und Blei bis zum rechten Augenblick, jetzt nichts gethan!" Und: „Um Gotteswillen, Brüder, Geduld, jetzt Geduld, wir schlagen den Feind um so besser künftig, laßt ihn doch seine Krone vollends verspielen." Wie will der König fortregieren bei solcher Volksgesinnung? Und sie ist fast allgemein; die Edelleute und Offiziere, die gegen das Volk sind, die den jetzigen Zustand gewollt, sind doch noch mehr gegen den König, und sie werden sich freuen, wenn der Grimm und die Wuth so steigen, daß man seine Abdankung verlangt. Auf die ist es zumeist abgesehen.

Der Nationalversammlung ist durch die scharfen Maßregeln ein ungeheurer Dienst geleistet. Sie konnte ihre wandernden Versammlungen nicht lange fortsetzen, ohne in die tödlichsten Verlegenheiten zu gerathen, ihre Berathungen mußten sie über ihren Zweck hinausführen, in eine falsche Rolle, die nicht durchzuführen war, der Stoff mußte ihr ausgehen oder unbehandelbar werden. Dazu kam das Versiegen der Diäten, von denen manche Abgeordnete grabezu leben müssen. Hätte man sie ihr unstätes Dasein noch acht bis zehn Tage fortsetzen lassen, sie wäre genöthigt gewesen, sich selbst für unfähig längeren Bestehens zu erklären, hätte beschämt sich freiwillig trennen müssen, jetzt erreicht sie ihr Ende durch Gewalt, mit Ruhm und Ehre.

Man sagt heute, der König habe einen Theaterstreich vor; zu überraschen, in Erstaunen zu setzen, Effekt zu machen, das sei sein ganzes Leben. Nach einigen Tagen, wenn der Belagerungsstand genug gezeigt habe, daß er die Macht besitze, der Herr sei, werde er aus freiem Entschluß eine Verfassung bekannt machen, die alle Welt befriedigen solle durch das höchste Maß des Freisinns, auch ein ganz freisinniges Ministerium solle dann folgen; nur die bisherige Nationalversammlung sei ihm zuwider, die könne er einmal nicht leiden, geben wolle er mehr als sie. Ob das wahr ist? Man bezieht auf solche Absicht den Ausdruck in seiner Proklamation, man solle die Thaten abwarten. Ob er sich in seiner Erwartung nicht täuscht? Wird das Volk seine Gaben nicht verschmähen? Wer kann's wissen! Schon heute hör' ich sagen, und wenn alles das wäre, ist es denn nicht ein kindisches Possenspiel, eine elende Rechthaberei, bei der Tausende von Menschen frevelhaft auf das Spiel gesetzt werden? Führte nicht Nero solche Schauspiele auf? —

Am 10. als die Truppen eingerückt waren und den Gendarmenmarkt auf allen vier Seiten besetzt hatten, ritt der Kommandant, General von Thümen — der sich über die Maßen fürchten soll — an den Obersten des 9. Regiments von Bajenski heran und sagte ihm, er solle doch zu verhindern suchen, daß die Soldaten mit den Bürgern sprechen, worauf der Oberst antwortete: „Das wird schwer zu machen sein." Nach einiger Zeit kam Thümen wieder und fand viele Gespräche im Gange, machte dem Obersten darüber Vorwürfe, und dieser soll vom Pferde gestiegen sein und den Degen eingesteckt haben. So wird erzählt; der Oberst gilt für freisinnig.

Die Nationalversammlung, die gestern fast einstimmig den Hrn. von Unruh wieder zum Präsidenten gewählt hat, hält auch heute wieder Sitzung und soll die Anklageakte gegen die Minister redigirt haben zur Abgabe an den

Staatsanwalt. Die Mitglieder sind aber vorsichtig und schlafen meist nicht in ihren Wohnungen, um nicht einzeln verhaftet zu werden.

Die Ablieferung der Waffen findet Schwierigkeiten. Die Listen und Dienstpapiere sind vernichtet. Vielen Bürgern sind die Waffen von Arbeitern auf dem Wege zum Zeughause genommen worden; sie ließen sich gern berauben!

Zum 13. November 1848.

Unter den guten Zügen von Seiten der Truppen ist besonders auch folgender zu bewahren. Die Lehresladron ritt — zu Ehren des Belagerungsstandes — die Leipziger Straße hinauf und fand an einer Ecke wohl über hundert Menschen zusammen, die aber ganz friedlich standen und die Reiter ansahen. Da sagte der Offizier lächelnd zum Wachtmeister: „Sind das wohl über zwanzig?" Der Wachtmeister erwiederte lächelnd: „Ja, das mögen wohl ein paar drüber sein." Und so ritten sie mit der ganzen Schwadron vorüber, ohne etwas gegen die harmlosen Leute vorzunehmen.

Dienstag, den 14. November 1848.

Die Nationalversammlung schloß gestern Mittag am 2 Uhr ihre Sitzung im Schützenhause und ließ, wie jetzt gewöhnlich, einen ihrer Präsidenten und eine Abtheilung ihrer Mitglieder dort zurück, um die Fortdauer der Versammlung zu bezeichnen; bald aber rückten mehrere Bataillone Soldaten an, die bewaffnete Macht drang in den Sitzungssaal, und der Präsident und die Abgeordneten wurden sämmtlich herausgeführt, jeder von einem Soldaten am Arme gefaßt. Das Volk, dicht geschaart, brachte ihnen endlose Hochs und begleitete sie weithin. Die Stadtverordneten bieten der Versammlung einen neuen Sitzungssaal. —

Wunderbarerweise giebt die „Spener'sche Zeitung" heute nicht nur fortwährend Berichte von den Sitzungen, sondern liefert auch Zustimmungsadressen; daß sie auch Stimmen für das Ministerium hat, versteht sich von selbst. Wrangel hat durch Befehl sieben hiesige Blätter „suspendirt", die „ewige Lampe", „Krakehler" und „Klabberadatsch" haben die Ehre dabei zu sein.

Die „Vossische Zeitung" läßt den Polizeipräsidenten von Barbeleben erklären, daß Wrangel's Befehl in Betreff der Presse ungesetzlich sei, es bestehe keine Zensur, und die nicht verbotenen Blätter dürften drucken, was sie wollten, so auch jeder Schriftsteller. Wrangel hat Unglück, früher wies Pfuel, nun gar Barbeleben ihn zurecht.

Der Prinz von Preußen war gestern noch in Potsdam. Ein Zank mit dem Könige jedoch hat stattgefunden. — Gestern war auch ein Krawall vor dem Schloß in Potsdam, welches der König seit vorgestern bewohnt — nicht mehr Sansjouci.

Besuch von Dr. Hermann Franck; scharfsinnige und klare Erörterung des Zustandes, der Möglichkeiten; das Ergebniß lautet sehr schlecht für die Regierung, für den König. Er erzählt, gestern sei ein Artillerieoffizier in der Leipziger Straße heftig an ihm vorübergeschritten und fast auf ihn gestoßen, der dem nachfolgenden Volke, das ihm Beifall rief und klatschte, beschwichtigend mit der Hand gewinkt und das Aufsehen habe melden wollen; auf Befragen, was denn vorgefallen? war die Antwort, der

Offizier habe zu den Soldaten gesagt, sie sollten nur ja nicht auf das Volk schießen, denn das Volk sei im Rechte. — Graf von Keyserling nahm an dem Gespräche Theil und erklärte, er sei ein alter Soldat, aber auch er sei schon nahe daran, zur Volkspartyei überzugehen. Vor allem aber wollte er, der König solle abdanken, und das meinten die meisten Offiziere und Altpreußen.

Nachher kam General von ** und sprach sich lebhaft und schmerzlich aus. Er gab einige Maßregeln an, die ein Rettungsmittel für den König sein könnten, wirklich staatsklug und anwendbar, nur daß der König den Rath nicht hören, noch weniger befolgen wird. Er gesteht, der König habe die Vereinbarung gebrochen, es sei an ihm, sie herzustellen; das Ministerium müsse abdanken, die Truppen hier bleiben, die Nationalversammlung am 27. hier wieder Sitzung halten, der Grund einer Verlegung falle weg, wenn die Truppen hier sind; Belagerungsstand aufheben, Bürgerwehr herstellen! — Er sagt, der Oberst von Sommerfeld, vom 12. Regiment und die andern Offiziere, welche die Abgeordneten gestern abführten, hätten die Thränen in den Augen gehabt! — Bis jetzt hat die Bürgerwehr kaum hundert Gewehre abgeliefert. Man wird die übrigen mehr als zwanzigtausend einzeln mit Gewalt holen müssen. —

Nachmittags ausgegangen, den jungen Grimm gesprochen. Truppenzüge vom Schlosse her, starke Volkshaufen zu beiden Seiten mit. Dreimaliges Wirbeln der Trommeln, man erwartet Schießen, aber nein! das Volk bleibt und die Truppen ziehen weiter; am Anfange der Linden wiederholt sich der Vorgang, das Volk eilt näher, anstatt sich zu entfernen; da löst sich das Räthsel, der Offizier läßt etwas verkündigen, „Standrecht", sagt mir der Offizier auf der Königswache, den ich frage.

Der Assessor Schramm warf Zettel an die Soldaten in die Thüre der Bank hinein, wurde aber eingeholt und verhaftet.

—

####### Mittwoch, den 15. November 1848.

Ich ging aus mit Ludmilla. Bei Kranzler die augsburger „Allgemeine Zeitung" durchgesehen; die hiesige „Vossische" nimmt wunderlich genug wieder eine liberalere Färbung an. — Unter den Linden hatten sich in Folge der Erklärung Barbeleben's die fliegenden Buchhändler wieder einrichten wollen, die Militärpatrouillen trieben sie aber fort. Truppenzüge zu Fuß und zu Pferde; sie ließen die Menschenhaufen, die überall weit über die Zahl zwanzig waren, ruhig stehen. —

Der Assessor Wache sollte verhaftet werden, Ruge desgleichen, für jeden war eine Kompanie Soldaten bemüht worden, aber man fand keinen von ihnen. — Die „Reform" war wieder heute erschienen mit Trotzworten gegen Wrangel. Die nichtverbotene „Nationalzeitung" erscheint auch wieder. — Der Assessor Schramm ist wieder freigegeben worden. —

Das Einsammeln der Bürgerwehr-Gewehre durch militairische Gewalt giebt einen eignen Anblick. Starke Truppenschaaren sperren die Straße oben und unten ab, eine andre Schaar begleitet die Wagen, die innerhalb der Absperrung die Gewehre aufnehmen sollen, von dieser Schaar gehen drei, vier oder mehr Mann in jedes Haus und holen die Gewehre, die der Hauswirth schon auf den Flur bereit gestellt haben soll; doch die Ablieferung geschieht sehr unvollkommen, die Wagen fahren ziemlich leer wieder ab. Listen giebt es nicht mehr; in vielen Häusern wird die Zahl der darin wohnenden Bürgerwehr-Männer zu gering angegeben, viele Bürger sagen, und mit Wahrheit, sie hätten ihre Gewehre gleich den ersten Tag abgeben wollen, wären aber unterwegs derselben mit Gewalt beraubt worden; daß sie dazu die Hand geboten, kann man ihnen nicht beweisen. Die Truppenschaaren stellen sich regelmäßig unter Trommelschlag auf und machen exerzierartig ihre Bewegungen. Die Hunderte von Zuschauern werden nicht belästigt. —

Elendes Geschreibe des neuen Justizministers Rintelen, um sein Weglaufen aus der Nationalversammlung zu beschönigen! —

Gerüchte: der Reichsverweser in Potsdam, es kommen 50,000 Mann Reichstruppen, Baiern, Hanoveraner und Andre, um dem König beizustehen (gegen wen?), das Schloß in Potsdam brennt, der König ist ermordet u. s. w. —

Der „Staatsanzeiger" bringt eine Verordnung Wrangel's, daß alle Hauswirthe ihre fremden Einmiether melden sollen, auch wenn sie solche schon früher gemeldet hatten. Diese Maßregel trifft alle die Fremden, die sich bisher bei Freunden ungemeldet aufhielten, die sich verstecken müssen, keine Pässe haben und wegen dieses Mangels auch nicht abreisen können, da alle Bahnhöfe, Straßen und Wege genau bewacht sind. Sind Ruge, Wache und Andre dieser Art nicht schon fort, so hofft man sie zu fangen. Doch wird auch Mancher seinen guten Versteckort finden, es sind viele Wirthe nicht so zaghaft, oder lassen sich täuschen, und dies gern!

Donnerstag, den 16. November 1848.

Die „Nationalzeitung" giebt heute Bericht über die gestrige Sitzung der Nationalversammlung im Mielentz'schen Saale, wo die Militairgewalt eindrang, doch aber der Beschluß, daß die Steuerverweigerung mit dem 17. anhebe, noch einhellig gefaßt werden konnte. Würdige, muthvolle Haltung! —

Die „Nationalzeitung" giebt heute auch eine treffliche Uebersicht unsres Zustandes, bezeichnet mit starken Zügen die Ungesetzlichkeit, die Willkür, den Hohn, die Anarchie der Maßregeln, zeigt, wie alles von fernher mit Lug und Tücke bereitet worden, mit Oesterreich und der Zentralgewalt im Einverständniß. Nicht ohne Herzklopfen und Thränen hab' ich dies wahrheitgetreue Bild anschauen können! Es ist entsetzlich! Preußen hat viel verschuldet, aber hat es diese Schande verdient? Die Franzosen schämten sich ihrer Schreckenszeit, aber was ist diese gegen die Häßlichkeit unsres Zustandes, dieses Inbegriffs von Verrath, Niederträchtigkeit, Falschheit, Dummheit und sogar Feigheit mitten in der Gewalt! Was können uns jetzt die Polen, die Tschechen, die Italiäner sagen, auf die wir im Uebermuth unsres Freiheitsschimmers herabsahen als auf Völker, die immerhin uns freien Deutschen noch dienen könnten? „Alle Schuld rächt sich auf Erden." Auch die jetzige der scheußlichen Hofparthei wird sich rächen. Gewiß! Aber mir kein Trost. Zwiefacher Gräuel statt eines! Und Schande, Schande, auf weithinaus Schande, daß in unserer oberen Schichte solche wilde Bosheit herrschen konnte! —

Wrangel hat der „Deutschen Reform" — der Zeitung Milde's — Vorwürfe gemacht, daß sie noch die Verhandlungen der Nationalversammlung liefere; die Zeitung erscheint nicht mehr. — Auch die „Spenersche Zeitung" liefert die Verhandlungen nicht mehr, und entschuldigt sich überhaupt, nur Unvollkommenes von hier berichten zu können. —

Ein Ansinnen an Hrn. von Unruh, sich mit Wrangel und Brandenburg in Verhandlungen einzulassen, wies er unwillig zurück mit der Aeußerung, diese müsse er dem Kriminalrichter überlassen! —

Ausgegangen, zu Dirichlet's, wo Dr. Philipp ꝛc. Alle durchaus für das Volk, für die Nationalversammlung! —

General von * kam und brachte mir die Nachricht, daß die frankfurtische Versammlung mit einer Mehrheit von fünfzig Stimmen sich dahin ausgesprochen, die hiesige Nationalversammlung möge nur hier bleiben, und die Reichsgewalt möge die preußische Regierung in diesem Sinne bedeuten! Auch daß ein anderes Ministerium zu ernennen sei. — Nun, das fehlte noch, daß unsre Sache von dorther geschlichtet würde! Für den König ist die Verlegenheit groß. —

Ob Anarchie hier gewesen, ob die Nationalversammlung unfrei? Ich sage entschieden nein und abermals nein! Jedenfalls mußte die Versammlung allein darüber urtheilen, kein Vormund. Ich sehe, die falsche Ansicht und die Tücke dauern in Potsdam fort, es kann nichts Gutes gedeihen auf diesem Boden. Neulich sagte * selbst, die Kamarilla müsse fort. Ich fürchte, die geht und fällt nur mit dem König. —

Schändliches Benehmen der Professoren der hiesigen Universität; Ende, Stahl, Lachmann, Ranke ꝛc. äußern sich über die Abgeordneten, diese würden schon nach Brandenburg laufen, um die Taggelder zu holen ꝛc. Gesindel, das kein Gefühl hat für edlen Muth und hohe Würde, der unsre bessern Offiziere sich beugen!

Donnerstag, den 16. November 1848.

Abends. Die Nationalversammlung will den Rath, der ihr von gewissen Orten zugegangen, jetzt auseinanderzugehen, nicht annehmen, sondern die Berathungen und Beschlußnahmen fortsetzen. Vielleicht hat sie Recht, und wird dadurch noch eine Vermittlung möglich erhalten, die zwar immer ein trauriges Flickwerk sein wird, aber doch zu sehr im deutschen Karakter und in dem unsrer Zustände liegt, als daß sie ganz abzuweisen wäre. Denn wir wollen einmal kein Aeußerstes, und können es auch nicht gebrauchen. Was sollen wir anfangen, wenn der König uns fehlte! Er ist uns nöthig wie das tägliche Brot! Eine provisorische Regierung wäre nicht zu finden, der Republik fehlte alle Möglichkeit der Gestalt, kein Bürger gönnte oder vertraute dem andern das Steuer. An einen raschen und vollständigen Sieg der Volkssache ist ohnehin im Augenblicke nicht zu denken; die jetzigen Zustände geben ihr Nahrung, und diese giebt ihr künftig Kräfte, nur jetzt nicht. Wir sind auf ruhige Ausdauer und wiederholte neue Kämpfe angewiesen. Wenn es zu jenem Flickwerke kommt, so wird es sein wie vorher; man wird ringen und ringen, und lauter üblen Willen finden. Uebrigens ist das Flicken auch so leicht nicht; der König wird die aufrührische Nationalversammlung nicht anerkennen wollen, diese nicht ihre ausgerissenen Mitglieder wieder aufnehmen. Jetzt indeß muß ihn der Frankfurter Beschluß verstutzen, und vielleicht ändert er das Ministerium, das im Abgehen auch allen Haß mitnehmen soll! Doch darin irrt er sich, ein großer Theil des Hasses, der größte, bleibt auf ihm selber. —

Besuch von Hrn. von Weiher und Hrn. Kammergerichts-
affessor *. Letzterer spricht von der Schwierigkeit, den wilden Muth des gemeinen Volkes länger zu zügeln, alles
dürste nach Kampf, es sei das Verlangen allgemein, die
noch geretteten Waffen zu gebrauchen. Ich stelle aus allen
Kräften die Nothwendigkeit auf, dies um jeden Preis zu
vermeiden, zeige die Gefahren, die Gewißheit des Miß-
lingens, das Vergnügen und den Hohn der Feinde, falls
man ihnen so zu Willen wäre. Ich zerspreche mir die
Lippen, ich weiß nicht, ob ich überzeugt habe. Hr. *
scheint das Volk gut zu kennen.

Wenn die Reaktion noch etwas weiter geht, so wird sie
uns eine hübsche Schadenfreude bereiten. Sie wird diese
halben und falschen Liberalen, die uns so entsetzlich geschadet
haben, züchtigen, diese Auerswald, Hansemann, Camphausen,
Milde, Kühlwetter und Konsorten, diese feigen Halbverräther, die da meinten, mit ihrer Erhebung sei es nun
genug, nun solle die Revolution enden, sie wollten mit der
alten Parthei allenfalls theilen, sich ihr anbiedern und
deren Vortheile mitgenießen; aber diese alte Parthei denkt
anders, ihr sind diese Konstitutionellen mehr noch als die
Republikaner verhaßt, diese vermögen wenig und gefährden
kaum, jene aber haben sich in die Regierung gedrängt, in
die hohen Aemter, sind Minister geworden und Exzellenzen,
— das verdient Strafe! —

Der „Staatsanzeiger" bringt bedauernde, bemitleidende,
süßliche, höhnische Artikel über die traurigen Wanderzüge
und die ohnmächtigen Zuckungen der Nationalversammlung,
deren Beschlüsse von keinem Werthe seien, auch nichts
bewirken können, als sie immer tiefer fallen zu lassen; dabei
werden doch Formmängel hervorgehoben und die ausge-
brochene Zwietracht verkündigt ꝛc. Mit treuloser Arglist

wird auch der Frankfurter Beschluß berichtet, und die armselige Taschenspielerei versucht, als sei die Niederlage deshalb ein Sieg, weil eine noch größere nicht erfolgt, ist! Eine angeblich mäßige, milde, aber innerlich wuthvolle und giftige Sprache! — Hindelbey an Bardeleben's Stelle. —

* behauptet, der Offizier, der gestern im Mielentz'schen Saale die Versammlung wieder verließ und ihr die Frist gab, in der sie noch die Steuerverweigerung einstimmig beschloß, habe wohl aus eignem Gefühl gehandelt, wobei ihm aber zu Statten kommt, daß alle solche Befehlsaufträge die größte Schonung und Milde vorschrieben.

Ich kann mich mit * in Betreff unsres Verhältnisses in Frankfurt nicht vereinigen. Ich sehe dasselbe sehr ungünstig an. Man verräth und verlauft uns dort, man schmeichelt uns um uns zu fangen; sind erst alle Maschen fertig, so wird man das Netz unbarmherzig zusammenschnüren. Alter Haß gegen Preußen verbindet sich dort, österreichischer, katholischer, reichsländischer, der katholische ist nicht der schwächste, wiewohl er noch am meisten unter der Decke steckt. Viele schaden uns auch aus Dummheit, weil sie über der Vorspiegelung das Wirkliche nicht sehen, Bincke zum Beispiel. Rabowitz ist wenigstens ein Halbverräther. —

Im Suetonius gelesen und in Goethe's Briefen.

Freitag, den 17. November 1848.

Fruchtlose Abordnung der Stadtverordneten nach Potsdam an den Prinzen von Preußen, und trauriges Gespräch zwischen diesem und dem Professor Gneist; der Justizkommissarius Otto Lewald war auch dabei. Man sollte dergleichen Schritte ganz unterlassen. —

Die Frankfurter Abstimmung macht einigen Eindruck, aber das preußische Herz fühlt auswärtige Hülfe schmerzlich! Die Stimmung im Lande scheint einigermaßen getheilt; natürlich bieten die Behörden alle Mittel auf, um die Adressen für den König zu mehren und die für die Nationalversammlung zu hemmen. — In Pommern und Sachsen wird Landwehr einberufen, das kann manche neue Erscheinung erzeugen; man zieht noch immer mehr Truppen in die Nähe von Berlin. Um durch Soldaten mächtig zu sein, giebt es deren schon übergenug in der Stadt. —

Dürftige „Spener'sche Zeitung", vier Seiten anstatt zwölf! Ein Fremdenblättchen so gering wie noch nie! — Die gestrige „Nationalzeitung" — sie erscheint nicht mehr — wird heute mit 6 bis 8 Silbergroschen bezahlt. Fremde Zeitungen sind ungehindert. —

Die Minister sitzen alle im Kriegsministerium, fressen und saufen bis in die Nacht hinein, Labenberg macht Punsch, Griesheim den Adjutanten und Schmeichler, sie schwimmen in Glück und Wonne, sehen Berlin als eine eroberte feindliche Stadt an, finden sich großmüthig, daß sie nicht blutige Rache nehmen ꝛc. Wrangel ist über die Maßen dumm und plump, bedroht die Zeitungsredakteure mit einem — „nun wie heißt doch so 'n Mann?" — Zensor, flüstert man ihm zu; schilt vor allen den Justizrath Lessing!! häuft Sprachfehler auf Sprachfehler, und spielt halb Pascha, halb Blücher! (Alles aus dem Munde Griesheim's, der selber den dümmsten Unsinn und die gemeinste Denkart, einen türkischen Henkersinn ausspricht!)

Besuch bei Dr. Grün; heute keine Sitzung, gestern war auch keine, vielleicht wird überhaupt keine mehr sein; der letzte Trumpf war Steuerverweigerung, und der ist ausgespielt. Den Frankfurter Beschluß wird unsre Nationalverſammlung weder annehmen noch abweiſen; mag die Regierung ſehen, wie ſie damit fertig wird! — Beſuch bei Dr. Oppenheim, Hr. Martini noch dort. Erörterungen. Der Winter iſt eine trübe Zeit, da ſucht man durch Kälte und Nahrungsſorge durchzukommen, aber das Frühjahr, das Frühjahr! —

In Köln war eine Volksverſammlung, die ſich für Steuerverweigerung erklärt hat. —

In Dänemark neue Miniſter, Orla Lehmann ab. —

Graf von Keyſerling bei mir; er kommt von Wrangel und rühmt, ein Drittheil der Gewehre habe man, und die übrigen hoffe man zu bekommen. Hier in der Nähe, in der Mauerſtraße und in der Franzöſiſchen, werden Haus-ſuchungen gehalten durch ſtarke Truppenabtheilungen; ſie ſcheinen nur geringen Ertrag zu liefern. Viele Denunzia-tionen ſind falſche. Uhlanen reiten vorüber. Alles im ärgſten Regen. —

„Staatsanzeiger", voll weiſer, gemäßigter Anſichten, bei denen aber ſtets ein πρῶτον ψεῦδος bleibt, nämlich die Eigenmacht der Beurtheilung und Bevormundung, daß die Regierung Thatſachen aufſtellt, die von der Mehrheit der Nationalverſammlung beſtritten werden, und daß die Regierung gegen eine konſtituirende Verſammlung ſich Rechte beilegt, die ihr dieſe erſt geben müßte, da noch keine Ver-faſſung da iſt. Ferner ſündigt die Regierung gegen die von ihr ſchon genehmigten Geſetze in Betreff des Bela-gerungsſtandes, und noch beſonders gegen die feierlichen Verſprechungen des Königs. Der „Staatsanzeiger" freut ſich, daß die Widerſpenſtigen durch ihren letzten Beſchluß nun offenbar als Hochverräther ſich gezeigt! — Elendes Gewäſch vom Miniſter Rintelen! —

Sonnabend, den 18. November 1848.

Ausgegangen, bei Kranzler die Breslauer und Leipziger Zeitungen gelesen. Sie enthalten alles, was hier nicht gedruckt werden kann! — Auf der Straße den Professor * gesprochen, der nun endlich auch nicht mehr mit kann! Ich verstand ihn erst gar nicht, unsre Besorgnisse schienen aus derselben Quelle zu fließen, sie kamen aber aus entgegengesetzten. Er lobte das Gewäsch des armseligen Rinielen! Wenn's ihm schmeckt, mir kann's recht sein! — Allerlei Gerüchte. —

Die Militairaristokratie ist sehr unzufrieden mit den Aeußerungen der Stadtverordneten, noch mehr aber mit den Antworten des Prinzen von Preußen, der sein Ehrenwort gegeben, daß er treu festhalten werde an den konstitutionellen Grundsätzen, und der gesagt, wer nach den Hohenzollern regieren werde, wisse er nicht, aber diese würden mit Ehren untergehen. — Sind wir denn so weit? fragt man, jetzt da alles gut geht, ist es jetzt schicklich, von Untergang zu reden? Und Konstitutionelles jetzt? Fort damit! — Die Militairaristokratie will sich, nichts weiter. —

Ein Lieutenant von W. in Verhaft wegen eines wilden Briefes an seinen Obersten, der Landwehroffizier L. dem Kriminalgericht übergeben, wegen Verführung der Soldaten, ein Unteroffizier wegen Schimpfens auf den König verhaftet. — Die Soldaten hier bekommen erhöhten Sold. — Die Einberufung der Landwehr ist beiden Partheien recht, die Regierung sieht in dem Kommen den Gehorsam, die Volksparthei sagt, diese werden ihre Truppen sein. —

Besuch von *. Es ist ihm sehr um Vermittlung zu thun, der König wird, meint er, in den Hauptsachen nachgeben, wenn man ihm in den Formen Recht läßt, zum

Beispiel nach Brandenburg geht. Ist das verbürgt? Die Steuerverweigerung — eigentlich nur die Erklärung, das Ministerium Brandenburg habe kein Recht Steuern zu erheben — wird als das ärgste Selbstschaden der Linken angesehen, allein der Regierung ist dabei schwül zu Muthe. Ob eine gegebene Verfassung des Königs nicht doch befriedigen würde? Nimmermehr. Was beginnen? Ich weiß es nicht. Wird man in Brandenburg 202 Abgeordnete vereinigen? Unerheblich; thut man das Rechte, so sind 20 genug. Man hat eine große republikanische Verschwörung entdeckt! Ich glaub' es nicht, das Mährchen soll bloß die Verlängerung der Militairherrschaft sichern. — Der König spielt ein gefährlich Spiel. „Er weiß es." Der preußische Staat kann zerbrechen. Gewiß. Denn bei eigenthümlicher Stärke hat er auch eigenthümliche Schwäche, seine Lage, Zusammensetzung, Neuheit. —

Hansemann läßt seine hiesige Anstellung im Stich und will eine bei der Reichsgewalt. Hält auch er Preußen schon für verloren? Alles trachtet dort etwas zu gewinnen. —

Die Behörden arbeiten aus allen Kräften, die Reaktion als Volkswillen erscheinen zu lassen, die Landräthe müssen auf die Bauern einwirken, auf die kleineren Städte, man strengt alles an, um diesmal Recht zu behalten. Man will die letzten Millionen dafür aufwenden. —

Man streut aus, zum Beispiel Griesheim thut es, der ehemalige Minister Bornemann sei in Wahnsinn verfallen, — wohl aus Gewissensbissen?! Er ist aber ganz wohl und munter, und ist sehr zufrieden mit dem was er gethan hat, und will muthig dabei beharren.

Sonntag, den 19. November 1848.

Der Abgeordnete zur Nationalversammlung und gewesene Präsident derselben, Hr. Grabow, erklärt in den Zeitungen, daß auch er dem Könige gesagt, nach seiner Ueberzeugung stehe demselben nicht zu, diese Versammlung zu vertagen, zu verlegen oder aufzulösen ohne deren Mitwillen, und daß er gerathen habe, sie in Berlin zu lassen und ein neues, freisinniges Ministerium zu ernennen. — Die Reaktion will davon nichts hören. —

Besuch von Weiher, Keyserling, Grün ꝛc. Nachrichten aus Breslau; der Oberpräsident Pinder hat öffentlich die Maßregeln des Ministeriums für ungesetzlich, die Nationalversammlung im Recht erklärt; in Breslau hat sich die einberufene Landwehr der Bürgerwehr angeschlossen. Aus einer Bekanntmachung des Oberpräsidenten von Bonin ersieht man, daß in Sachsen die Steuerverweigerung beginnt und Offiziere der Landwehr die Soldaten auffordern, der Regierung, welche von der Nationalversammlung hochverrätherischer Maßregeln bezichtigt ist, nicht zu gehorchen. — Die „Kölnische Zeitung" ist plötzlich umgeschlagen und schreibt gegen das Ministerium. — Der Instruktions-Senat des Kammergerichts hat mit siebzehn gegen zwölf Stimmen das Ministerium mißbilligt und ein justitium ausgesprochen. Eine solche Mißbilligung ist auch von dem Obergericht in Posen zu erwarten. — Die Auditeure, Salbach an der Spitze, haben erklärt, daß sie ein Kriegsgericht nur gegen Militairpersonen statthaft finden. — Kabinetsordre des Königs, daß ohne weitere Anfrage Wrangel die vom Kriegsgerichte verurtheilten Personen sofort könne erschießen lassen! Sultan und Pascha! —

Der König fühlt die bitterste Verlegenheit; die Widrigletten häufen sich. Das Vertrauen auf die Landwehr ist schon etwas erschüttert, doch ist sie das Letzte, was man hat, man müßte denn an Reichstruppen oder Russen denken! Dann aber ist es auch völlig aus. Einstweilen brennen die Schläge von dem Frankfurter Parlament, von den Nationalversammlungen Mecklenburg's und Braunschweig's, ja von dem Prinzen von Preußen, der in seiner Antwort an die Stadtverordneten den König in dessen Benehmen am 19. März der Schwäche und Rathlosigkeit zeiht. Der König unterhandelt mit Grabow, mit Bederath; ein neues Ministerium beseitigt wenigstens die Steuerverweigerung, die nur dem Ministerium Brandenburg gilt. — Aber der Eigensinn des Königs besteht darauf, daß die Verlegung der Nationalversammlung Statt finde, obschon grade für diese alle Gründe und Vorwände jetzt fehlen! Dieser Eigensinn in kleinlichen Dingen hat den König schon manche bittre Erfahrung vergebens machen lassen; er setzt alles dran, und doch nicht genug. Hat er schon ganz vergessen, wie sehr die Schweiz ihn gedemüthigt mitten in seiner Machtfülle? —

Wir haben jetzt zweierlei Hochverräther, Nationalversammlung und Ministerium; beiden wird wohl nichts geschehen, aber welch ein Zustand!

Wenn ich die Nationalversammlung als Schicksalswerkzeug ansehen soll, so ist es mir denkbar, daß sie zerbricht, aber um einer stärkeren Platz zu machen. —

Die Regierung ist noch geldmächtig; sie verschwendet aber ihren Reichthum in den jetzigen ungeheuern Militairanstalten; sie wird ärmer, das hat sie sicher davon! Sie wird es bereuen!

Montag, den 20. November 1848.

Bei Kranzler die Breslauer und die Kölner Zeitungen gelesen. Die Erklärung von Pinder. Offiziere, die ihre Entlassung nehmen, weil sie der Ungesetzlichkeit nicht dienen wollen. Hier waren Anschlagezettel an den Ecken, unterschrieben von Landwehroffizieren aus der Provinz Sachsen und an die Soldaten gerichtet, worin gesagt war, diese sollten auf die Berliner nicht schießen ɪc. Die Zettel wurden schnell abgerissen. Der Oberpräsident von Bonin aber spricht in einer Bekanntmachung von meuterischen Offizieren; dadurch wird die Thatsache offenbar, die man verbergen wollte! —

Die Nationalversammlung hat sich bis auf 270 Mitglieder verstärkt; selbst der ehemalige Minister Milde hat sich wieder angeschlossen. Dergleichen Leute wählen stets, was ihnen das Sicherste dünkt, er muß die Regierung für sehr schwach halten.

Hrn. Professor Dirichlet gesprochen, brav und muthig.

Wrangel, von dem man schon sagt, er sei eine jämmerliche Copie Blücher's, beklagt sich bitter über die Rolle, die man ihn spielen läßt, über die Spöttereien und den Haß, den er auf sich lädt; er sagt, er wünsche den Belagerungsstand zu allen Teufeln, sehe ihn lieber heute aufhören als morgen, und er, der so barsch auftrat, versichert weichmüthig, noch sei kein Blut vergossen durch ihn, und hoffentlich solle es dabei bleiben. Seine Proklamation hat man ihm geschrieben; die berühmte Rede bei der Parade hat man ihm für die Zeitungen in eine Art Fassung gebracht. Er ist ein völlig ungebildeter Mann, der sich durch lauter Unbekanntes umgeben und genirt fühlt, und davon ganz mürbe wird. Vor kurzem wurde hier der „Prinz von Homburg" gegeben, darin kommt vor: „Diesen

Wrangel werden wir über's Meer zurück jagen", ein
Sturm von Beifall erfolgte. Küstner war außer sich, daß
ihm die Stelle nicht vorher aufgefallen und er den Namen
habe stehen lassen. —

Lächerliche Vorgänge mit Soldaten. Einer sollte einen
Fremden in einem öffentlichen Gebäude dem dort komman=
direnden Offizier vorführen, weil ohne besondre Erlaubniß
der Eintritt verboten war. Vor der Thüre des Offiziers
wandte sich der Soldat plötzlich zu dem Fremden und sagte:
„Ach, wissen Sie was, gehn Sie nur so, es wird Sie
niemand hindern!" —

Schändlicher, lügenhafter Bericht Bassermann's in Frank=
furt am Main über den Zustand Berlins, was er in den
Straßen gesehen, vor und bei dem Belagerungsstand, erst
Gestalten, die ihn erschreckten, dann beßre Leute mit frohen
Gesichtern! Der feige Hofschmeichler, der Ministerlakai!
Daß Berlin auch vorher ruhig war, muß er gestehen; die
Schreckgestalten sind ein Gespenst, die frohen Gesichter eine
Lüge; ein paar Damen an den Fenstern mochten lächeln,
ein paar Freudenmädchen auf der Straße, sonst war alles
ernste Trauer, Unwillen und Zorn über die schlechtbera=
thene Regierung, — wie schlecht berathen, wird die Folge
zeigen. Auch in Betreff der Nationalversammlung hat er
Lügen gesagt, wenigstens sich aufheften lassen. Der Liberale
von ehmals hat nichts gesehen, als den Hof, die Minister
und was ihm die gezeigt haben. Von den Volksleuten,
von den wahrhaft Freigesinnten hat er niemand angehört.
Und von solchen Kerlen sollen unsre Geschicke mitabhängen!
Schmach, doppelte Schmach für Preußen, das berufen war
selbstständig zu bleiben und voranzugehen in der Freiheit.
— Schändliche Rede Jordan's von Berlin in Frankfurt.

Dienstag, den 21. November 1848.

Wenn eine Regierung und ihr ganzer Anhang alle Mittel aufbietet, um über Thatsachen ein falsches Licht zu verbreiten, so kann die einzelne Gegenstimme wenig ausrichten. So verläumdete die preußische Regierung früher die Polen, und so verläumdet sie jetzt die Berliner! Ich schreibe im Eindruck dieser Nichtswürdigkeiten, Verdrehungen und Verläumbungen, und da ich nur in Kürze diesen Eindruck aufschreibe, so sieht das oft wie bloßes Schimpfen aus. Freilich bin ich leidenschaftlich dabei, allein die Thatsachen geben mir erst die Leidenschaft, ich bringe sie nicht im voraus mit. Gott ist mein Zeuge, wie gern ich der Regierung alles zum Besten auslege, wie eifrig ich stets das Gute von ihr hoffe; meine Schuld ist es nicht, daß ich mich so oft empört fühle. Ich lese Abends im Bette den „Staatsanzeiger" mit Herzpochen, wegen der gleißnerischen sophistischen Artikel, die er liefert. Immer wieder dieser Vorwand — diese Lüge — von Anarchie, von Pöbelherrschaft, immer wieder die Versprechungen — diese Lügen — von besten Vorsätzen, von redlichem Willen. Von den zwei großen Verräthereien, in der posenschen und in der schleswigholsteinschen Sache schweigt man ganz stille. Innerhalb acht Monaten zwei solche Schandflecke, und nun den dritten in dem neusten Staatsstreiche, der offenbar seit einem Vierteljahr mit allen Listen und Betrügereien tückisch vorbereitet worden! Wird das gute Früchte tragen? —

Bassermann ist wieder hier. Seine Lügen und Dummheiten werden schon in öffentlichen Blättern aufgedeckt; namentlich widerspricht der Abgeordnete von Kirchmann den Angaben, die jener von ihm will gehört haben. Griesheim aber lobt ihn!! —

Breslau und Schlesien heftig bewegt. — Die Königswache bekomt Gitter! Man baut Bastillen, immer zu! Haben die Forts um Paris dem elenden Louis Philippe genützt? — Nach Maßgabe der Zunahme des Friedens und der Stille werden die Militairvorkehrungen verstärkt.

Zwei Kammergerichtsräthe, Eichborn und Gottheiner, haben ihre Entlassung genommen. Der Stadtgerichtsrath Theodor Meyer hat in Posen eine Adresse für die National-versammlung mitunterschrieben. Nachrichten aus Breslau sind ausgeblieben. —

In Frankfurt am Main werden böse Anträge gegen unsre Nationalversammlung gemacht. Ueberhaupt bietet die Regierungspartei alle ihre noch reichen Mittel auf und bethört das Volk, wie sie Einzelne gewinnt. —

Man lockt unsre Abgeordneten, Einzelne und ganze Gruppen, sich zur Versammlung am 27. in Brandenburg einzufinden. Viele sind geneigt, auch die Linke sogar er-wägt die Sache, hofft auch dort noch die Mehrheit, denkt wenigstens Einspruch thun zu können. Unterhändler von Seiten des Königs und der Minister geben die größten Versprechungen. Man sagt, dies sei eine Falle; kämen die Abgeordneten, dann würde man sie als unfähig zurück-weisen, wenigstens die äußerste Linke ausstoßen, damit sie mit der Schande des Nachgebens auch die der Nutzlosigkeit desselben habe; wer schon oft Arglist und Verrath geübt, der werde es auch diesmal. —

Mit der Nationalversammlung steht es schwach. Große Kräfte sind nutzlos aufgeboten, es ist kein Zusammenhang, keine Gleichzeitigkeit. Viele Leute sind nun bloßgestellt ohne Zweck. Aber die Verwirrung ist gestiegen und die Auf-regung, manche Lehre gewonnen; die Sache wird doch Folgen haben.

Mittwoch, den 22. November 1848.

Der hiesige Magistrat erläßt eine große Bekanntmachung, voll Salbung und Philisterei, gegen die Nationalversammlung und für die Regierung, mit besten Hoffnungen ꝛc. Die Regierung scheint in der That großen Anhang zu finden in allen Aengstlichen und Matten, und die Volkssache wird einen langen Schlaf haben müssen. —

Ausgegangen; bei Kranzler die „Breslauer Zeitung" gelesen, die furchtbar gegen das Ministerium loszieht, als den Urheber der jetzt wahrhaft eingetretenen Anarchie. —

Gerüchte von russischem Einfluß, ein Graf Tolstoi in Potsdam beim Könige, russische Geldsummen, — dieser bedarf es nicht, noch ist preußisches Geld genug vorhanden, noch! —

Die Reaktion ist voll Furcht in Betreff des Königs, man fürchtet seinen Wankelmuth, seine Feigheit, — dies Wort wird ausgesprochen, aber die Häupter selber sind nicht ohne Furcht, die Generale, die Minister, die Hofleute, alle fürchten einen neuen Schlag von Seiten der Demokratie, sie können sich nicht darein finden, daß kein Kampf stattgefunden, die Ruhe verwirrt sie, der Graf von Brandenburg fühlt Schrecken und Angst, auch Wrangel verhehlt seine Sorgen nicht; diese Leute sind durch ihre Unkunde und Unfähigkeit schon furchtsam, sie sollen eine Rolle spielen, für die sie nicht gemacht sind. Daneben im Kriegsministerium Fressen und Saufen in burschikoser Lustigkeit!

Wenn wir aus dieser Verwirrung wirklich schon im Augenblick eine Konstitution und einige Freiheit retten, so danken wir es nur den heftigen Anstrengungen der Demokraten, dem Schreckbilde der Republik. Hätten sie nicht den Kampf so weit vorgeschoben, so dächte der Hof jetzt nicht an Aufstellung konstitutioneller Grundsätze, sondern an Willkürherrschaft; wie die Sachen stehen, scheint ihnen jener Rückschritt heute genug. —

Die Frankfurter Nationalversammlung hat die von der hiesigen ausgesprochene Steuerverweigerung mit großer Stimmenmehrheit für null und nichtig erklärt. In Westphalen und am Rhein werden schon vielfach die Steuern verweigert; in Sachsen und Schlesien auch, doch nicht allgemein. Die Truppen versagen hin und wieder den Gehorsam. In Sachsen allein über zwanzig Landwehroffiziere des Ungehorsams angeklagt.

Donnerstag, den 23. November 1848.

Nachrichten von der Nationalversammlung. Sie wird mit allen Mitteln der Regierung fortwährend angegriffen, verläumdet, geschimpft, und kann sich nur mühsam vertheidigen, da ihr die Zeitungen größtentheils verschlossen sind. Doch läßt sie Berichte und Ansprachen drucken.

Freitag, den 24. November 1848.

Die Nationalversammlung, so weit die Sachen bis heute stehen, geht nicht nach Brandenburg. Ihr sind keine Vermittlungsvorschläge gemacht worden. Das Benehmen Bassermann's erscheint, jemehr ich davon höre, immer treuloser, niederträchtiger. Auch die neuen Reichskommissarien Simson und Hergenhan zeigen sich durchaus partheiisch, halten sich ganz an den Hof, sind gegen die Abgeordneten feindlich verschlossen. — Robbertus und Schulze(-Delitzsch) sind nach Frankfurt am Main gesandt; statt des letztern war Herr von Berg bestimmt, allein er

wollte lieber nicht in Berührung mit seinen dortigen
Glaubensgenossen kommen.

—

Sonnabend, den 25. November 1848.

Betrachtungen unsrer Krise. Von Seiten des Hofes
immerfort neue Ränke, treulose Unterhandlungen mit Einzelnen, Vorspiegelungen und Zusagen, die alle nicht Ernst
sind. Der König eigensinnig, kleinlich, beharrt auf Vor-
wänden, die nicht mehr gelten, liebäugelt mit den Reichskommissarien, dem Frankfurter Wesen ꝛc. Niemand weiß,
was er eigentlich meint, er lebt in lauter diplomatischen
Gespinnsten, hat tausend Nebenabsichten, ist versteckt, wo
er es am wenigsten scheint, gebraucht alle Menschen für
seine Zwecke, niemand hält ihn für aufrichtig, niemand
traut ihm. Man denke sich aber auch seine Lage! — Ich
glaube, die Nationalversammlung ginge nach Brandenburg,
würde diese Selbstverläugnung üben, hätte sie Sicherheit,
daß der König aufrichtig mit ihr handeln wolle; man glaubt
aber, er wolle sie demüthigen und abweisen. —

Lächerliche Petition in der Zeitung, der König möchte
eine Konstitution oktroyiren! — Des Königs tiefster Wunsch
ist das ohne Zweifel. —

Der Kaiser Ferdinand hat nach der Bezwingung Wiens
das „von Gottes Gnaden" wieder angenommen! —

Abschiedsbesuch vom General *; er reist morgen nach
Paris. Verlegenheiten in Potsdam; das Ministerium
möchte sich behaupten, der König aber opfert es gleich,
sowie er nur ein andres hat; aber woher dies bekommen?
volksthümlich soll es seyn, und auch royalistisch, aber hierin
liegt eben die Spaltung, es soll die Erbschaft der jetzigen
Minister antreten und doch andre Wege gehen; Wider-

sprüche, die nicht zu lösen! Soll der König nachgeben? Das Wort ist ungeeignet, aber er hat allein Macht und Standpunkt, um das Rechte zu thun, die Nationalversammlung hat beides nicht, also ist es an ihm, das zu thun, was man irrig nachgeben nennt, — trotz des Sieges ist auch er doch am meisten im Nachtheil, und im Unrecht ohnehin. Man ist in Potsdam ängstlich gespannt, ob übermorgen am 27. in Brandenburg 202 Abgeordnete zusammenkommen werden, die beschlußfähige Zahl; heute hat man 185 herausgerechnet, die kommen wollen. Aber was hilft diese Form? Es bliebe immer eine verstümmelte Versammlung, der Zwiespalt im ganzen Lande nach wie vor. Habe der König nur 100 Abgeordnete in Brandenburg und thue mit ihnen das Rechte, so wird er alles ausrichten; mit 300 aber nichts, wenn er das Unrechte will. — Man denkt an Beckerath und noch stärker an Camphausen. — Grabow erscheint schon als zu abtrünnig! —

Düsseldorf in Belagerungsstand erklärt. Ein Theil der Räthe der dortigen Regierung und die Bürgerwehr haben sich für die Nationalversammlung erklärt. Man glaubt, in Breslau werde der Belagerungsstand nicht nöthig sein. —

Lassalle in Düsseldorf verhaftet. Unruhen in Bonn. —

Nachrichten, Erwägungen. Ob die Nationalversammlung sich durch die Steuerverweigerung geschadet? Sich vielleicht, das heißt den Personen, aber nicht der Sache, die sie vertritt; sie hat dem Volke den Weg gezeigt, den sein Widerstand künftig zu gehen hat. —

In der Zeitung steht die Aufforderung an die Abgeordneten, sich nach Brandenburg am 27. zu begeben, daß alle Einrichtungen dort fertig seien. Die Aufforderung lautet an Alle. Aber man traut nicht. Der König sinnt nur neuen Verrath, heißt es, er läßt uns kommen, um

uns einen Tritt zu geben. Selbst die äußerste Rechte
fürchtet, man wird sie als unbrauchbar heimschicken.

———

Sonntag, den 26. November 1848.

Die Universität hat eine unterwürfige Adresse an den
König erlassen. Es fehlen die Unterschriften von Magnus,
Michelet, Benary, C. H. Schultz, Dirichlet, Hertz und
Andern. Die Unterschriften von Ranke, Hirsch, Lachmann,
Henning, Pieper ꝛc. fehlen nicht. (Es fehlen mehr als
fünfzig, darunter Bopp, Heffter, Barke, der Mathematiker
Dirksen ꝛc.) Die Adresse ist ein rechter Schandfleck für die
Universität, deren Rektor und Senat noch vor kurzem jede
Freiheitsäußerung abgelehnt hatten, unter dem Vorwand,
ihnen gebühre keine politische Einwirkung. Der Dozent
Hertz wirft es ihnen heute in der „Spener'schen Zeitung"
vor. — Der junge von Stein-Kochberg, sein Freund
Endrulat und einige andre Studenten, die eine Adresse
für die Nationalversammlung angeregt, sind relegirt wor-
den!! Lakaien, diese Professoren! —

Sendung vom Abgeordneten Moritz Hartmann aus
Frankfurt am Main, Abdrücke der Rede Simon's von
Trier gegen Bassermann. Vortrefflich die Lage der Dinge
ausgesprochen! — Die Hof- und Ministerpartei hier setzt
alles daran, um hier einen Zustand von Anarchie als vorhanden gewesen zu behaupten, diese Lüge soll als un-
zweifelhafte Thatsache gelten; dies ist ordentlich das Tag-
geschrei geworden, der kleinste Umstand wird dafür zurecht-
gestellt, das geringste Zeugniß eingeschrieben und bei
jederman aufgesucht, erpreßt. Natürlich, denn diese angebliche Anarchie muß den Vorwand zu allen Gewaltstreichen
geben, ohne ihre Annahme fehlt jeder Grund zu den

Willkürmaßregeln. Und doch ist alles nur eine große Lüge, und Lüge wird ewig Lüge bleiben! — Ja, die Vermuthung, daß man von oben her Unordnungen arglistig hervorgerufen, dürfte bei genauer Untersuchung zur Gewißheit werden! Ich denke dabei an so viele verrätherische Wünsche, die ich von angesehenen Personen gehört, an den Grafen Bretzler, der zu Barrikaden aufgefordert hatte, aber vom Volke den Gerichten übergeben worden ꝛc. — Bassermann hat sich durch seine Niederträchtigkeit für ewig gebrandmarkt, er fühlt es selbst, daß er verloren ist, und fordert seinen Abschied, den ihm der Reichsverweser doch noch abschlägt, er glaubt solchen Menschen noch ferner brauchen zu können! —

Ich ging aus. Die umgitterte Hauptwache, ein beschämender Anblick! In Berlin ist so was nie gewesen; Furcht, Furcht! — Hrn. Crelinger gesprochen, matt, matt! — Besuch bei *; Dr. Hermann Franck kam hin und sprach scharf, einsichtsvoll, klar über unsre Lage; über die Universität sprach er mit Verachtung, mit Empörung über den Justizminister Rintelen, der zuerst als Abgeordneter mit der Mehrheit der Nationalversammlung gegen das Ministerium ging, dann, herausgegriffen aus jener, ein Mitglied dieses wurde; eine Schlechtigkeit, wie sie nur in Deutschland möglich ist! Dieser Rintelen sagte neulich: „Wissen die Herren auch, daß sie ihre Köpfe riskiren?" Ein ehemaliger Kollege erwiederte ihm, wenn jene ihre Köpfe riskirten, so riskire auch der Minister den seinen. —

In Erfurt Straßenkampf, Volk und Truppen, man wolle die Einkleidung der Landwehr nicht leiden. Belagerungsstand. Warum nicht mit Einem Ruck ganz Preußen mit der köstlichen Erfindung beschenkt!? —

Der „Staatsanzeiger" giebt schändliche Artikel aus

Oesterreich. Die hiesige „Deutsche Reform" (Milde) und „Preußische Zeitung" (Leopold von Gerlach) sind voll der pöbelhaftesten reaktionairen Wuth.

———

Sonntag, den 26. November 1848.

Man ist sehr gespannt auf den morgenden Tag. Was werden die Abgeordneten thun? was die Minister? was beabsichtigt der König? Gar vielerlei steht als möglich bevor, die schroffsten Gegensätze. Soviel ist mir ausgemacht, daß alle Ausgänge der Sache schließlich zu demselben Ziele führen, die Arbeit wird nur, je länger und schwieriger, desto gründlicher. —

Ich glaube fast, unsre Nationalversammlung muß fallen, unsre Freiheit noch mehr verschwinden, damit diese lerne, daß sie nicht friedlich neben ihren Feinden bestehen könne, daß sie, um selber zu sein, diese Feinde vertilgen müsse. Da die Könige und Fürsten nicht mit der Freiheit gehen wollen, so müssen sie weichen, dazu müssen sie durch Wortbruch und Arglist sich erst recht verhaßt machen, sie waren es noch nicht genug! — Man sagt, Oesterreich wolle sich von Deutschland lossagen, das wird ein Beispiel für Preußen! Frankfurt wird schreien, das giebt Gelegenheit, ihm auf's Maul zu schlagen. Ist man erst Frankfurt los, wo eine unbestritten selbstherrliche Versammlung tagt, so wird man mit den Volksvertretungen, die dann vielleicht noch in Berlin und Wien bestehen, um so leichter fertig; und man schließt neuen Bund mit Rußland. Aber West- und Süddeutschland werden sich nicht fügen, sie werden, auf's Aeußerste gebracht, sich republikanisch anordnen, und, bedroht und angegriffen von Oesterreich und Preußen, sich an Frankreich anlehnen; dann kommt großer Krieg, der verschieden enden kann, aber auch so enden kann, daß Preußen und Oesterreich mit republikanisch werden, und Rußland mit sich selbst zu thun hat. Bedenkt der König wohl, welchen Weg er betreten, welche Gefahren er herausgefordert hat? Daß die dummen elenden Minister nichts bedenken, ist außer aller Frage! —

Diese Zeit sieht für die Freiheit düster aus, die nächste wird wahrscheinlich noch dunkler sein; schadet nicht! es wird auch wieder hell werden. Was hab' ich nicht schon erlebt! Den Aufgang Bonaparte's und seinen Niedergang; den Frieden von Tilsit und die Einnahme von Paris; den zweimaligen Frieden von Paris und die zweimalige Herstellung der Bourbons, und das letztemal unter welchen Umständen! aber auch die Julirevolution und dieses Jahr die Februarrevolution, und Frankreich, wie es Rahel prophezeiht hat, Republik; die Karlsbader Beschlüsse und die Märzrevolution in Deutschland, — genug der Hoffnungen, genug der Bürgschaften! Frisch drauf los, die Geschichte gehe weiter! Der Einzelne kann ihr nur dienen, wenig helfen und nichts vorschreiben.

———

Montag, den 27. November 1848.

Ich träumte von Brandenburg und was dort heute geschehen werde. Ich hörte eine Stimme zornig rufen: "Laß ab von ihm, er ist ein eigensinniger böser Bube, seine Laune und Hoffahrt geht ihm über alles, laß ihn verlieren, was er nicht zu behalten verdient, er, der über Anarchie schreit und selber der größte Revolutionair und Anarchist im Lande ist! Ordnung und Gesetzlichkeit fehlen nicht in Berlin, aber in ihm. Laß ihn fahren und kümmere dich um andre Dinge." Ich erwachte und hatte Herzpochen. Den ganzen Tag konnt' ich den Eindruck des Traumes nicht los werden. —

Der König vergiebt in der Eile wieder kleine rothe Adler-Orden, was er eine Zeitlang vermieden hatte. In den Adelsstand jemanden zu erheben, scheut er sich doch. —

In Mylius' Hotel hält die Linke der Nationalversammlung ihre Zusammenkünfte. Heute Vormittag drang der Major Graf von Blumenthal mit 300 Soldaten dort ein und hieß die Abgeordneten auseinandergehen. Diese widersetzten sich, es gab heftige Ausbrüche, Berends rief, der Tag der Rache werde kommen, ein Andrer redete die Soldaten an, sie dürften den Offizieren nicht gehorchen. Zuletzt mußte die Gewalt siegen. Alle Papiere wurden weggenommen, welches den größten Unwillen erregte, auch Privatpapiere, die ein Abgeordneter (Jacoby?) mit seinem Hute bedeckt hatte; ein Offizier wollte, er solle ihm die Papiere ausliefern, dann, er solle den Hut wegnehmen, als beides verweigert wurde, stieß der Offizier endlich — wie es scheint sehr ungern — den Hut fort und nahm die Papiere. Die Abgeordneten zeigten den größten Muth und die entschlossenste Festigkeit. —

Da der „Staatsanzeiger" nichts aus Brandenburg bringt, so muß es schlecht dort ausgefallen sein. Das Ministerium rühmte sich, 185 Abgeordnete kämen ganz gewiß, die 17 fehlenden würden auch noch zu erlangen sein. Die armselige Zahl 202 machte auch die Sache noch nicht; das ist eine Kinderei! Hälten sie die gute Sache für sich, so wäre jede Minderheit stark genug. Aber diese Verräther, Richtswürdige, Unfähige! Sie werden schon erfahren, daß in ihren Händen ein Sieg nichts ist und gerrinnt wie Wasser! —

Ein Blatt der „Reform" ist schon in Dresden erschienen; eine neue Nummer von „Klabberabatsch" in Leipzig.

———

Dienstag, den 28. November 1848.

Trübes Regenwetter. Die Straßen leer und traurig. Alles Leben scheint gehemmt in solcher Trübniß. —

Ich habe die halbe Nacht geträumt von den Vorgängen in Mylius' Hotel, große Reden gehalten und schriftlich Einspruch und Bericht abgefaßt. Ganz ermübet davon! —

In Brandenburg war eine klägliche Sitzung, ungefähr 165 Abgeordnete, und unter diesen eine kleine Zahl, die sich von den hiesigen abgesondert hatte, aber nicht als gewonnene, sondern als protestirende, und welche mit Nachdruck die Vertagung für unrecht und die noch am 9. gehaltene Sitzung für gültig erklärte. Die Minister wußten nichts anzufangen, und heute soll eine neue Sitzung sein, wo sie eine Königliche Botschaft einbringen wollen. Trostlose Verirrungen, die nun eine der andern rasch folgen werden! —

Hrn. Abgeordneten Berends gesprochen, man hat ihm viele Tausende von Abdrücken politischer Schriften, Berichten der Nationalversammlung ic. mit Militairgewalt weggenommen, auch seine Pressen unbrauchbar gemacht. „Der Tag der Abrechnung wird kommen!" Auch gestern Abend ist eine Versammlung der Linken, die zum Abendessen vereinigt war, durch Soldaten auseinander getrieben worden. —

„Klabberabatsch" aus Leipzig. Flugschriften hier in Berlin gedruckt. Schrift von Georg Jung gegen den Berliner Magistrat. —

Gagern ist hier, man sagt, um dem Könige die erbliche deutsche Kaiserkrone anzutragen. Ein guter Augenblick! Dabei will der König diese Krone lieber durch die Stimmen der regierenden Fürsten, als durch die der deutschen Volksvertreter empfangen! Auf diese Weise könnte es kommen, daß er sie weder von der einen noch von der andern Seite bekäme! — Daß Oesterreich sich von Deutschland lossagen will, ist im Kabinet ausgemacht, im Reichstage zu Kremsier aber noch nicht zur Sprache gekommen. —

Empörend, wie der Kaiser von Rußland sich unterstehl, in unsern Bürgerkriegen Parthei zu nehmen, die Städteverwüster Radetzky, Windischgrätz und Jellachich zu beloben und mit Orden zu beschenken, als wären es seine Generale! Selbst der österreichische Hof müßte davon verletzt sein, aber da ist jedes Gefühl von Ehre und Würde längst erstickt. Jellachich wird sogar belobt wegen der geschickten Weise, wie er seinen Verrath bewirkt. Der Kaiser Nikolai war immer taktlos, aber nie so roh und plump wie diesmal. Wenn er weiter lebt, wird er auch noch was erleben! —

Besuch von Fanny Lewald. Graf Cieszkowski kam dazu. Ueber die Sitzung in Brandenburg; was heute geschehen sei? Ob die Nationalversammlung nicht besser gethan hätte, dort zu erscheinen? „Mit Aufgebung ihres Rechtes? Nein, nein!" —

Wrangel wüthend über eine neue Nummer des „Kladderadatsch". — „Halunkenlied" auf Bassermann, angeblich von Freiligrath.

Eben ist erschienen: „Briefe an Kaiser Karl den Fünften von seinem Beichtvater. Aus dem spanischen Archive zu Simancas, von Dr. G. Heine" (Berlin 1848). Die Vorrede ist vom Februar, im März empfing Gotthold

Heine als Freiheitskämpfer eine Kopfwunde, an der er bald nachher starb.

—

Mittwoch, den 29. November 1848.

Die Abgeordneten in Brandenburg haben erst auf eine Stunde ihre Sitzung vertagt, dann auf einen Tag. Die Königliche Botschaft soll erst heute gelesen werden. Die Schwierigkeiten scheinen der Hofparthei unerwartet, aber mit ihnen steigt nur der Eigensinn des Königs. Er schwelgt wieder in Bildern und Worten und meint seine Minister müßten daraus alles machen können! Vincke arbeitet mit ihm, heißt es; das ist gewiß für den König ein bittrer Kelch!

Jacoby aus Königsberg wurde dieser Tage gefragt, ob er nicht etwas niedergeschlagen sei durch die Wendung unsrer Sachen? „Nein, gar nicht", erwiederte er, „der Tag der Freiheit ist aufgegangen, das hab' ich mit leiblichen Augen gesehen, ob ich ihren vollen Mittag erlebe, ist gleichgültig, mit geistigen Augen erblick' ich ihn schon jetzt; wer kann mir das verkümmern?" Er hat Recht, es sterben ja alle Tage Menschen, die wären ja alle betrogen, wenn es nöthig wäre, gewisse Zielpunkte zu erreichen, die überdies meist willkürlich angenommen und in der Gegenwart kaum zu erkennen sind. Besser wie Robert Blum gestorben, als wie sein Henker Windischgrätz gelebt." —

Ausgegangen. Königliche Bibliothek. Auch das Zeughaus wird befestigt, vierzöllige Bohlen mit Schießlöchern kommen vor die Fenster! Welche Furcht, welche Schande! „Klabberadatsch", eine neue Nummer trotz des Verbotes, zeigt eine Parade, wo sämmtliche Offiziere, jeder in eiserner Gitterhülle herumgehen! —

Hof und Minister hatten seit dem März viel und immer von „Ruhe und Ordnung" zu reden, von Pöbelherrschaft und Anarchie, welche letztere nie stattfanden, denn selbst die stärksten Volksbewegungen, wie sie in solchen Zeiten doch ganz natürlich und unvermeidlich sind, waren immer bewundernswürdig gemäßigt und ohne alle Nebenausschweifungen jedesmal nur auf den bestimmten Zweck gerichtet, an den Bewegungen selbst aber immer die Behörden schuld, indem sie durch ihre Handlungen entweder Ungebühr ausübten, oder doch schlimmen Argwohn erweckten; ja es sah grade so aus, als könnten sie Ruhe und Ordnung schlechterdings nicht ertragen, denn gab es einmal vierzehn Tage oder drei Wochen, wo gar nichts vorfiel, keine Aufregung sich zeigte, so waren sie gleich bei der Hand und gaben neuen Anlaß durch irgend einen Eingriff, durch irgend eine Beunruhigung. Sehr natürlich, denn die Fiktion der Anarchie war der Reaktion das unschätzbare Kleinod, durch das sie alle Verluste zu ersetzen hoffte, der einzige Vorwand, sich wieder in den alten Besitz zu bringen. Der Vorwand hat trefflich gedient, sie sind im Besitz, aber um den Preis der schreiendsten Ungesetzlichkeit, und durch Soldaten werden jetzt mehr Gewaltthaten und Vergehen geübt, als je vorher durch das Volk. Die Nationalversammlung, die Bürgerwehr, die Presse und zahllose Verhaftete, Belästigte wissen davon zu sagen. Da niemand aber getäuscht wird durch die feigen Vorwände, so gesellt sich zu dem Eindrucke der rohen Gewalt auch der des lügnerischen Betrugs, und ob daraus nicht wieder Kraftwirkungen erfolgen müssen, wird von den blinden Gewalthabern nicht bedacht.

Donnerstag, den 30. November 1848.

Aus Brandenburg von gestern nur die dürftige Anzeige, daß eine Sitzung gehalten worden, bei der noch weniger Abgeordnete waren als bei der ersten, nur 151! Keine Königliche Botschaft. Die dummen Kerls von Ministern scheinen auf diesen Fall gar nicht gefaßt gewesen. —

Die Soldaten haben wieder eine Versammlung von Abgeordneten, unter den Linden, im Lesekabinet von Eppstein, auseinander getrieben. Auch nimmt man überall ihre Papiere weg, Protokolle, Druckschriften, Briefschaften. Die rohe Verfolgungsart mißfällt allgemein, auch den Gegnern zum Theil. —

Der König hat wieder schöne Worte gemacht, von seinen guten Gesinnungen, seinem Herzen, der Nothwendigkeit seines Eingreifens und dergleichen mehr gesprochen; ohne alle Wirkung, es glaubt niemand den Worten mehr, denen die Handlungen widersprechen. Warum dauert hier der Belagerungsstand fort, den die Nationalversammlung nicht gebilligt hat? Warum begreift er die Umgegend mit? Furchtbarer Eigensinn! Und Verlegenheit und Scham! —

In Brandenburg sieht es erbärmlich aus. Auch dort ist schon Opposition. Sogar der elende Baumstark will kein Hofdiener sein. Immer noch unbeschlußfähig. Sie warten. Die Minister sind erbärmliche Wichte; solchen Dummköpfen ist der Staat überliefert! — Von Auflösung der Nationalversammlung ist stark die Rede, auch von Oktroyirung einer Verfassung. Als wenn das was hülfe! — Der König treibt die Sachen auf's Aeußerste, wie im vorigen Jahre mit dem Vereinigten Landtage. Er schien zu siegen, aber das ganze Gebäu stürzte. Er kann die Vereinbarer=Versammlung auch los werden, aber wer weiß, wie sehr er sie zurückwünschen wird! Traurige Rathlosigkeit und Verstocktheit!

Die Konstabler sind jetzt die Polizeispäher, die Vigilanten in höherem Kreise, ihr Hauptgeschäft ist Angeberei. Ungefähr fünfzig Mann tragen nie Uniform, damit man sie nicht kenne; wenn sie in geheimen Aufträgen sind, könnte man sich erinnern, sie als Konstabler gesehen zu haben; ein verruchtes Institut! seinem Errichter Hrn. Kühlwetter wird es noch einst gedankt werden! —

Der Minister Rossi in Rom erstochen. Neuer Aufstand dort, der Pabst giebt nach, muß die Schweizersoldaten entlassen. Arge Vorgänge in Bologna.

Die Reaktion ist jetzt hier allein im Besitz der Presse und mißbraucht sie mit Hohn und Uebermuth. Während der Zeit, wo das Volk die Macht gehabt haben soll, hat kein Mensch die reaktionaire Presse beunruhigt — es war ein Fehler, sieht man jetzt, man hätte diese Zeitungen nicht dulden sollen —, jetzt werden die freisinnigen Blätter unterdrückt, verfolgt und die reaktionairen schimpfen pöbelhaft; „der Klub Unruh", „der Jude Jacoby".

Freitag, den 1. Dezember 1848.

Die „Nationalzeitung" ist wieder erschienen, und mit recht wackern Aufsätzen. Ein guter Morgengruß war sie mir! Sie bringt auch die neuesten Nachrichten aus Brandenburg, wo gestern 161 Abgeordnete beisammen waren. Parrisius hatte sich eingefunden, um die Minister anzugreifen, was großen Lärm erregte. Sollte die hiesige Nationalversammlung sich dorthin begeben, so hätte sie gleich das völlige Uebergewicht. Viele rathen dazu. Der Unsinn der Verlegung kommt täglich mehr an den Tag, er ist noch größer, als selbst das Unrecht.

Gagern hat beim Könige wenig ausgerichtet; die beiden Schönsprecher haben einander imponiren wollen, es ist aber keinem gelungen. Gagern, in Darmstadt ein redlicher Mann, ist in Frankfurt zum halben Schelm geworden, daß er in Berlin nur nicht zum ganzen werde! —

Schändliche Abstimmung in Frankfurt, wo mit großer Mehrheit das Recht des Königs ausgesprochen wird, die hiesige Nationalversammlung zu verlegen und zu vertagen! Ein wahrer Hochverrath an der Freiheit und am Volke! In dieser Mehrheit befinden sich — o Schande! — die Preußen: Stavenhagen, Teichert, Lette, Scheller, Arndt, Bederath, Beseler, Flottwell, Grävell, Haym, Jahn, Sauden, Schneer, Schubert, Schwetschle, Stenzel, Vincke, ferner Biedermann, Dahlmann, Droysen, Jordan aus Marburg, Mathy, Waitz, Welcker, Wurm, lauter verfaulte Freisinnige, wegzuwerfen und einzustampfen! —

Der Berliner Magistrat wird von dem Bezirks-Zentral-Verein hart angelassen und beschuldigt, in den Tagen der Unruhe ohne Muth und Kraft, in denen der Ruhe dem Volk und der Freiheit feindlich gewesen zu sein. Die Anklage ist nur allzu gegründet.

Die Abgeordneten in Brandenburg waren heute durch Zutritt von mehr als hundert Mitgliedern der linken Gemäßigten beschlußfähig, wurden es aber wieder nicht, als diese austraten, weil man ihnen die nöthige Vertagung nicht zugestehen wolle, in der auch die noch Zurückgebliebenen erwartet werden konnten. Die feindselige Rechte wollte die Gegner nicht wieder Mehrheit werden lassen. Der Streit ist noch nicht zu Ende. Der Hof hat mit allen seinen gesetzwidrigen Maßregeln nichts gewonnen, wenn die

alte Mehrheit fortbesteht und sogar seine Maßregeln als
ungesetzliche verurtheilt. „Die Anarchie ist doch beseitigt",
sagt man den Ministern zum Trost; aber die möchten sie
lieber noch haben, um sie auch in Brandenburg benutzen
zu können. Es ist beseitigt, was nicht war, damit hat
die Reaktion gar nichts gewonnen. Ohne Zweifel werden
neue Arglist und neue Gewalt angewendet. —

In Smollett's Englischer Geschichte gelesen. —

Der Pabst aus Rom geflohen, Frankreich unterstützt
ihn. — Programm des neuen österreichischen Ministeriums,
noch immer sehr konstitutionell, aber die Lombardei soll
österreichisch bleiben, und Oesterreich noch nicht entschieden
deutsch sein! (Die Nachricht ist falsch, daß der Pabst geflohen sei, doch steht es im „Moniteur".)

Sonnabend, den 2. Dezember 1848.

Die äußerste Linke will ihr Mandat lieber niederlegen,
als mit dem Ministerium Brandenburg zu thun haben.
Ich glaube dies recht und gut. Diese Männer wahren
ihre Ehre und dienen der Sache auch so. Die Nachgie-
bigen, in sofern sie nur nicht in der Gesinnung wechseln,
dienen ebenfalls der Sache und ihre Ehre leidet nicht. Die
scheinbaren Widersprüche sind hier keine wirklichen. —

Die „Nationalzeitung" ist auch heute wieder recht
brav. —

Giskra aus Mähren hat in Frankfurt am Main sehr
gut über Wien gesprochen und das elende Reichsministerium scharf angegriffen. Spottlied auf Welcker, in Mannheim gedruckt. Das Halunkenlied auf Bassermann soll
nicht von Freiligrath sein.

Den Grafen von ** gesprochen; er ist hier, um den

Belagerungsſtand zu ſehen, läßt aber die Ohren hängen, da er ſieht, daß für ſeine Parthei noch ſo gut wie gar nichts dadurch gewonnen iſt. Die „Ruhe und Ordnung" in Berlin iſt der Reaktion gleichgültig, ſowie die Verlegung der Nationalverſammlung nach Brandenburg, wenn dieſelbe politiſche Richtung fortdauert.

Ernſte Erwägung unſrer Lage der Dinge. Die augenblickliche Herſtellung der Willkürherrſchaft iſt offenbar, und das Volk hat keine Macht, ihr auf der Stelle entgegenzutreten. Der ungeheuerſte Bruch iſt verübt worden, die ſchreiendſte Ungerechtigkeit und Gewaltthat, die feierlichſten Königlichen Verſprechungen ſind zerriſſen worden, mit dem begleitenden Hohne feierlicher Erneuerung, wir ſind unter die brutale Gewalt geſtellt, in die Willkür eines unwiſſenden Generals, eines dummen Miniſteriums, Wrangel und Brandenburg haben den Staat in Händen und das Loos jedes Einzelnen; jeden Tag überlegt man neue Gewaltſchritte und Brüche der Geſetze und Verſprechungen, und ſpricht ganz offen davon, daß man ſich alles erlauben dürfe; dieſer Zuſtand iſt nicht abzuläugnen, allein daneben auch die Thatſache nicht, daß das Volk ſeine Beiſtimmung verſagt, daß wir den Zuſtand verabſcheuen und brandmarken. Und wir wollen ſehen, welche Macht größer iſt, die rohe oder die ſtille.

Sonntag, den 3. Dezember 1848.

Ausgegangen, mehrere Perſonen geſprochen. Große Aufregung wegen der Nationalverſammlung; jetzt ſagt man ohne Hehl, ſie ſolle gar nicht ſein, auch in Brandenburg nicht, ſie ſolle zum Teufel gehen; früher wollte man ſie nur ſchützen, nur ihre Freiheit ſichern! Der König will eine Verfassung geben, nach seinem Urtheil und Maß, nach seinem Belieben. Sind das die Versprechungen? Und wird das gelingen? Der König ist voll Zorn und Haß gegen alles Konstitutionelle; er geht am liebsten auf den Vereinigten Landtag zurück! Warum nicht?! Die Mitglieder der damaligen Opposition hält er für die eigentlichen Urheber der Revolution, für seine eigentlichen Feinde; hätten ihm diese „Hundsfötter" damals nicht alles verdorben, so stünde jetzt alles gut, diese Auerswald, Camphausen, Milde, Hansemann, Schwerin, Vincke u. s. w. haßt er weit mehr als Jung, Waldeck u. s. w. Der König sagt gradeheraus, alle früheren Minister hätten ihn betrogen, Brandenburg sei der erste redliche, auch will er ihn beibehalten und denkt nicht an ein neues Ministerium. —

Die Spionerei, das Angeben und Verklatschen sind hier im höchsten Schwange.

Die Militairaristokratie sagt jetzt vom König, er sei wieder ein Mensch geworden, er habe sich ermannt, jetzt könne man ihm auch wieder anhängen, in ihm den König anerkennen. —

Ich sage den Leuten: „Ja, die Regierungsmacht ist wieder vollkommen, ist unbeschränkt; wenn es also jetzt schief geht, ist es ganz die Schuld der Machthaber, ist es ein Zeichen, daß sie die Macht übel anwenden." Das müssen sie zugeben, aber es ist ihnen nicht wohl dabei. —

Hr. von Meyendorff sagte freudig gestern: „Eh bien, nos affaires vont très-bien, il faut espérer que cela continuera." Er meinte die hiesigen Affairen. —

Schändliche Erklärung der Brandenburger Abgeordneten gegen die hiesigen; die Minderheit will die Mehrheit ausschließen. Diese Schurken handeln nicht als Volksvertreter, sondern als Ministerknechte, das Ministerium ist ihre Herrlichkeit, jedes, aber dieses besonders, das ist mit ihnen aus Einem Holze, aus dem faulsten Galgenholze!

Die Niederträchtigkeit der „Neuen Preußischen Zeitung" übersteigt jeden Begriff. Sie lebt vom Schimpfen, Lügen, Verläumden. Sie sagt zum Beispiel die nachträglich nach Brandenburg gekommenen Abgeordneten seien nur deßhalb eiligst aus dem Saal gelaufen, um ihre Diäten rasch ausbezahlt zu erhalten. Kein Einziger hat sich Diäten zahlen lassen.

Montag, den 4. Dezember 1848.

Die „Nationalzeitung" hat heute treffliche Artikel, sie weist den Umfang der noch bestehenden Aristokratie nach und schildert das Benehmen der Buben in Brandenburg. — Sie lehnten die Vertagung auf den nächsten Tag ab, weil sie den Linken keine Zeit zum Eintritte lassen wollten, und nahmen dann eine Vertagung auf vier Tage an, um der Regierung Zeit zu geben, bis dahin neue Staatsstreiche auszusinnen. Diese Baumstark, Daniels, Reichensperger, Walter, Bauer, Bardeleben, Küpfer, Pieper, Meusebach, Hansemann, Harkort u. s. w. Zum Glück stehen alle ihre Namen gedruckt im „Staatsanzeiger"! Voigts-Rhetz gehört auch zu ihnen! —

Man sagt heute allgemein, die Auflösung der Nationalversammlung sei vom Könige beschlossen worden. —

Gewiß ist es, daß die Reaktion nie auf diese Höhe gelangt wäre, daß unsre Sachen in Deutschland sich anders gestaltet hätten, ja auch die italiänischen, wenn nicht während des Sommers den Höfen alle Furcht vor Frankreich geschwunden wäre. Seit sie sich von dorther sicher wußten, hoben sie die Köpfe wieder und arbeiteten drauf los. Die

Stockung unsrer Revolution und aller Rückgang ist bloß eine Folge des Schlags, der in Frankreich gefallen, der Verrätherei der Volkssache dort. Cavaignac ist ein Werkzeug der Reaktion. Man macht ihm weis, ein großes einiges Deutschland sei für Frankreich gefährlich, es sei besser, dies bleibe zerstückelt, und man halte mit den Russen gute Freundschaft. Diese Verblendung, diese Selbstsucht wird auch ihre Strafe finden. Indeß tragen wir die Folgen mit. Alles deutet darauf hin, daß die Ereignisse vom Februar und März nur ein vorläufiger Versuch waren, daß die Hauptschlacht noch bevorsteht.

Friedrich von Raumer sendet aus Paris seine nachträgliche Zustimmung zur Adresse der Berliner Universität, mit Gründen — — Und der will einen Staatsmann vorstellen!

Der Präsident * ist schon wieder übermüthig, als ächter Königlich preußischer Beamter, hat seine Todesängste vollkommen vergessen. Geduld, sie werden schon wiederkommen! Jetzt ist er wieder der redlichtreue Diener des Königs, und wie heillos hat er auf ihn geschimpft, als der Beamtenstaat durch ihn aufgegeben schien! Meine einzige Genugthuung ist die des Prinzen Hamlet, daß ich's aufschreibe. —

Die Flucht des Pabstes ist doch wahr! Cavaignac trifft Anstalten, ihn ehrerbietigst in Frankreich aufzunehmen. Daß er gleich Schiffe und Truppen zu seinem Beistand beordert hatte, wird sehr verschieden beurtheilt.

Dienstag, den 5. Dezember 1848.

Abends bringt der „Staatsanzeiger" die Abdankung des Kaisers von Oesterreich, die Verzichtleistung seines

Bruders und die Thronbesteigung des Sohnes von diesem. Werden wir dies hier auch nachmachen? Wir haben just den entsprechenden Stoff zu demselben Beispiel. König, Bruder und dessen Sohn. Den Belang der Sache wird man erst sehen.

Dann bringt der „Staatsanzeiger" die Auflösung unsrer Nationalversammlung, so schlecht motivirt als möglich, und ferner die vom Könige oktroyirte Verfassung, eben so schlecht motivirt, die mit ihren zwei Kammern durch neue Urwahlen sogleich in's Leben treten soll. Frei ist sie genug, die Zugeständnisse übergroß, aber man fragt, warum, wenn man so viel geben wollte, den leidenschaftlichen gefährlichen Umweg, warum ein Ultra-Ministerium, warum den Hader mit der Nationalversammlung? Daß man die letztere in Brandenburg nur narren wollte, nur gebrauchen, um diese Verfassung demüthig anzunehmen, ist klar, denn das Machwerk war vollkommen fertig, ist dasselbe, von dem schon Pfuel bei seinem Eintritt in's Ministerium mir sprach. Das Ding kommt mir vor wie die Charte Ludwig's des Achtzehnten, wird aber schwerlich so lange Zeit spielen. Der Unsinn, eine konstituirende Versammlung — denn das ist sie doch ebenfalls — in zwei Abtheilungen zu machen, liegt am Tage, der Sinn der beiden Abtheilungen kann also nur sein, die eine durch die andre zu hindern und der Regierung das Heft zu erhalten. Die Nationalversammlung hat der König in zwei Stücke zerrissen, die neue Versammlung beginnt gleich in dieser Zerrissenheit. Und wird denn wirklich diese Verfassung bestehen? Wird sich der König nicht wieder mit den Kammern entzweien? Ist er aufrichtig, und sind diese Einrichtungen wirklich nach seinem Herzen, sind seine verrätherischen Minister so freisinnig? Oder ist nicht die

Hoffnung vielmehr, die Kammern selbst werden die Anordnungen einschränken, bedingen, das Ganze nach dem Sinne des Königs zurückschrauben? Und wenn diese Hoffnung fehl schlägt? Wer kann nach den bisherigen Vorgängen, all den Lügen, Gleißnereien, Arglisten, noch Vertrauen haben? Hier heißt es mit Recht Timeo Danaos et dona ferentes! —

„Kaiser Franz und Metternich. Ein nachgelassenes Fragment." (Leipzig, Weidmann, 1848.) Offenbar von Hormayr. Bittre Persönlichkeiten, auch über die Weiber, über Sedlnitzky, Pilat, Zedlitz ꝛc. Und, so viel ich folgen kann, lauter Wahrheit.

Mittwoch, den 6. Dezember 1848.

In der „Spener'schen Zeitung" eine scharfe Zurechtweisung an die Rechte in Brandenburg, von Hugo von Hasenkamp. — Die „Nationalzeitung" hat wieder vortreffliche Aufsätze. Der König und die Königin waren gestern in Berlin, der König arbeitete im Kriegsministerium mit den Ministern, war auch bei Wrangel. Viel Volk hatte sich versammelt, niemand jauchzte ihm zu. Der Prinz und die Prinzessin von Preußen waren auch hier.

Der Hof rechnet darauf, daß die Mitglieder der Linken nicht wieder gewählt werden. Um dies zu sichern, will man sie zur Untersuchung ziehen wegen der Steuerverweigerung; werden sie verurtheilt, desto besser; werden sie es nicht, so durften sie doch inzwischen nicht gewählt werden. Aus dieser Angabe sieht man schon, wie wenig man dem Könige traut, die Leute sagen, er sei stark in schönen Versprechungen, mache sie aber durch seine Handlungen alsbald zu nichte.

Das Wunderbarste ist, daß der König und seine Minister, indem sie die Nationalversammlung schimpflich verabschieden, doch deren Werk annehmen; die neue Verfassung ist im Wesentlichen und meist Wort für Wort der von der Nationalversammlung ausgearbeitete Entwurf von diesem Sommer! — Besuch vom Grafen Cieszkowski. Berathung über das, was die Abgeordneten jetzt zu thun haben. Die Mehrheit will heute Abends nochmals nach Brandenburg, um einer erwarteten Schlußsitzung beizuwohnen und — zu protestiren, oder — die Verfassung, die doch eigentlich die ihre ist, zu genehmigen. Ich rathe von beidem ab, man wird ihnen die Gelegenheit zu keinem von beiden gönnen, es können neue Demüthigungen und häßliche Auftritte folgen, die jetzt zu vermeiden sind. Die Auflösung ist durch Gewaltstreich geschehen, als so geschehene nehme man sie an und rüste sich zu neuen Wahlen. Cieszkowski ist meiner Ansicht und eilt zu Unruh, ihm sie mitzutheilen; zwar ist es schon zu spät, die Abgeordneten alle noch zu benachrichtigen, aber es kann jemand auf den Bahnhof postirt werden, der ihnen sagt, man glaube besser nicht hinzureisen. —

Die sogenannte gebildete Gesellschaft zeigt immer größere Schlechtigkeit und Roheit, die Unvernunft, Unwissenheit und Gemeinheit sind auf dem Gipfel, diese Klasse ist jetzt der eigentliche Pöbel. Blind soll man zu ihrer Parthei stimmen, sonst ist man Republikaner, Jakobiner.

Der König hat gestern mit der Königin die hiesigen Kunstsammlungen besucht. Quasi re bene gesta! Fühlt er denn nicht, daß er sein Wort gebrochen, seine Versprechungen umgangen, eine Gewaltthat gegen die Rechte des Volks verübt? Und daß er eine traurige Rolle spielt? Die Verfassung der Nationalversammlung läßt man ihn unterschreiben — freilich mit ein paar starken Aenderungen — und zugleich ihn diese schimpflich auflösen, wozu er kein Recht hat, wozu die Vorwände lauter Lüge sind. — Was hilft's, daß er unverletzlich heißt, die Urtheile treffen ihn doch! —

Die „Zeitungshalle" ist heute Abend wieder erschienen.

Die Maschinenbauer holten von Wrangel die Erlaubniß, sich wegen eines Krankenvereins zu versammeln. Er gab sie gleich, billigte ihr Vorhaben und schenkte acht Friedrichsd'or dazu, sie möchten ihn als Mitglied ansehen. Die Arbeiter sandten ihm das Geld zurück, sie wollten bloß unter sich sein. Der Falsch-Blücher möchte gern populair werden!

Donnerstag, den 7. Dezember 1848.

Das Wahledikt für die erste Kammer bestimmt für die Urwähler derselben einen Zensus von 500 Thaler Einkommen 2c. So klein der Versuch ist, so mißfällig! Die Wünsche der Hofparthei sind freilich ganz anders, der König selbst möchte eine Majorats-Pairie für das Oberhaus von Fürsten, Grafen und allenfalls Bischöfen, und für das Unterhaus Landadel, Beamte, und des Kostüms wegen eine Anzahl Bauern. —

Die Kaiser von Oesterreich nehmen in ihrem Titel „von Gottes Gnaden" wieder auf und lassen „konstitutionell" weg. — Unser König hat das „von Gottes Gnaden" nicht abgelegt, aber daß die Nationalversammlung es ihm abgesprochen und den Adel für abgeschafft erklärt hat, ist die nächste Ursache zu seinem Gewaltstreich gegen diese Versammlung. Indeß erfolgt wäre der Gewaltstreich jedenfalls, es würden sich auch andre Ursachen gefunden haben, der Grimm war zu groß.

Die Hofparthei merkt, daß sie durch die Verfassung wenig mehr gewonnen hat, als das kleine Vergnügen, sie nicht von Jung, Waldeck ꝛc., sondern vom Könige zu empfangen. Viele Vornehme und Mittelschlagsleute thun ganz glücklich, sie beißen in den sauren Apfel und thun ganz lieblich, als wenn es der süßeste wäre, sie glauben sich vor der Republik und der Volksherrschaft gerettet. Die Furcht ist noch ungeheuer groß! Auch beim Könige selbst, er möchte gar zu gern das Volk wieder für sich gewinnen. —

Dürftige Nachrichten aus Wien, gar keine aus Ungarn. Verordnung Mazzini's an die Lombarden und Venetianer zur Vertilgung der Oesterreicher! Merkwürdig! Jetzt rufen die Deutschen Abscheu gegen solche Maßregeln; als die Spanier sie gegen die Franzosen ausübten, priesen wir sie und reizten zur Nachahmung! —

Unser politischer Zustand offenbart den größten sittlichen Verderb. Lüge und Gemeinheit treten überall mit frecher Stirne hervor; die Wahrheit, die Redlichkeit gelten nichts mehr; je höher hinauf, desto niederträchtiger ist die Gesinnung, alle sogenannte Bildung ist von niedriger Leidenschaft wie verschlungen, die hohen Herren und Damen reden wie Stallknechte und Viehmägde, — mögen diese mir verzeihen, daß ich sie mit diesen Rohen vergleiche, denen nicht einmal die Entschuldigung zu Gute kommt, daß sie nicht besser erzogen worden. Die Lüge und Verrätherei mit der oktroyirten Verfassung überschwemmt das ganze Land, die Behörden, die Philister, alles Mittelvolk ist davon ergriffen, muß oder will mitlügen, mitverrathen!

Die „Zeitungshalle" hat einen braven Aufsatz von Georg Jung über die letzten Tage in Brandenburg. —

Bei Betrachtung der oktroyirten Verfassung sagte gestern

jemand: „Wie treffliche Dienste haben doch die schwachen republikanischen Versuche uns gethan! Ihnen allein danken wir die viele Freiheit, die man von oben zugesteht, denn nur die Furcht, die gräßliche Furcht (die sie noch haben) vor der Republik ist im Stande, den Hof und die Minister zu veranlassen, das alles zu bewilligen, was ihnen so ganz und gar zuwider ist."

Freitag, den 8. Dezember 1848.

Die „Nationalzeitung" fährt fort, die neue Verfassung zu beleuchten, sehr besonnen und gemäßigt, aber sie beweist klar, wie es mit allen darin ausgesprochenen Freiheiten nichts ist, wie es an aller Bürgschaft fehlt, an gesetzlichem Ursprung, wie jede Willkür alles wieder vereiteln kann. Sehr brav. —

Eben war Graf von Keyserling bei mir, er war gestern in Potsdam und erzählt mir, die Kamarilla sei ganz wüthend, halte sich für genarrt und verrathen; er habe mit den Generalen von Neumann und von Rauch gesprochen, die seien aber boutonnirt gewesen, da habe er gedacht, wartet nur, euch werd' ich kirren! und ihnen zugeflüstert: „Excellenz, warum wird denn nicht ein bischen aufgehängt?" Da wurden sie gleich vertraulich, lachten und meinten, das wäre allerdings gut, aber ginge doch so nicht, dafür werde vielleicht in der Folge Gelegenheit sein. Sie sprachen die Zuversicht aus, die Verfassung werde noch bedeutende Einschränkungen erleiden. Beim Minister von Manteuffel arbeitet Hegel, ein Sohn des Philosophen, „wie kommt der Sohn eines solchen Vaters an solchen Platz?" — „Na, der König hat sein Wort doch gehalten, die Bürger sind zufrieden und die Papiere steigen." —

Besuch bei Dr. Oppenheim, er ist wirklich ausgewiesen, mit Zwangspaß nach Heidelberg; er hat noch bei dem Ministerium des Innern Einspruch gegen diese Rechtsverletzung gethan, wird aber wohl weichen müssen. Wir besprechen die Zustände. —

Ich wollte die Zeitschrift der Frau Luise Aston bestellen, wurde aber zu ihr selbst geführt, ich traf bei ihr einen jungen Freund von Gottschall, der mich kannte, und so war denn die Bekanntschaft gemacht. Sie muß sehr schön gewesen sein und scheint sehr gutmüthig, sieht aber krank aus und klagt auch sehr. Ihr „Freischärler" ist sehr tapfer. —

Politische Schrift vom Fürsten Ludwig von Solms-Lich; er ist jetzt ganz konstitutionell, will die Grundsätze mit strenger Folgerung durchgeführt, ein schwerfälliger Vernünftler, und doch mit sich selbst in Widerspruch. Den höfischen Landtagsmarschall des Vereinigten Landtags wird er nicht vergessen machen. Indeß ist die Schrift gegen gewisse Leute gut zu gebrauchen; den König muß sie sehr verdrießen.

———

Sonnabend, den 9. Dezember 1848.

In Frankfurt ist nun doch der Adel als Stand durch Parlamentsbeschluß abgeschafft. Nun wird das Parlament in den Augen der Hofparthei bald reif sein, gesprengt zu werden. —

Ich war auf dem Amte der freiwilligen Anleihe. Im Hofe sah ich Soldaten exerziren, die Handgriffe ganz neu und viel kürzer als sonst, die Leute machten ihre Sache sehr gut, der Offizier nannte jeden Sie und war auch sonst höflich.

Das Bürgerthum scheint mit der oktroyirten Verfassung

ziemlich zufrieden und sieht nicht allzu genau hin, es meint reichlich zu bekommen, und übersieht die Weise, die doch zu sehr die eines vornehmen Herrn ist, der ein Stück Geld hinwirft, halb Trinkgeld, halb Almosen. Immer bleibt es eine unreine Gabe, theils aus Zwang, theils aus Hohn gegeben, und mit dem Bewußtsein, die durch ihre eigenen Satzungen schon großentheils vereitelt zu haben. — Es ist aber schrecklich, welche blödsichtige und zugleich arglistige, durchaus rechtslose, willkürliche Regierung wir haben! Das ist die wahre Anarchie. Alle ihre eignen Gesetze, alle wie neue, hat die Regierung gebrochen, gefälscht, in Frage gestellt. Sogar die „Spener'sche Zeitung" wirft ihr dergleichen vor, ausführlich aber Hr. Dr. Oppenheim in seiner heute erschienenen Schrift. — Daß nicht alle Leute zum dummen Bürgerthum gehören, zeigt ein gedruckter Anschlag, der heute früh — trotz des Verbotes — unter den Linden und am Schlosse angeheftet gefunden worden, worin der König ein wortbrüchiger und wortdrehender Betrüger genannt ist, den die Volksrache schon treffen solle! Es giebt hier verwegne Leute, gare, gare! —

Mittags besuchte mich Bettina von Arnim. Wir besprachen die Sache des Königs; wüster Taumel, eigensinnige Laune, Hoffahrt, kein Begriff von Recht und Folgerichtigkeit. — Er arbeitet sich in's Verderben hinein. —

Wie unselbstständig unsre deutsche Sache ist, sehen wir wieder recht klar. Unsre Freiheitsbewegung folgte dem Vorgang der Franzosen, mit deren Stillstande steht auch bei uns alles still; ohne ihren Cavaignac hätten wir keine Radetzky, Windischgrätz, Wrangel. Der Rückschlag im Juni hat am härtesten uns getroffen. Der Verrath der französischen Sache war gleich der der Polen, mit der

Furcht vor der französischen Republik erlosch die Achtung der Fürsten für die eigenen Völker. Die Politik Frankreichs war all diese Zeit schändlich und wird ihre Strafe finden!

———

Sonntag, den 10. Dezember 1848.

Dankadressen an den König für die Verfassung. Bürgerzufriedenheit, — doch nicht unbestritten! Blindes Volk, das noch immer glaubt, nicht sieht, hofft und erwartet, nicht hat! Es wird aber sehend werden, und dann um so grimmiger werden gegen die Urheber und Helfer des ihm gespielten Verraths und Betruges. Dieser Belagerungsstand von Berlin, giebt es eine größere Ungesetzlichkeit, eine nichtsnutzigere Willkür, eine schändlichere Verschwendung? Und man schämt sich nicht, diese Unwürdigkeit in's Unbestimmte fortzusetzen! Wie zum Hohn der Freiheitsversicherungen, der durchaus verwerflichen Verfassungsgabe! Der König bricht die von ihm selbst erlassenen oder genehmigten Gesetze, zieht die schon erworbenen Freiheiten ein, wirft einige Lappen davon wieder hin und läßt sich preisen, wie redlich und treu er sein Wort erfülle! — Im Januar will er nach Berlin kommen und auf dem Schlosse glänzende Feste geben, auch den Bürgern, das wird ja herrlich werden! —

Nichts beschäftigt und bekümmert den König und seine Leute so sehr, als die nahe Präsidentenwahl in Frankreich; sie fühlen, daß ihr eignes Treiben von dorther die strengste Bedingung empfangen muß; sie zittern vor dem armseligen Louis Bonaparte, sie beten für Cavaignac, mit dem sie sich schon verständigt haben, dessen sie versichert sind. —

Das Frankfurter Parlament benimmt sich in der preußischen Verfassungsfrage schändlich, feig und volksverrätherisch, wie ein Haufen gewissenloser Diplomaten, und sprechen noch viel vom Rechtsboden, den sie nach Belieben zerstampfen. —

Besuch vom alten Professor Zeune mit seinem Neffen, in litterarischen Angelegenheiten. Ich sage ihm meine Meinung über unsre Nationalversammlung, unsre Ministerien, die oktroyirte Verfassung und das Frankfurter Parlament; auch über Frankreich, dort sei die Republik nothwendig wie bei uns das Königthum, weil zu dem Gegentheile die erforderlichen Personen fehlen. — Besuch von Hrn. Dr. Horwitz, dann von Hrn. Dr. Wagner aus Augsburg, Mitredakteur der „Allgemeinen Zeitung"; diesem halt' ich einen ausführlichen, scharfen Vortrag über unsre deutschen und über unsre preußischen Zustände, mit offner kurzer Wahrheit, die er anfangs nicht annehmen wollte, dann aber doch mehr und mehr annahm, — eine Art Parlamentsrede voll Gluth und Eifer, so daß mir der Hals ganz trocken wurde. Hr. Dr. Wagner kommt von Wien und hat dort alles miterlebt. —

Das Steigen der Staatspapiere, durch Ankauf seitens der Behörden künstlich hervorgebracht, läßt schon nach und der Rückgang ist merklich. Sie kauften mit Darlehns-Anweisungen, die jetzt ungewöhnlich im Verkehr vorkommen.

Montag, den 11. Dezember 1848.

Der Minister Graf von Brandenburg schickte mir seine Karte, was das zu bedeuten hat, weiß ich nicht; übrigens ist's wie nicht geschehen. —

Die polizeilichen Ausweisungen mehren sich, alle geschehen auf Befehl Wrangel's, nach Willkür, nach Angebereien und vorgefaßten Meinungen, ganz rechtslos; der

Abgeordnete Assessor Schramm, seit ein paar Jahren hier wohnhaft, hat einen Zwangspaß erhalten, Luise Aston ist auf's neue verwiesen, kurz es geht nach dem alten Schlag! — Der Belagerungsstand soll hier die Wahlen drücken, die freisinnige Parthei niederhalten, während die aristokratisch-despotische allen Spielraum behält! Man wird dies Beispiel einst für die Gegenseite geltend machen, wartet nur!

Durch die oktroyirte Verfassung hat der König wirklich alle Rechtsformen verletzt, selbst die der Provinzialstände und des Vereinigten Landtages widersprechen solch einseitiger Gesetzgebung. Schon haben sich bei den Gerichten Zweifel erhoben. Die Verwirrung ist wahrlich beschämend. Wenn es noch die entschlossene Gewalt einer durchgreifenden, ordnenden Regierungshand wäre, aber es sieht aus wie die plumpe Unart und Ungebühr eines losen Buben.

Die Milde bei so viel Rechtsverletzung und Grobheit ist nur lächerlich, z. B. daß Wrangel endlich gestattet, den Weihnachtsmarkt an gewohnter Stelle aufzurichten! Die Minister aber sind nicht milde, sondern handeln mit Hohn und Schärfe im alten Beamtensinn. —

Der Kaiser von Rußland mißbilligt die geschehene Abgrenzung des polnischen Theils von Posen; er sagt, sie sei den Wiener Verträgen entgegen, doch wolle er jetzt kein Aufheben davon machen. Es scheint, das Erwerbungsgelüste auf Posen und Galizien wolle sich erstere Provinz als ein Ganzes vorbehalten, nicht durch Zerschneidung schmälern lassen. — Es liegen noch viele Streitfragen unentwickelt im Hintergrunde. —

Alles in dem heutigen Zustande beweist, daß die Völker und Staaten von Europa schon wesentlich ein gemeinsames Leben führen, das einzelne Leben von jenem bedingt und geregelt wird. In Paris, Frankfurt, Wien und Berlin derselbe Zustand, auch in London und St. Petersburg wirkt dies Gemeinleben ein, wenn gleich in London jetzt durch alte Gesetzgewöhnung und in St. Petersburg noch durch rohe Willkürmacht verdeckt. In Italien mischt sich alles; beide Aeußerste sind dort beisammen, volle Unterdrückung in Oberitalien, volle Freiheit in Rom. Von Italien aus können auch wir wieder Luft bekommen.

Dienstag, den 12. Dezember 1848.

Alle Zeitungen prüfen die oktroyirte Verfassung, ihren Inhalt, ihre Rechtsgültigkeit; diese Verhandlung bringt die Leute etwas zur Besinnung, und das „herrliche Geschenk" wird schon mit ganz andern Augen angesehen, als am ersten Tage. Doch sind die Philister noch obenauf und zeigen ihren Knechtsinn durch Adressen. Die Magistrate taugen in den meisten Städten nicht, am wenigsten taugt der hiesige, er besteht aus kriechenden Schmeichlern, die vor allem die Gunst des Hofs und der Beamten anstreben, und deren Eitelkeit noch auf die Fußtritte sich was einbildet, die ihnen von oben gegeben werden. Wegjagen, sammt und sonders! —

Ausgegangen. Trauriger Anblick der Stadt, ungeachtet der Weihnachtszeit, unter den Linden ganz leer. Die Reaktion beherrscht die Straße; Herr Rimpler sprach mit einem Herrn, ein andrer ging vorüber und rief laut: „So 'n Bürgergenerälchen, so 'n Schweinhund!" — Täglich werden Gesellschaften gesprengt, Klubs aufgehoben, man meint aber, daß deren über hundert fortbestehen und wirken. Die Polizei wird mit den Angebereien oft bloß genarrt. Gestern kamen eine Kompanie Konstabler und eine Kompanie Solbaten, um in der Jägerstraße einen Klub aufzuheben, sie fanden aber nichts und zogen unter Hohngelächter des Volkes wieder ab. —

In der „Mannheimer Zeitung" wird der König gradezu ein Hochverräther gegen das Volk genannt. In einem Frankfurter Blatt ebenfalls. In Leipzig wird ein Blatt verkauft, wo er am Galgen hängt. So weit ist es gekommen! Verblendeter König! Wer weiß, wie weit es noch kommt! —

„Die einfache Wahrheit, daß der König, indem er vorgiebt, sein Wort zu erfüllen, dasselbe recht eigentlich bricht, beginnt schon jetzt sich mehr und mehr festzustellen, und kein Schwindel von Zeitungslob und keine Spitzfindigkeit amtlicher Sophisten kann diesen Thatverhalt wegganteln." —

Die „Zeitungshalle" ist auf's neue verboten, so auch das Wiedererscheinen der „Reform". Das ist wenigstens folgerichtig. Wrangel erklärt auch gradezu, daß er die Besprechung und Vorbereitung der Wahlen verhindern wolle, die Leute sollen darüber keine Abrede treffen, keine Kandidaten empfehlen, für letzteres werde schon die Regierung sorgen zc. Er ist so dumm, daß er nicht einmal weiß, was er verschweigen muß! —

Starke Debatte unter den Stadtverordneten, mit 46 Stimmen gegen 44 ist nun doch eine Adresse an den König beschlossen worden. Professor Gneist sprach dagegen. —

Ansprache von Breslauer Abgesendeten, Antwort des Königs, geschwätzig, runde Phrasen laufen wie Erbsen auf den glatten Boden. Er wünscht fünf Monate aus der Geschichte Preußens weggestrichen, lobt und rühmt sich selbst, sagt, daß seine Feinde in Breslau — wie immer seine Feinde — feige gewesen, hatte aber auch schon dasselbe von seinen Freunden dort gesagt! —

Wie sich die große Menge der Menschen leicht hin und her schwenkt, sehen wir jetzt hier in kläglichen Beispielen! Aber das ist allgemeine Menschenart. In Paris hab' ich es zweimal eben so gesehen. Auch sind es doch eigentlich nicht dieselben Stimmen, die heute Nein und morgen Ja sagen; sie wechseln ab nach den Umständen, die einen verstummen, wenn die andern laut werden; es ist ein Wechsel der Chöre, nicht derselbe Chor. Uebrigens sieht man, wie leicht es der Macht ist, die Gegner zum Schweigen zu bringen. Es kommt nur darauf an, die Macht zu haben, im März hatte sie das Volk, schon im April begann es sie zu verlieren, ließ sich mit dem Vereinigten Landtage hinhalten, ließ sich von den Ministern das Wahlgesetz desselben aufdrängen, — freilich gehorchten damals die Minister auch noch dem Fünfziger-Ausschuß und vernichteten die Wahlen des Vereinigten Landtages 2c.

Mittwoch, den 13. Dezember 1848.

Ich dachte diese Nacht an die nächsten Kammern und kam zu dem Ergebniß, daß der König, wenn sie nicht nach seinem Sinn und Wunsch ausfallen, noch gerettet werden kann, daß er aber, wenn sie ihm fügsam zustimmen, den größten Gefahren entgegengeht. Das Gelingen ist hier das Schlimmste. Der König sollte das aus Erfahrung wissen; er hat den Vereinigten Landtag durchgesetzt, und was ist daraus geworden? —

Ueberhaupt, die Macht ist wandelbar und zerbrechlich, besonders die von Hoffahrt und Eitelkeit geleitete. Wann war Bonaparte mächtiger als 1807 und 1812, wann erschien er unantastbarer? und schon suchte er sein Verderben in Spanien und Rußland! Unsre Freiheit schien weit hinaus verloren, und sie war ganz nahe. So mag es auch jetzt sein. Die Königliche Gewaltherrschaft scheint durch nichts gehemmt werden zu können, auf's neue für lange Zeit gegründet, — doch wir wollen sehen, wie es in Jahresfrist damit stehen wird! Der König selbst wendet sie zu seinem Verderben an. —

Besuch vom schleswig=holsteinischen Justizrath Schleiden, Bevollmächtigten beim preußischen Hof; er kommt aus Schleswig, klagt über den dortigen Zustand, über die Anarchie der deutschen Sachen, daß die Verhältnisse nicht geordnet, nicht vertreten seien, daß der Waffenstillstand verstreiche, ohne daß man mit Dänemark zum Schlusse komme. Noch ist er für den Reichsverweser, für Gagern, für Preußen, ja er ist um der Einheit von Deutschland willen fast reaktionair, aber wenn diese nicht erlangt oder wieder geopfert wird, wenn man Schleswig=Holstein im Stiche läßt, dann, sagt er, „dann werde ich radikal, dann setz' ich meine Hoffnung auf eine neue Revolution". In Gottes Namen! — Er reist bald nach Frankfurt und ich lasse Smidt grüßen. —

„Ursache und Geschichte der Oktoberereignisse zu Wien. Von einem Augenzeugen." (Leipzig 1848.) Eine treffliche Denkschrift, wie ich eine über die Berliner Sachen wünsche! —

Nach Aeußerungen Mühler's ist es beinahe gewiß, daß man die Mitglieder der Nationalversammlung, welche unter dem Präsidenten Unruh hier weiter getagt haben, zur Untersuchung ziehen will, damit sie, wenn auch nicht bestraft werden, was jedenfalls ungewiß erscheint, doch für die Wahlen nicht in Betracht kommen, und es heißt, man zögre mit der Maßregel nur deßhalb noch, damit sie recht in die Wahlzeit falle. Eine so offenbar gehässige, unwürbige Maßregel würde der Regierung, den Ministern und dem Könige selbst unberechenbaren Schaden thun. Aber man erwartet von ihr jede Tücke und Arglist bei süßen Worten von Wohlgesinnung und Redlichkeit! Es ist der alte Hof- und Beamtensinn.

— ·· ———

Donnerstag, den 14. Dezember 1848.

Besuch von Bettina von Arnim, sie bringt mir Abschiedsgrüße von Dr. Oppenheim, der von Polizei bedrängt am letzten Tage nicht noch zu mir kommen konnte. Der Polizeipräsident von Hinckeldey hat ihm gestanden, es liege gegen ihn nichts vor, als die Anklage demokratischer Gesinnung und der Eifer von ein paar Herren gegen ihn — die Polizei handle nur als Werkzeug! — Pitt-Arnim hat sich erfrecht zu sagen, wo solche Kerls wie Unruh, Waldeck ꝛc. noch hinkämen, da nähmen Leute seiner Art den Hut und gingen fort; darauf sagte Bettina: „Das ist ja recht schlimm, Waldeck ist alle Tage bei mir (erdichtet!), und eben klingelt's, ich glaub' er ist's, das ist so seine Stund'", und als Pitt eiligst fortrannte, rief sie fröhlich aus: „Nun weiß ich doch, wie ich den Alfanz am sichersten los werde!"

Welch ein Kontrast, wenn man die heutigen Zeitungen mit denen aus der Mitte und vom Ende des März dieses Jahres vergleicht! Besonders die damaligen Erlasse und Reden des Königs! Das Ueberschwängliche in diesen letztern hat heute nothwendig einen Anschein von Falschheit und Berückung, und man wundert sich, wie damals ohne Bürgschaft alles so vertrauensvoll geglaubt worden.

Abends Besuch von Weiher. Die Bezirksvereine zur Unterstützung der Armen dürfen sich versammeln, jedoch in

Beisein von Polizei, die darüber wacht, daß nichts Politisches verhandelt wird.

Adresse des Geheimen-Ober-Tribunals an den König voll Dank und Anerkennung für die oktroyirte Verfassung und voll bösem Tadel der Nationalversammlung! Niedrig und knechtisch wie die Universität!

Unsre Zeitungen sind abscheulich; überall feile knechtische Federn, überall Bereitwilligkeit, die Besiegten nicht nur zu verlassen, sondern auch zu schmähen, ja das Letztere soll das Erstere recht beschönigen. Man wendet sich der Regierungsmacht, ihrer Gunst und ihrem Gelde zu, schreibt für die „Deutsche Reform". Pfui! — Auch Held's „Lokomotive" darf wieder erscheinen und um den Preis des Schimpfens auf die Nationalversammlung und die Demokraten eine noch ziemlich revolutionaire Sprache fortführen.

Unser ganzer Zustand ist ekelhaft, knechtische Niederträchtigkeit und freche Hoffahrt geben einander die Hände. Lüge und Gleißnerei durchdringen den ganzen Staat in seiner öffentlichen Erscheinung. Wie unter den letzten Bourbons in Frankreich. Was kann man davon für Früchte erwarten? Die sittliche Würde und Kraft geht ganz verloren in diesen Kreisen, im Volke wächst sie.

***

Freitag, den 15. Dezember 1848.

Besuch des Hrn. Dr. Wagner, der einen Ungarn, Hrn. S., mitbringt, einen früheren Angehörigen der Kanzlei des Fürsten von Metternich. Wir streiten diesmal gemäßigter, es kommen mehr Thatsachen in's Gespräch, aber wir streiten doch, und mir bleibt ein unheimlicher Eindruck aus allem; mich schauert es wie Eiseskälte an, wenn die warmen Volks- und Freiheitsfragen so trocken und geschäftsmäßig behandelt werden, und der Eifer, der jedesmaligen Macht beizustimmen, sich so offen darlegt; sogar die gewesene Macht wird verhältnißmäßig hochgehalten!

Besuch des Generals von Both aus Schwerin. Unter mehreren Mittheilungen von ihm merke ich besonders diese an, daß der König vier Wochen vor dem letzten Staatsstreiche zu seiner Schwester Alexandrine lächelnd gesagt: „Habe nur noch eine Weile Geduld, ich werde nächstens alles auf andern Fuß setzen!" Dasselbe hat er in andern Worten auch schon am 15. Oktober den Abgeordneten der Nationalversammlung in Bellevue gesagt.

Wie man schändlich auf die Nationalversammlung schimpft, wie undankbar, wie verläumderisch! Grade in der letzten Zeit hat sie die größten, mühsamsten Arbeiten gefertigt, und welchen Muth, welche Haltung gezeigt! Man beschuldigt sie des Ehrgeizes; hätte sie den schlechten gehabt, sich an's Ruder zu bringen, nichts wäre ihr leichter gewesen, aber grade das hat sie mit Selbverläugnung verschmäht.

Sonnabend, den 16. Dezember 1848.

Besuch vom Grafen von Kleist-Roß; er bekennt sich zu der neulichen Anzeige in der „Bossischen Zeitung", die den Kaiser Ferdinand wegen seiner Abdankung preist und die schmachvollste Anspielung wider unsern König ist. In Frankfurt an der Oder hat er beide Theile, den Minister und den General, gesprochen; viele bittre Aeußerungen gegen alle Welt, Haß gegen die Volksherrschaft, aber zehnmal größerer unversöhnlicher Haß gegen den König! Er meint, die nächsten Kammern würden sein wie die Nationalversammlung, und es würde noch zu vielen Unruhen, zu Mord und Todtschlag kommen. —

Abends Besuch von Weiher. Ueber die bevorstehenden Wahlen. Thätige Vereine, Bruchtheile früherer Klubs. Hoffnungen der Freisinnigen, denen die reaktionairen Zeitungen und Maßregeln eine große Menge von Stimmen zuführen.

In Oesterreich schon wieder Polizeiverbote der Vereine. Dort ist noch viel Druck und neuer Ausbruch zu erwarten. Gerücht vom Einrücken der Russen in Siebenbürgen. —

Die Verhandlungen in Frankfurt nähern sich einer Krise. Das bedingte Veto für das künftige Reichsoberhaupt hat die große Mehrheit, was dem Könige sehr mißfällt. Die Wahl zum Kaiser scheint sich dennoch auf ihn zu lenken, weil auch seine Feinde fast eine Nothwendigkeit in ihm sehen. Doch ist es die Frage, wie sich das Volk verhalten wird; in Süddeutschland sind Haß und Verachtung ungeheuer gestiegen seit dem neusten Verfahren gegen die Nationalversammlung. Rußland sieht scheel und Oesterreich feindlich zu der Kaiserwürde des Königs. —

Die Aussichten für Cavaignac trüben sich, die Stimmenmehrheit scheint für Louis Bonaparte, der doch wohl nicht lange im Besitze der Macht bleiben dürfte. Hier am Hofe ist man sehr ängstlich, man sieht alles Gewonnene wieder zweifelhaft, wenn in Frankreich die Republik aufs neue thätig wird, denn bis jetzt ruhte sie. —

Der König soll gegen den Minister von Manteuffel schnöde derbe Worte gebraucht haben, so daß dieser in seinem Eifer etwas irre geworden. Es heißt, der Vorschlag, die Abgeordneten der Linken in Anklagestand zu versetzen, sei von ihm gemacht worden, der König aber habe schon erfahren, daß man dieses Hülfsmittel öffentlich eine Nichtswürdigkeit genannt, und sich nun bitter dahin geäußert, man wolle ihn wohl aufs neue beim Volke verhaßt machen. Dagegen versichert Manteuffel, grade der König selber treibe zu solchen gehässigen Mitteln an, hege Groll und Rache wie kein Andrer. — Leute vom Hofe versichern, der König sinne und zeichne und mahle schon die Zeichen der Kaiserwürde, Krone, Zepter, Reichsapfel, berathe mit Wappenkundigen und Alterthümlern, — ich weiß nur Stillfried, der dazu paßt. —

„Klabberadatsch" wieder erschienen! Und gleich recht derb.

Sonntag, den 17. Dezember 1848.

Besuch von Weiher und Hrn. Dr. Eichholz, Mitredakteur der „Nationalzeitung"; Besprechung über einen Ausschuß zur Förderung guter Wahlen in ganz Preußen, Errichtung von Ausschüssen in den Provinzen, Zusammenhang aller, Ausgleichung der Wünsche und Möglichkeiten, absichtliche Doppelwahlen, Beiträge um unvermögende Abgeordnete zur ersten Kammer zu entschädigen, Verbanung des Zersplitterns der Stimmen ⁊c. Die guten Mitglieder der Linken sollen vor allen Andern berücksichtigt werden, bei den Wahlausschüssen aber nicht vertreten. Sehr gute Anordnungen. —

Dr. Karl Grün kam; er hatte Hrn. Robbertus mitbringen wollen, allein dieser war verhindert, eben auch in Geschäften für die Wahlen. Wir besprachen die Forderungen des Augenblickes, die Aussichten in die Zukunft; wir waren darin einig, daß noch große, tiefe Stürme kommen würden, daß die deutsche Einheit mehr als je gefährdet sei, daß alle Hemmung von der Fürstenseite komme, daß die Geschichte darüber hinaus gelangen werde, aber vielleicht dann zu spät für die Volksthümlichkeit. Wenn Krieg gegen Frankreich ausbricht, so wird ein Theil der Deutschen um der Freiheit willen mit den Franzosen sein; ein andrer Theil sich den Russen anschließen, beziehungsweise unterwerfen müssen. Genug, der Arbeiten liegen noch viele vor uns und wir werden sie zu leisten wissen! —

Der Anklagestand genügt nach der oktroyirten Verfassung nicht, um die Wahl zu den Kammern zu hindern. Man ärgert sich schon, diese Bestimmung nicht bequemer für den Gebrauch der Minister gestellt zu haben. Aber entschieden vorschreiten will man gegen die Abgeordneten, welche in die Heimath Aufforderungen zum Aufruhr erlassen haben; deren sollen etwa dreißig sein, auf deren schleunige Verurtheilung man rechnet, und diese würde sie dann wahlunfähig machen. Man hofft übrigens, die Wahlen schon durch andre Einwirkung so zu erlangen, wie der Hof sie wünscht. Eine erste Kammer hauptsächlich aus Rittergutsbesitzern und Kapitalisten hofft man mit Zuversicht.

Alles alte Geschmeiß findet sich in Potsdam ein; auch Hassenpflug aus Greifswald ist dort und oft beim Könige. —

Die Nachrichten aus Oesterreich klingen sehr schlecht. Das Ministerium ist nichts, der Reichstag ist nichts, die Militairparthei herrscht mächtiger und strenger dort, als selbst hier; die Reaktion macht breiste Fortschritte. —

Dem Kaiserthume Preußens ist Baiern entgegen, demnächst auch Würtemberg, Baden, beide Hessen, dann Hannover, und insbesondere Oldenburg. — Hinter diesem steht Rußland als Stütze. Das Parlament in Frankfurt am Main sinkt mehr und mehr, weil es dem Volkssinne widersagt und seine Abstimmungen knechtischer und matter werden. Ueber diese Halbfreisinnigen, Verräther aus Schwäche oder Falschheit, niederträchtig Ehrgeizigen und blödsüchtigen Narren wird ein schweres Gericht ergehen! Auch Dahlmann untersteht sich, die hiesige Nationalversammlung zu schelten, der stumpfe Professor! —

Weg mit den Professoren, Predigern, Beamten! Diese sind der Abschaum unsrer schlechtesten Grundsuppe.

Montag, den 18. Dezember 1848.

Besuch von Hrn. Dr. G., der beauftragt ist, mich zum Zentral-Komité für die Wahlen einzuladen; ich lehne die Mitgliedschaft ab, erbiete mich aber sonst zu Rath und That. Mir scheint das Ganze noch auf schwachen Füßen zu stehen. Und Dr. G. ist schon von Ausweisung bedroht! Robbertus nimmt sich der Sachen bestens an, das ist denn wieder gut! — Ausgegangen, zum Geh. Rath Waldeck, der aber noch auf dem Tribunal war. —

Neues Reichsministerium, der — Schmerling ausgeschieden; Gagern an der Spitze. Was wird er machen, der ehmalige Held? Eine Nachrolle, wie Camphausen spielen?!

Besuch von Weiher, Nachrichten von Wahlthätigkeit; Maßregeln der Regierung gegen die mißfälligen Abgeordneten; Einschreiten des Staatsanwaltes Sethe. —

Das Geheime-Ober-Tribunal stößt den Geh. Rath Waldeck zurück, die Oberlandesgerichte die Herren von Kirchmann, Temme, Gierke; der „Staatsanzeiger" bringt die beßfallsigen Anschreiben der genannten Gerichte sehr beeifert zur Oeffentlichkeit, wahre Schmachstücke niedriger und feiger Gesinnung, denn die meisten Unterzeichner denken nicht so, von Mitgliedern des Tribunals sag' ich es mit sichrer Kenntniß; aber der Sieg des Hofes und seiner Parthei hat diese Leute ganz in Schrecken gesetzt, sie unterschreiben alles, was ihnen von ihren Vorgesetzten dazu gesandt wird; Mühler ist einer dieser Vorgesetzten! —

Die Leute thun hier so, als wenn nun keine Wandlung der Dinge mehr geschehen könnte, zwar die Höherstehenden fühlen sich nicht ganz so sicher, der Aristokratie ist noch immer bange, aber das Gesindel des Mittelstandes, die kurzsichtigen dummen Beamten, die Bürgerphilister, das Geschmeiß der Professoren, Prediger, Künstler, die lassen sich's wohl sein und schwatzen in den Tag hinein und verbrennen sich die Mäuler. Diese Gimpel wollen gemeine Sache mit der höheren Klasse machen und wissen nicht, wie sehr sie von ihr verachtet und verspottet werden, und kehrte die vorige Zeit wirklich zurück, würden sie auch die Fußtritte bald empfinden. —

Die kleinen Köter oktropiren nun auch! —

Dienstag, den 19. Dezember 1848.

Die Frage wegen des deutschen Kaiserthums ist der Entscheidung nahe; für Preußen spricht die thatsächliche Stellung, die Person des Königs ist eher ein Hinderniß, jetzt, da er eben so gröblich die Volksrechte verletzt hat! Auch ist es mir gar nicht sicher, daß die neue Krone ihm persönlich zum Vortheil sein wird, er findet und schafft neue Verwicklungen, und wird vielleicht nur erhöht, um desto tiefer zu stürzen. Die Süddeutschen werden ihm nie recht gehorchen. Ueberhaupt scheint mir die heutige Geschichtsarbeit vor allem den Zweck zu haben, unsre Fürsten abzudrängen und zu Grunde zu richten, und sie wirken wacker dazu mit. Der Sache des Volkes dient die jetzige Reaktion besser als alles. —

Mit Dirichlet und Grenier gute Gespräche. Verabscheuung all der herrschenden Gleißnerei und Augendienerei, die Lüge des Adressenwesens ꝛc. Die Leute unterschreiben das Gegentheil dessen, was sie denken, sobald eine Körperschaft, eine Behörde, ein Kollegium im Spiel ist. * hatte kurz vorher, als die Adresse der Universität ausgelegt war, zu Dirichlet gesagt, kein Ehrenmann könne das unterschreiben, am andern Tage stand sein Namen darunter und sie selbst im „Staatsanzeiger"; Dirichlet hielt es ihm laut und ernst vor, und * verstummte in tiefster Beschämung. —

„Sein Sie doch milder in Ihren Ausdrücken", sagte man mir gelegentlich; darauf erwiederte ich: „Das ist leicht, nur langwierig; anstatt aufzuzählen, wie schlecht und pflichtvergessen zum Beispiel Bassermann sich aufgeführt, in würdigen strengen Worten und Redensarten, sag' ich nur kurzweg Schuft oder Lump, ist das nicht besser?" Freilich ist das nur da schicklich oder gültig, wo man schon festen Boden hat, unter Einverstandenen oder doch Verstehenden; das Schimpfen allein thut's nicht, es muß der Gehalt schon bekannt oder vorausgesetzt sein, so wie auch die höhere Ausgleichung, neben der Sünde steht ihre Entschuldigung, ihre Freisprechung. —

Wahlberathungen der Bezirke sind von Wrangel untersagt! Nichtswürdige Maßregel! Und dabei thun die Minister, als seien sie wunderehrlich und gerecht. Schon die ganz ungerechtfertigte Fortdauer des Belagerungsstandes spricht ihre Willkür und Verstellung aus. —

In der „Trierer Zeitung" wird die Rede des Königs an die Breslauer durchgenommen, bei den Worten, seine Feinde seien wie immer feige gewesen, wird er als der Erzfeige hingestellt, sein Gesicht und Benehmen am 19. März und in den folgenden Tagen ihm in Erinnerung gebracht.

———

Dezember 1848.

Der König hat die Reichskommissare Hergenhahn und Simson hier stundenlang unterhalten und durch seine Reden ganz bezaubert, ohne sich ernstlich auf ihre politischen Sachen einzulassen. „Wissen Sie, wo wir hier sind, meine Herren?" — Nein. — „Meine Herren, wir sind in dem Arbeitszimmer Friedrich's des Großen, an geheiligter Stätte, wo der große König seine Gedanken ausprägte! Meine Herren, der wußte Macht zu gestalten, indem er seine Zeit begriff. Macht kann nicht geschaffen werden, die muß entstehen. So auch die Reichsoberhauptschaft. Soll ich die Kaiserkrone tragen, so muß sie zu mir kommen, durch die Stimme der Völker, durch den Willen der Fürsten, durch die Stimme meines eignen Volks; ich kann es nur abwarten, nichts dazu thun." Das hat die Herren entzückt. Aber es ist nur falsches Gerede. Ganz im Gegentheil, er müßte dazu thun, er müßte zugreifen, den guten Willen durch seine Kraft vollenden, zur That machen, die Krone nehmen, ja erobern. Das ist das Entstehen der Macht, und so hat die preußische sich gegründet.

Simson und Hergenhahn sind hier nichts als dunkelvolle Nullen geblieben. Man hat mit ihnen gespielt, auch Gagern, der mit dem Könige alles vertraulich besprach und wieder abreiste, ohne jene das Geringste wissen zu lassen. Das Ganze elendes Ränke- und Lügenspiel!

Mittwoch, den 20. Dezember 1848.

Brief aus Frankfurt am Main von Dr. Oppenheim, von bedeutendem Inhalt; auch er ist der Meinung, daß der König deutscher Kaiser werden müsse, zweifelt aber am Gelingen, er glaubt wie ich, daß Radowitz dort uns nicht nur schadet, sondern geradezu verräth, zu Gunsten Oesterreichs sag' ich, zu Gunsten der Katholiken. Und Heinrich von Gagern!? —

Langer Besuch von Rosenkranz; er hat mit den jetzigen Ministern nichts mehr zu thun und kehrt im Frühjahr zu seiner Professur nach Königsberg zurück. Er erzählt mir viel von den Ministern Auerswald, Hansemann, Pfuel. Hansemann wollte der katholischen Geistlichkeit zwei Millionen Thaler in Staatsforsten als Grundbesitz überweisen! Auch in Schreckenstein war der Katholik merkbar. Die Haltungslosigkeit und Unfähigkeit jener früheren Minister lag offen am Tage. Der König hat auch alles Gedeihen nach Kräften gehindert. Rosenkranz bespricht umständlich sein persönliches Verhältniß, seine Neigungen und Fähigkeiten, mit klarer Einsicht, mit Geist und Anmuth. Jetzt hat er sich in strenge philosophische Arbeit geworfen. —

Dr. G. wollte im November nach Paris reisen, seine alten Bekannten Marraß und Arago ansprechen, und wo möglich Cavaignac bewegen, sich für die preußische Nationalversammlung zu erklären! Welche Verirrung, welcher Unbedacht! Früher wollte er durchaus, Schön, Rosenkranz und ich sollten Minister werden; wieder kein Zeugniß guten Bedachtes, unter den dreien ist einer der da will, aber nicht kann, einer der könnte, wenn er wollte, einer der nicht will, weil er nicht kann! G. ist übrigens von edler Gesinnung und tapfrem Eifer; nur unerfahren im Lebenstreiben und von einzelnen Bildern sehr befangen. —

Professor *, noch vor kurzem so edel und freisinnig in seinen Aeußerungen, der den König nicht nur der Phantasterei, sondern der Unredlichkeit und Falschheit beschuldigte, ist plötzlich wie umgestimmt, hat die Universitäts-Adresse mit Wonne unterschrieben, preist die oktroyirte

Verfassung, greift die Tadler derselben heftig an, — er rühmt und liebt den neuen Gang der Dinge; er war mit schwerem Herzen wahr und freisinnig, mit leichtem ist er jetzt knechtisch und schmeichlerisch. Bei mir ist er ausgestrichen. Ein Deserteur ist schlimmer als ein Feind. —

Dr. Arnold Ruge hatte mich aufgesucht und nicht gefunden. Um 8 Uhr kam er nochmals und blieb länger als eine Stunde. Einen besondern Anlaß hatte sein Besuch nicht, aber er war voll Freundlichkeit und Zutrauen. Der früheren Dinge wurde nicht gedacht, er war so harmlos, daß es ungroßmüthig von mir gewesen wäre, ihn daran zu erinnern. Er soll ausgewiesen werden. In seinen Ansichten ist er fest und derb.

Donnerstag, den 21. Dezember 1848.

In England ist allgemein die Stimme gegen unsre Volkssache, die Lüge und Verläumdung hat dort völlig Wurzel gefaßt; alle Berichte, Zeitungen und Schriften, die man dort kennt, sind von der Gegenseite, die guten kommen nicht hin. Die Rückwirkung dieser falschen Ansicht ist groß und für unsre Sache schädlich. —

Die „Nationalzeitung" bringt Walded's treffliche Antwort an Mühler; wie müßten die Leute sich schämen, wären sie nicht schon über alles Schamgefühl hinaus!

Was soll aus Deutschland werden? Die Einheit scheint in dem jetzigen Bestand unmöglich, die Volksbewegung wollte sie, die Fürsten, scheinbar sich anschließend, hemmten deren vollen Aufschwung, sprengten wortbrüchig deren rechtmäßige Organe, die Einheit scheitert an den innern Grenzen, die nur der Dynastieen wegen da sind, sie scheitert an dem üblen Willen dieser. Die Kaiserkrone ist jetzt schon gar nichts mehr, und wird sie gegeben, so bringt sie nur neue Zwietracht. Der König, der eben die Volksvertreter seines Volks unter nichtigem Vorwande aufgelöst und verfolgt, kann nicht mehr das Vertrauen der andern deutschen Völker hoffen, die Versammlung selbst, von der sie zu empfangen wäre, ist schon nichts mehr nutz, verfälscht und herabgewürdigt. Man spricht von dem deutschen Elsaß, Liefland ꝛc. als einer Schmach, daß sie von Fremden beherrscht werden; aber was ist das deutsche Oesterreich besser, wenn es dem undeutschen Kaiserstaat angehört? — Die Geschichte arbeitet alles um, schafft die Hindernisse fort: darum die Gewaltmaßregeln und Wortbrüche der Fürsten, darum die Zerstörung der Hauptstädte, die Verkümmerung der Freiheit durch den Unsinn des Belagerungsstandes! Die Völker sollen, sehen sollen lernen; sie werden es! —

Besuch beim Französischen Gesandten Arago, der nun vielleicht bald abberufen wird. Gespräch mit ihm und Grenier über die französischen Zustände, dann über die deutschen, deren Verwicklung erst recht im vollsten Glanz erscheint, wenn ein Fremder sie auffassen soll. Doch hab' ich an dieser Probe gesehen, wie mir selbst das was ist, ganz klar ist, nur was werden soll und kann, liegt im Dunkel. —

Nachrichten aus Aristokraten-Kreisen. Man ist mit Wrangel sehr unzufrieden, er ist zu dumm, das Interesse der Parthei gehörig wahrzunehmen, er will sich beim Volke beliebt machen; nebenher benimmt er sich ungehörig gegen den König, geht mit ihm unaufgefordert im Zimmer auf und ab, gegen die Königin, nennt sie „mein Engel" und mehr dergleichen, was man ihm herzlich gern verzeihen würde, wenn er nur sonst den Erwartungen entspräche.

Nachrichten aus Frankfurt am Main. Die österreichischen Abgeordneten trennen sich von der Rechten und wenden sich der Linken zu. Im Verfassungsausschuß ist die erbliche Kaiserwürde abgelehnt. Kein Mann des Volkes gönnt sie noch unserm Könige, er hat durch sein Verfahren sich unermeßlich geschadet, er hat sich selbst, die Würde, die er anstrebte, die Versammlung, welche sie ihm geben sollte, mit aller Beflissenheit heruntergebracht! Unglückliche Hand!

Freitag, den 22. Dezember 1848.

Die „Spener'sche Zeitung" bringt einen trefflichen Artikel zur Vertheidigung Waldeck's und eine scharfe Anklage gegen das Geheime-Ober-Tribunal und die Oberlandesgerichte in Betreff ihres Einspruchs gegen Waldeck, Temme, Kirchmann.

Verhandlungen über die Wahlen. Die Regierung bietet alle Mittel auf, um ihrer Parthei den Sieg zu verschaffen, nach allem Anschein wird es ihr so leicht nicht werden. Die Freisinnigen haben weder Macht noch Geld, nur Gesinnung und Willen, aber diese wirken nachdrücklich im Volk.

Treulose und arglistige Entschuldigung des Ministeriums über das Wort „selbstständig" in den Wahlverfügungen. Man wagt die dreiste Lüge, das Wort sei gebraucht, um vor der Hand den Arbeitern, Gesellen, Dienstboten ihren Antheil bei den Wahlen noch zu lassen, während es offenbar am Tage liegt, daß das Gegentheil beabsichtigt war. Betrügerische, plump lügende Behörden, was kann schlimmer auf das Volk wirken als diese! Verachtung ist die unausbleibliche Folge solcher Schimpflichkeit, die recht eigentlich in das alte Verwaltungswesen gehört! — Nur war damals die Regierung sicherer, denn wenn sie was Falsches sagte, unterdrückte sie auch den Widerspruch, das geht heute nicht mehr. Doch müßte sie's versuchen, oder das jetzt nutzlose Lügen aufgeben. —

Man ist am Hofe sehr erschrocken über die Stimmenmehrheit von Louis Napoleon, man läßt gleich in den Reaktionsgelüsten etwas nach, man fühlt, daß man den guten Willen des Volkes wieder nöthig haben kann. Es heißt schon, Wrangel soll an den Rhein gehen, Colomb hier an dessen Stelle kommen; nach seinen Thaten gegen die Dänen läßt Wrangel gegen die Franzosen nicht viel Glänzendes erwarten! Aus ihm einen Helden, einen Feldherrn, einen Blücher zu machen, will einmal nicht glücken!

Der Hauptpunkt der nächsten Entscheidungen dürfte doch Italien sein, und dort Rom. Oesterreich kann eine römische Republik nicht dulden, ohne auf Lombardei und Venedig zu verzichten; Frankreich kann das Einschreiten Oesterreichs nicht dulden. Dann ist der Krieg da, und der Zusammenhang der Höfe wird schon machen, daß er ein deutscher wird. — Werden bei dem Zurücktreten Oesterreichs von Deutschland seine Vertreter in Frankfurt, seine Truppen in den Bundesfestungen bleiben? Ernste Frage und bald zu entscheiden.

Die Oesterreicher bringen in Ungarn vor, haben Preßburg. Die Ungarn sagen, der Thron sei durch die Abdankung erledigt, erkennen das Recht Franz Joseph's nicht an. —

In Leo gelesen, politische Schrift von Robbertus.

Sonnabend, den 23. Dezember 1848.

Besuch von Weiher, Schriften des Wahlausschusses, sehr gut. Man hofft für die Volkssache nicht nur in der zweiten Kammer die Mehrheit, sondern auch in der ersten zu erlangen. Die Mehrheit in der einen genügt, um den Sieg der Reaktion zu verhindern, aber die Mehrheit in beiden sichert den der Freiheit noch nicht. Es werden wohl Ereignisse hereinbrechen, die alles auf ein andres Feld schieben. Unsre Verfassungssache wird sich nicht aus sich selbst entwickeln, sie wird entscheidenden Einfluß von außen erfahren müssen. —

Hr. Eichler ist endlich nun doch ausgewiesen, der tapfre Barrikadenkämpfer vom Dönhofsplatz; ich hatte ihn noch vor wenig Tagen gesehen, mit seinem rothen Bart, mit seinem weißen Hut, er ging ganz furchtlos in den Straßen; nun aber soll er sich verkleidet haben retten müssen, denn man wollte ihn auch verhaften. Ob Ruge hier bleiben darf, weiß ich noch nicht. — Wrangel fängt jetzt auch fremde Blätter zu verbieten an. Der Unsinn geht immer weiter. Die hier wieder erscheinende „Lokomotive" von Held liefert die kühnsten Sachen; freilich eifert sie etwas gegen die Nationalversammlung, um diesen Preis darf sie sich viel erlauben! Den jetzigen Ministern ist das die große Hauptsache. —

Brief und Gedicht vom Kriegsrath Karl Müchler in ganz altpreußischem Sinn für den König, gegen Volk und Freiheit. Dem vier und achtzigjährigen, kranken Greise darf man nicht zumuthen, etwas Neues aufzufassen. —

Einiges geschrieben für auswärtige Zeitungen. In Leo gelesen; er ist vernarrt in seine neusten Studien, Hebräisch, Keltisch, Sanskrit. Ein Historiker, der das alte Testament ohne kritische Prüfung als Grundlage der Geschichtskunde betrachtet und behandelt; Rahel nannte solche Leute bibeltoll.

Sonntag, den 24. Dezember 1848.

Steckbrief gegen Dr. Eichler in den Zeitungen! Diese gehässige Niedertracht, die man auch gegen Dr. Julius ausgeübt und dann zurückgenommen hat, beides nach Belieben ohne Grund, wird man hier nicht überdrüssig. Solche Maßregeln werben für die Sache der Freiheit. Das ahndet das Pack nicht. —

Vortreffliche Denkschriften von Jung und Kirchmann an ihre Wähler, hier im Druck erschienen! Es wird alles gesagt, die Lüge, der Betrug aufgedeckt. Saat für die Zukunft. —

In der Bank war den Soldaten ein Weihnachtsfest eingerichtet; Geschenke zum Verloosen, Punsch, Gesang, Tanz. Zweihundert Mann ungefähr. Das geschah in allen Gebäuden, wo Truppen liegen, im Graf Voß'schen Hause machte die alte Gräfin Pauline Neale die Honneurs. Man schmeichelt den Soldaten und verdirbt sie, die Folge wird es zeigen. Die Patrizier suchen sich der bewaffneten Plebejer gegen die unbewaffneten zu versichern. —

Ludwig Napoleon Bonaparte als Präsident der Republik ausgerufen und eingeführt. Odilon Barrot sein Minister, Bixio ꝛc. Er schwört der Republik den vorgeschriebenen Eid.

Montag, den 25. Dezember 1848.

Hr. Hugo von Hasenkamp nennt sich heute in der „Spener'schen Zeitung" als Verfasser des Aufsatzes gegen das Geheime-Ober-Tribunal und für Waldeck und bestätigt auf's neue seine Behauptungen. Auch die „Nationalzeitung" bringt eine tapfre Erklärung über denselben Gegenstand, ferner eine von Gierke gegen den alten Sethe; der Muth und die Haltung dieser Liberalen machen den besten Eindruck, ihre Sache hebt sich merkbar. —

Eine Menge Leute werden vor Gericht gezogen wegen schmähender Aeußerungen gegen den König; die Angeber gehören meist zu den höheren Klassen, die sich bisher die allerärgsten Beleidigungen der Art erlaubt hatten. Es ist, als ob die Nation sich in zwei Theile scheide, in einen, der sich das Recht anmaßt, auf den König ungestraft schimpfen zu dürfen, und in einen, dem jener dies durchaus nicht zugestehen will. Was hätten die Gerichte zu thun, sollten sie die Schimpfreden der Vornehmen gegen den König ahnden! L. aber, der den König einen Waschlappen nennt, einen romantischen Narren, ein Unglück des Staates, versetzt augenblicklich einen seiner Unterbeamten von hier nach Posen, weil er gegen den König und für die Nationalversammlung gesprochen!

Und *, der Sohn des Hofpredigers, macht es noch besser, der sagt heftig heraus, für den König gäb' es nur Eine richtige Behandlung, erstlich ein Schloß vor den Mund und dann an die Kette! Derselbe * läßt sich aber in des Königs Dienst jede Beförderung und Gunst gern gefallen; er ist eben im auswärtigen Ministerium angestellt worden und soll bald Legationsrath werden; der Graf von Bülow, der einstweilen den Geschäften vorsteht, sorgt bestens für ihn.

———

Dienstag, den 26. Dezember 1848.

Die politische Bewegung, scheinbar unterdrückt bei uns, geht im Stillen ernstlich fort und nimmt entschiedner den Karakter einer dem König und seinem Regierungswesen feindlichen an. Das Mißtrauen steigt und die Verachtung, alle schönen Redensarten gelten für Lug und Trug. Die Behörden und Edelleute, in diesem Bezug einverstanden,

haben hier in der Gegend und in Spandau den Versuch
gemacht, die Bauern für die Wahlen zu gewinnen, anfangs
hoffte man Erfolg, bald aber sah man mit Schrecken, daß
die Leute kein Zutrauen mehr hatten und ganz der linken
Seite sich zuwandten. Gustav Robert erzählt, daß auch
in seiner Gegend, in Pommern, die Gutsbesitzer in Angst
und Sorgen lebten und jeden Augenblick Angriffe fürchteten.

Die Sache Deutschlands ist mit der Preußens so innig
verbunden, daß sie alle Nachtheile mitträgt, welche diese
hat. Der König hat die eine wie die andre zu Grunde
gerichtet, zumeist aber seine eigne, durch Verkennung des
Volksthums, durch Abwendung von demselben. Er konnte
durch seine ihm noch gebliebene Truppenmacht die unorga-
nisirte Volkskraft niederdrücken, aber alle seine Hoffnungen
beruhten auf dieser; für ihn bleibt das Bild eines Mannes
gültig, der das Balkenende, auf dem er steht, eifrigst ab-
sägt. Wenn auch jetzt noch eine Art Kaiserthum für ihn
zu Stande kommt, es kann nur Flickwerk sein. —

Von Zeitungen erscheint heute nur der „Staatsanzeiger".
Der König vertheilt jetzt wieder in alter Weise Orden,
was er in der Zeit der Nationalversammlung ganz unterlassen hatte. Anordnungen des Ministers von Ladenberg;
wenn ich in solcher Behördensprache Berufung auf die
(oktroyirte) Verfassung lese, so wird mir jedesmal übel!
Dieser konstitutionelle Anschein ist eine große Lüge, die
sich nun in hundert kleine spaltet; eine Wahrheit wird
daraus nimmermehr. Jung hat ganz Recht, wenn er sagt,
wir würden bei dieser Verfassung neben dem jährlichen
Gerede der Kammern ganz und gar den alten Absolutismus haben. — Aber — noch ist es nur der Anfang der
Revolution, und daß sie schon enden sollte mit leidlichem
Abschluß, das wolltet ihr nicht! —

Der Fürst von Metternich hat in Brighton gesagt, zuerst werde nach den großen Stürmen Frankreich sich beruhigen und neu befestigen, dann Italien, zuletzt Deutschland. Er weiß am besten, wie viel er beigetragen, daß hier die Verwirrung und Wandlung am größten sein muß.

—

Mittwoch, den 27. Dezember 1848.

Der Minister von Manteuffel arbeitet aus allen Kräften, den Grafen von Brandenburg zu wippen, wie Hansemann es mit Camphausen und Auerswald machte, und Bodelschwingh in den Märztagen mit seinen Kollegen. Er stellt die Nothwendigkeit, daß alle Minister abdanken müssen, auch gegen sich selber auf, in der Hoffnung, doch der eine zu sein, der bleibt. — Der König bildet sich ein, Brandenburg sei sein Retter! Welche Blindheit gegen die offenbaren Thatsachen, die er doch selbst recht gut weiß, daß Brandenburg nicht von freien Stücken gekommen, daß er von seiner Berufung überrascht worden, daß er sie abgelehnt, sich für unfähig erklärt, daß er nur auf Befehl die Ministerschaft angenommen, daß er nichts angeordnet, sondern nur das Vorbereitete ausgeführt, daß er überhaupt nie etwas sein kann als ein todtes Werkzeug, daß ihm wesentlich aller Geist und alle Thatkraft fehlt. Weiß denn der König nicht, wer ihn beräth und leitet, wer ihm Brandenburg empfohlen, wer diesen von Anfang geführt und noch jetzt führt? weiß er gar nicht, in wessen Händen er ist? Die Reaktion kann sich wahrlich in's Fäustchen lachen, und es ist kein Wunder, daß sie den König, mit dem sie so leicht ihr Spiel treibt, auch nicht sonderlich achtet. Traurige Verwirrung und schlimme Lage! —

Treffliche Denkschrift vom Abgeordneten Arntz. — Die Schrift Georg Jung's gegen den Berliner Magistrat ist jetzt — nach drei Wochen — in den Buchläden verboten worden, ganz nach alter Art! —

Ueber Radowitz hört man jetzt seltsame Dinge. Die Meinung, daß er es mit Preußen und selbst mit dem Könige nicht aufrichtig meine, schlägt Wurzel; er habe uns in Frankfurt unermeßlich geschadet, heißt es allgemein, andre Stimmen fügen hinzu, er habe Preußen dort verrathen. Man wirft ihm auch vor, daß er mit Vogt in gutem Vernehmen stehe. — Hier in Berlin ist die vornehme Klasse in wahrer Raserei der Zwietracht und Gehässigkeit; kein Mensch läßt den andern gelten, kein General den andern, kein Hofmann, kein Minister, kein Geheimrath, kein Professor — falls ich die Pedanten zu der vornehmen Klasse zählen darf, was diese freilich nie zugeben wird.

Donnerstag, den 28. Dezember 1848.

Eine Stunde bei Dr. Hermann Franck; er hatte den glücklichen Gedanken, die zweite Kammer müsse gleich auf Einstellung der ersten antragen, diese selbst damit einstimmen und beide Kammern sich für Eine Versammlung erklären und sofort zusammenfließen. Wegen der Wahlen mancherlei Zweifel. Daß die linken Abgeordneten überall bei ihrer Rückkehr mit Ehren und Jubel empfangen werden, ist doch ein gutes Zeichen.

Freitag, den 29. Dezember 1848.

Der Oberlandesgerichts-Direktor Temme in Münster verhaftet; überall viele politische Prozesse, zum Theil wegen alter, vergessener Vorgänge. — Umlaufschreiben Manteuffel's an die Regierungen in Betreff der Wahlen, diese sollen ganz frei sein, die Behörden sie gegen jeden wühlerischen und partheiischen Einfluß wahren, das heißt also bevormunden, unter solchem Vorwande der Regierungspartei genehm machen; wie mit der Nationalversammlung, die unfrei sein sollte, und trotz ihres Einspruchs geschützt und gesichert wurde durch Verlegung nach Brandenburg. O der Gleißnerei und Lüge! —

Wrangel verbietet, daß die jetzt in Neustadt-Eberswalde gedruckte „Zeitungshalle" nach Berlin eingebracht werde, und wenn ein Blatt davon hier gefunden wird, soll der hiesige Gründer des Blattes verhaftet werden! Unsinn und Roheit von schreiendstem Unrecht, denn der Gründer und Eigenthümer wird mit Strafe bedroht für etwas, das er nicht hindern kann.

Sonnabend, den 30. Dezember 1848.

In Baiern regt sich alles sehr gegen Preußen, besonders wird der König persönlich furchtbar geschmäht. Man wünscht dort Preußen wie Oesterreich aus Deutschland hinaus. —

Assessor Georg Jung hatte den Hrn. von Vincke wegen dessen Beleidigung der hiesigen Abgeordneten der linken Seite auf Pistolen gefordert, dieser den Zweikampf auch angenommen und Eisenach als Ort der Zusammenkunft vorgeschlagen; dort aber weigerte Vincke den Kampf unter dem Vorwande, Jung habe sich von dem Vorwurfe der Lüge, der ihm öffentlich gemacht worden, noch nicht gereinigt, und obschon ihm die Nichtigkeit dieses Vorwandes erwiesen wurde, reiste er ab, ohne sich geschlagen zu haben. Auch der Major von Voigts-Rhetz hatte Bedenken, sich mit Hrn. von Koscielski zu schlagen, aber das Ehrengericht hat ihn dazu verpflichtet erklärt. Die Feinde des Volks und der Freiheit verweigern den Zweikampf, was nach ihrer Ansicht leicht als ehrenrührig erscheinen kann; wenn die Volksfreunde ihn verweigerten, wäre es nur richtig.

Daß Jung aber aus freien Stücken, denn persönlich war er nicht beleidigt, zu den Waffen griff, ehrt und hebt ihn bei der Menge, denn Muth gefällt immer. Bincke scheint die Sache noch mehr als Student, denn als Edelmann zu nehmen.

Sonntag, den 31. Dezember 1848.

In Frankfurt am Main sind die vom Parlament berathenen Grundrechte nun förmlich bekannt gemacht und durch ein vom Reichsverweser unterschriebenes Einführungsgesetz als gültig für alle Deutschen ausgesprochen. Wenn es dabei bleibt und sie wirklich gehalten werden, so ist schon Großes gewonnen durch die Revolution. Aber bis jetzt verletzt die preußische Regierung diese Grundrechte, die schon bekannt und auch in preußischen Erklärungen verheißen waren, auf die schamloseste Art und der Belagerungsstand — diese höllische Erfindung einer verzweifelten Willkürherrschaft — spricht ihnen offen Hohn. Die Polizei will sich in Rechte der Bürger nicht finden, sie kennt nur ihre alten Befugnisse im blinden Dienste der Herrschenden. — Wegen der Reichsgewalt nichts Neues, nur die alten Schwierigkeiten und Einsprüche! Baiern, Hannover, Oldenburg ꝛc. Der König hat die Dinge schrecklich verkannt, zu seinem, Preußens und Deutschlands größtem Schaden! Die Einheit Deutschlands und folglich die Kaiserkrone konnten nur aus der Demokratie hervorgehen, trotz den Fürsten; nachdem diese wieder zu Kräften gekommen, sich auf ihre Truppen und auf die Aristokratie stützen, ist die Einheit verdorben und die Kaiserkrone unsicher geworden; der König hat mächtig beigetragen, die Behörde, welche die Krone vergeben muß, herunter zu bringen und überall den Volksgeist zu ersticken.

www.ingramcontent.com/pod-product-compliance
Lightning Source LLC
Chambersburg PA
CBHW032046220426
43664CB00008B/880